舌华录通鉴

【原著】曹臣
【编译】柳罡

华夏出版社

前　言

　　《舌华录》，出自明朝人曹臣之手。说到这部书，就不能不说说《世说新语》。

　　《世说新语》是南北朝时刘宋王朝的宗亲临川王刘义庆编著的一部主要记述当朝人物言行轶事的奇书。在那个特定的时代氛围下，魏晋士大夫打破了思想束缚，其欢愉、自由之情，通过言行举止、处世态度坦坦荡荡、无拘无束地展现了出来。《世说新语》适时地记录下了众多士人的生活片段、言行及鲜活、生动的真性情，把那个张扬自我、注重心灵感受的时代，用文字固化在了这部大书中。

　　曹臣，字荩之，安徽歙县人，明代末期的士大夫。在时代的浸淫下，他仿照《世说新语》的做法，从汉魏至明代大量的正史野史稗官笔记（据原书的《所采书目》所载，其涉及典籍达九十九种）中，披沙沥金一般，专门蒐集从上古至晚明间古人言谈对问的精彩段落，共计一千零八条，终于汇为一册《舌华录》。书名取佛经"舌本莲华"之语，"莲华"即"莲花"，莲花是佛教的文化符号之一，是吉祥、清净的象征。

　　曹臣在原书《凡例》中，开宗明义地阐述了对材料的取舍原则："唯取语不取事，即语涉鄙俚不甚佳者，亦弃去。此舌华本意"，"所取在仓足口谈，不取往来邮笔，以其乃笔华非舌华，即有奇言不录"等等，坚定地从这一独特的角度反映社会历史风貌。由于《舌华录》只选"仓卒口谈"，就更能直接展现出语谈者的机敏、素养、才情和境界，并由于是即兴对答，更带有强烈的生活气息，这也正是此书与反复推敲词句后刊印的书的不同之处；用今天的话说就是：《舌华录》的文辞是原生态的。它具有质朴、鲜活的粗粝感，同时，由于语谈者的修养等个人因素,即兴对答更显示出活生生的临场智慧,其机变、空灵、圆达之美,在书中随处可见,美不胜收。

原书正文前有潘之恒的序言一篇,题署"万历乙卯……"证明此书的刊行时间是1615年。原书按照不同内容分为十八类,每类之前都有吴苑的案语,阐发分类的原委、立意,言简意赅,画龙点睛,便于读者提纲挈领地了解本章内容。

本书与《世说新语》被明清时人奉为学习古人语言机巧与处事妙方的"双璧"。由于本书语言生动,内容精彩,涉及面广,能够开阔视野,陶冶心性,而书中的机言妙语,随处令人忍俊不禁或捧腹畅笑,不得不为古人的慧根而折服。对于今人来说,《舌华录》与《世说新语》一样,是提高修养、素养、涵养的一部轻松范本,也是闲暇时怡情冶兴的上佳消遣书。

由于语言变异这一不可回避的现实,古人的语言,已经不能被今天的大部分读者直接接受,故此,人们对经典古籍的学习、传承面临很大的困难和障碍。把语词艰涩的古籍翻译成平白、流畅的现代汉语,可以从某种程度上减短这种距离感,对于广大不以研究为目的的读者来说,应该是一种走进经典的捷径。但愿这一点点努力,能够带给一些读者愉悦和借鉴。不对之处,欢迎读者批评。

柳罡

2011年12月9日

《舌华录》凡例

——所采诸书唯取语不取事,即语涉鄙俚不甚佳者,亦弃去。此舌华本意。

——所取在仓卒口谈,不取往来邮笔。以其乃笔华,非舌华,即有佳者不录。

——吴鹿长参定后,经袁小修评点,其中分类有小出入者,袁已笔端拈出,今仍不移。一以见小修目力之高,一以不伤鹿长前意。

——采古人书不敢一字增损,唯近书有不成语者,小有改易。盖吾改语不改事,罪之者庶可不甚。

——书中采者,人皆可考,但耳中所闻之语,总之者常溢,听之者常谬。以溢复谬,其中不无一二差移,读之者或可见宥。

——古今年集如牛毛,天下语言如蚊响。以此小帙,遂名舌华,是以蠡指海耳。盖所取在一案之书,所闻在一隅之口,同志者不妨重广。

原附《舌华录》所采书目

《世说新语》、《史记》、《汉书》、《唐书》、《晋书》、《庄子》、《宋书》、《十六国春秋》、《何氏语林》、《南北史》、《唐语林》、《唐世说》、《逸民录》、《国史补》、《见闻录》、《本事诗》、《砚笺》、《朝野佥载》、《婆娑园语》、《资谈录》、《谈宾录》、《稽神录》、《明世说》、《雪涛小书》、《夷坚志》、《四部稿》、《六语》、《赢藤三札》、《坡仙集》、《羯鼓录》、《南齐记》、《唐会要》、《谈薮》、《耳谈》、《李氏焚书》、《韩子》、《晏子》、《左传》、《嘉话录》、《苏米谈史》、《陆树声稿》、《伽蓝记》、《初谈集》、《开元天宝遗事》、《东轩笔录》、《闲窗括异》、《青箱杂记》、《山谷集》、《酉阳杂记》、《长者言》、《书断》、《大唐新语》、《笑林》、《颜氏家训》、《太函集》、《东坡外稿》、《御史台》、《续笑林》、《启颜录》、《唐杂记》、《商芸小说》、《闽川多士传》、《诸宫旧事》、《清波杂志》、《皇明通记》、《松窗括异》、《容斋随笔》、《卢氏杂说》、《开天传信记》、《撼言》、《小名铭》、《独异志》、《云溪友议》、《北梦琐言》、《因话录》、《玉泉子》、《乐善录》、《蠡海集》、《泊宅编》、《避暑录话》、《游宦纪闻》、《梦溪笔谈》、《建文书法》、《墨庄漫录》、《东坡志林》、《渑水燕谈》、《艾子》、《冷斋夜话》、《归田录》、《石林燕语》、《松窗杂录》、《玉堂闲话》、《妖乱志》、《三国志》、《贫士录》、《甲秀园稿》、《侍儿录》、《自得语》、《五语》。

目 录

慧语第一 …………………………………………………… 1
名语第二 …………………………………………………… 33
豪语第三 …………………………………………………… 53
狂语第四 …………………………………………………… 67
傲语第五 …………………………………………………… 83
冷语第六 …………………………………………………… 91
谐语第七 …………………………………………………… 115
谑语第八 …………………………………………………… 149
清语第九 …………………………………………………… 183
韵语第十 …………………………………………………… 199
俊语第十一 ………………………………………………… 225
讽语第十二 ………………………………………………… 243
讥语第十三 ………………………………………………… 259
愤语第十四 ………………………………………………… 291
辩语第十五 ………………………………………………… 301
颖语第十六 ………………………………………………… 315
浇语第十七 ………………………………………………… 333
凄语第十八 ………………………………………………… 357

慧语第一

吴苑（明人，字鹿长）说：佛家有戒、定、慧三种根本学业。"慧"是指通悟之语，"慧"的含义难道不是很深广吗？"慧"就口舌机锋来说，有疏狂与巧智的区别。疏狂者不分辨有巧智，正如巧智语者不知道有疏狂。这么说，巧智有智慧，而疏狂也是有智慧的，两者能够兼具并加区别，则可以成为金粟如来了。如来佛的思想方法，从小草可以看大世界，一刹那可以称作亿万年。其中倒拿正举，无不合乎大道。如果说智者不能认清自我，那狂者就能做到吗？于是，就将慧语列为第一类。

吴苑曰：佛氏戒、定、慧三等结习。慧为了语，慧之义不大乎？慧之在舌机也，有狂智之别焉。狂之不别有智，如智之不识有狂也。是智者智，而狂者亦智，两而别之，则金粟如来氏矣。如来氏取法，一芥可以言须弥，刹那可以称万劫，其中倒拈顺举，无不中道。即智者不自知，而狂者能耶？乃次慧语第一。

宋人王安石之子王雱（字元泽）才几岁的时候，有位客人将一头獐子和一头鹿装在同一个笼子里赠送给他家。客人问元泽："你说哪个是獐子，哪个是鹿？"王元泽实际上并不知道。想了一会儿，他回答说："獐子旁边的那个是鹿，鹿旁边的那个是獐子。"客人听了，感到非常惊奇。

原文

王元泽数岁时，客有以一獐一鹿同笼以献。客问元泽："何者是獐？何者是鹿？"元泽实未识，良久对曰："獐边者是鹿，鹿边者是獐。"客大奇之。

有一天，苏东坡退朝回来，吃过饭后，用手抚着肚子慢慢行走。他回头问随行的丫鬟说："你们说这里边装的是什么东西？"一个丫鬟马上说："都是文章。"东坡说你讲得不对。又一个丫鬟说："满肚子都是脏器。"东坡也说她讲得不恰当。轮到朝云了，她说："学士是一肚子的不合时宜。"东坡听了捧腹大笑。

原文

苏东坡一日退朝，食罢，扪腹徐行，顾谓侍儿曰："汝辈且道是中何物？"一婢遽曰："都是文章。"坡不以为然。又一婢曰："满腹都是机械。"坡亦未以为当。至朝云乃曰："学士一肚皮不合时宜。"坡捧腹大笑。

宋人庞安耳聋，但很聪明。别人与他交谈，用手指写字代替口说，没写几个字，他便马上明白对方的意思。苏东坡开玩笑说："我用手写字来代替嘴巴讲话，你用眼睛来当耳朵听话，都是一时的奇人。"

原文

庞安聋而颖悟，人与之言，以指画字，不尽数字，辄了人意。苏东坡戏之曰："余以手为口，尔以眼为耳。皆一时异人也。"

东晋人张玄之、顾敷，分别是顾和的外孙和孙子。他们都是年少而很聪明。一天，顾和与他们同去寺庙，见到面对涅槃的佛像，弟子中有哭泣的、有不哭泣的，和便问他俩，为什么有的哭，有的不哭。玄之回答说："有的关系亲近，所以哭；有的关系不亲，所以不哭。"顾敷回答说："不对。有的忘情，所以不哭；有的不能忘情，所以哭了。"

原文

张玄之、顾敷，是顾和中外孙，皆少而聪慧。一日与至寺中，见泥洹佛像，弟子有泣者、不泣者。和以问二孙。玄之谓："彼亲故泣，彼不亲故不泣。"敷曰："不然。由忘情故不泣，不能忘情故泣。"

杨修（字德祖）任主簿，当时曹操已经平定了汉中，要讨伐刘备，却无法前进；想固守，又难以取得成效。护军不知是前进还是停下。曹操发令，只说"鸡肋"，僚属都不知何意。杨德祖说："鸡肋，吃起来没什么吃头，丢弃它又可惜。曹公回去的打算已经定了。"便令告白军中收拾行装。曹操果然撤回军队。

原文

杨德祖为主簿，时操既平汉中，欲讨刘备而不得进，欲守又难为功，护军不知进止。操出教，唯曰"鸡肋"，外曹莫能知晓，德祖曰："夫鸡肋食之无所得，弃之殊可惜，公归计决矣。"乃令白外称严，操果回师。

隋朝的吏部侍郎薛道衡，曾经去游览钟山的开善寺，他对小僧说："金刚为什么要瞪圆两眼？菩萨为什么要低下双眉？"小僧回答道："金刚瞪圆两眼，是准备降伏各路妖魔；菩萨低下双眉，是表示慈悲六道众生。"

原文

隋吏部侍郎薛道衡，尝游钟山开善寺，谓小僧曰："金刚何为怒目？菩萨何为低眉？"小僧答曰："金刚怒目，所以降伏众魔；菩萨低眉，所以慈悲六道。"

侍中王份曾在梁高祖宴享时侍从在左右。梁高祖萧衍问群臣："我是有还是无？"王侍中回答说："陛下顺应万物是有，体察至理是无。"

原文

王侍中尝因侍宴，高祖问群臣："朕为有为无？"侍中答曰："陛下应万物为有，体至理为无。"

北宋王安石（字介甫）看到人举着蜡烛，便说："佛书上说日月灯光为佛照明的话，灯光怎能与日月相匹敌？"吕吉甫解释说："太阳照耀白天，月亮照亮夜晚，灯光可照耀白天黑夜，是太阳和月亮所赶不上的，而它们的作用没有差别。"介甫认为他说得很对。

原文

王介甫尝见举烛，因言："佛书日月灯光明佛，灯光岂得配日月！"吕吉甫曰："日昱乎昼，月昱乎夜，灯光昱乎昼夜，日月所不及，其用无差别。"介甫以为然。

北宋时，黄龙寺的高僧晦堂老子曾问黄庭坚（号山谷道人）"吾无隐乎尔"一语的意义。山谷一次又一次说明解释，晦堂都不赞同。当时暑热消退，凉气徐生，桂花的香味飘满庭院。晦堂便问道："闻到桂花的香气吗？"山谷说："闻到了。"晦堂说："吾无隐乎尔。"山谷领悟并且信服。

原文

黄龙寺晦堂老子，尝问山谷以"吾无隐乎尔"之义，山谷诠释再三，晦堂不答。时暑退凉生，秋香满院，晦堂因问曰："闻木樨香乎？"山谷曰："闻。"晦堂曰："吾无隐乎尔。"山谷悟服。

东汉黄琬（字子琰）小的时候就很聪明善辩。建和年间曾经出现日食，而在京城却看不到。子琰的祖父是太尉，就把这种情况告诉了皇太后。皇太后问日食的面积有多少，太尉想着要回答，却不知道真实的状况。这时黄子琰才七岁，当时正好就在旁边，便说："何不就说'日食剩下的部分，好像是月亮刚出时的样子'？"

原文

黄子琰少即辩慧。建和中尝日食，京师不见。子琰祖太尉，以状闻太后。诏问所食多少，太尉思其对，未知所况。子琰年七岁，时在侧，曰："何不言'日食之馀，如月之初'？"

薛西源乐善好施，曾将身上的绵袄脱下施给一个穷人。有人问："怎么才能做到普遍救济那些缺衣少食的人呢？"薛西源回答说："我只能施舍我遇见的人呵。"

原文

薛西源性好施，尝脱绵袄施贫者。或曰："安得人人而济之？"薛曰："吾为见者赠耳。"

熊际华说："睡梦中把昨天当成是自己的前身，那么也可以把今晚当做自己的来世。"

原文

熊际华曰："梦以昨日为前身，可以今夕为来世。"

朱棣登基称帝,改年号为永乐,迁移江南的富室大户去充实北京。黄润当时才十岁,他的父亲应当迁徙,他便到官府请求代替父亲北迁。官府不准,他说:"父亲迁去,会越来越老;儿子迁去,会一天天成长起来。"官府对他的回答感到惊异,便答应了他的要求。

原文

永乐改元,徙江南富民实北京,黄润时年十岁,其父当行,乃诣官请代。官不从,对曰:"父去日益老,儿去日益长。"官异,可从之。

西晋的陆机与陆云兄弟一块儿去游龙潭寺,见到了一个暗室。弟弟说:"这是一个黑暗地狱。"哥哥说:"这是那个极乐世界。"

原文

陆氏兄弟游龙潭寺,见一暗室。弟曰:"是黑暗地狱。"兄曰:"是彼极乐世界。"

东汉陈元方的儿子陈长文,才华出众,他与季方的儿子先各自谈论父亲的功德,互相争论而无法决断,便去询问祖父太丘。太丘说:"元方难以为兄长,季方难以为弟弟。"(意思是两人难分上下。)

原文

陈元方子长文有英才,与季方子孝先,各论其父之功德,争之不能决。咨于太丘,太丘曰:"元方难为兄,季方难为弟。"

东汉人徐稚(字孺子)九岁时,一次在月下嬉戏,有人对他说:"如果月亮中没有任何东西,那一定会更加明亮吧?"徐说:"不对,就像眼睛中有瞳人一样,没有它必然看不见。"

原文

徐孺子年九岁,尝月下嬉,人语之曰:"若令月中无物,当更明耶?"徐曰:"不然,譬如眼中有瞳子,无此必不明。"

东汉人孔融被捕后,朝廷内外都很惊慌惧怕。当时孔融的儿子大的九岁,小的八岁,两个孩子仍旧玩琢钉游戏,一点没有惊慌的样子。孔融对前来逮捕他的使者说:"希望我的罪过只由我一个人承担,两个儿子可以得到保全吗?"儿子从容地对孔融说:"大人难道见过倾覆的鸟巢下面还能有完整的鸟蛋吗?"不久,他们也被收监了。

原文

孔融被收,中外惶怖。时融儿大者九岁,小者八岁,二儿故琢钉戏,了无遽容。融谓使者曰:"冀罪止于一身,二儿可得全不?"儿徐进曰:"大人岂见覆巢之下,复有完卵乎?"寻亦收至。

西晋时,有个小孩子的父亲病了,小孩向人乞求药物。药店主人问是什么病,他回答说:"疟疾。"店主问:"尊大人是具有美好品德的君子,为什么会是疟疾?"小儿回答说:"使君子生病,所以叫做疟。"("疟"与"虐"同音,所以这样调侃。)

原文

中朝小儿父病,行乞药。主人问病,曰:"患疟也。"主人曰:"尊侯明德君子,何以病疟?"答曰:"来病君子,所以为疟。"

东晋时,庾亮曾经有一次到佛寺中去,见到一尊卧佛,便说:"这位佛忙于普渡众生,工作太累了。"

原文

庾公尝入佛图,见卧佛,曰:"此子疲于津梁。"

东晋时,庾法畅拜访太尉庾亮,手上拿着的麈尾极好。庾亮说:"这麈尾极好,怎么能够还在你手中?"法畅说:"廉洁的人不会向我索求,贪婪的人,我不会给他,所以能保留在我手中。"

原文

庾法畅从庾太尉,握麈尾至佳。公曰:"此至佳,那得在?"畅曰:"廉者不求,贪者不与,故得在耳。"

晋武帝每次给山涛的赏赐总是很少,太傅谢安就这件事询问子弟。车骑将军谢玄回答说:"这是因他要求得不多,所以使赏者没想起来赏他太少。"

原文

晋武帝每饷山涛,恒少。谢太傅以问子弟。车骑答曰:"当由欲者不多,而使与者忘少。"

东晋简文帝司马昱驾崩,当时孝武帝(简文帝之子司马曜)才十多岁,他呆呆地站在那里,直到天黑也没大哭。身边的人们进言说:"按照常规应该大哭。"孝武帝说:"悲哀来了就哭,有什么常规不常规的?"

原文

简文崩,孝武年十余岁,立,至暝不临。左右启:"依常应临。"帝曰:"哀至则哭,何常之有?"

东晋太傅谢安问子侄们:"子弟跟自己什么关系呢,却总希望他们出类拔萃?"大家都没有吱声。车骑将军谢玄回答说:"譬如芝兰玉树,要使它生长于自家阶前庭院中而已!"

原文
　　谢太傅问诸子侄："子弟亦何预人事，而正欲使其佳？"诸人莫有言者。车骑答曰："譬如芝兰玉树，欲使其生于阶庭耳。"

　　晋孝武帝将要讲授《孝经》，谢安、谢石兄弟与众人先在自己家里进行讲习。车武子（车胤）遇到了疑难问题，却不好意思问谢安，就对袁羊说："如果不问的话，则不懂书中的深刻道理；如果问得多的话，又怕太麻烦二位谢公。"袁羊说："他们一定不会嫌麻烦的。"车武子说："你怎么知道他们的想法？"袁羊说："你什么时候见过明亮的镜子因照得太多而疲倦，清澈的河水因和风的吹拂而害怕？"

原文
　　孝武将讲《孝经》，谢公兄弟与诸人私庭讲习。车武子难苦问谢，谓袁羊曰："不问则德音有遗，多问则重劳二谢。"袁曰："必无此嫌。"车曰："何以知尔？"袁曰："何尝见明镜疲于屡照，清流惮于惠风？"

　　东晋人范宁任豫章太守时，民俗四月八日拜迎佛像，写有疏文，书于板上。僧人疑惑不解，要求为此作答。有位坐在末位的小和尚说："世尊不作声，便是许可了。"僧众都同意他的解释。

原文
　　范宁作豫章，八日请佛有板，众僧疑之，或欲作答。有小沙弥在坐末曰："世尊默然则为许可。"举众从其义。

　　江夏人冯京并州知州，他对王平甫说："并州的歌舞美妙清丽，我闭眼不看，每天把谈禅悟道放在首位。"王平甫回答说："假若像你所说的这样，并未通达禅理。闭目不看，本身就是一种公案。"

原文

江夏冯京,知并州,谓王平甫曰:"并州歌舞妙丽,闭目不窥,日以谈禅为上。"王答曰:"若如所论,未达禅理。闭目不窥,已是一重公案。"

晋人卫玠童年的时候,问尚书令乐广什么叫梦,乐广说:"梦就是想。"卫玠说:"形神都不曾接触过的都梦见了,这难道是'想'吗?"乐广说:"这是因。从未有人梦见坐着跑到老鼠洞里去,也没有人梦见捣齑粉时把铁杵吃了,都是由于无想无因的缘故。"

原文

卫玠总角时,问乐令梦,乐云:"是想。"卫曰:"形神所不接而梦,岂是想耶?"乐云:"因也。未尝梦乘车人鼠穴无想无因故也。"

晋中军殷浩问:"自然界无心于给人以某种先天的禀赋,为什么偏偏是善良的人少,作恶的人多呢?"众人没有回答的。刘尹回答说:"譬如水流泻在地上,自己纵横流淌漫溢,基本上没有刚好流成方形与圆形的。"

原文

殷中军问:"自然无心于禀受,何以正善人少,恶人多?"诸人莫有言者。刘尹答曰:"譬如泻水着地,正自纵横流漫,略无正方圆者。"

有人问殷中军:"为什么将要得到官职时却梦见棺材,将要得到财富时却梦见粪便?"殷中军回答:"官本来就是腐臭的东西,所以,即将得到钱财时便梦见污秽。"一时人们认为这是通达的人。

原文

人问殷中军："何以将得位而梦棺器，将得财而梦矢秽？"殷曰："官本臭腐，所以将得而梦棺尸；财本粪土，所以将得而梦秽污。"时以为名通。

东晋太傅司马道子问车骑将军谢玄说："惠子（惠施）写的书有五大车，为什么却没有一句谈到玄理呢？"谢玄说："是他的妙处不肯流传下来吧。"

原文

司马太傅问谢车骑："惠子其书五车，何以无一言入玄？"谢曰："故当是其妙处不传。"

楚王拉开名叫"繁弱"的良弓，装上名叫"忘归"的良箭，在云梦泽中射猎蛟龙和犀牛，却丢失了弓。左右侍从要去找弓，楚王说："算了，我这楚人丢了弓，其他楚人又会捡到弓，又何必去寻找呢？"

原文

楚王张繁弱之弓，载忘归之矢，以射蛟兕于云梦之泽，而丧其弓。左右请求之，王曰："止！楚人遗之，楚人得之，又何求焉？"

晋人王戎七岁时，曾经和一些小孩子在一起玩耍。看到路边的李树上面结了很多李子，把树枝都压断了。孩子们争先恐后跑过去摘，只有王戎不动。有人问他为什么不去，他回答说："树生在路边，还能保留着这么多李子，这一定是苦李子。"摘下来一尝，果然如此。

原文

王戎七岁，尝与诸小儿游。看道边李树多子折枝，诸儿竞走取之，唯戎不动。人问之，答曰："树在道边而多子，此必苦李。"取之果然。

曹操年少时去见乔玄，乔玄对他说："天下正大乱，群雄像猛虎一般进行争夺，拨乱反正使天下得到治理的，不就是阁下吗？然而，你实在是乱离之世的英雄，太平之世的奸贼。"

原文

曹公少时见乔玄，玄谓之曰："天下方乱，群雄虎争，拨而理之，非君乎？然君实是乱世之英雄，治世之奸贼。"

晋明帝司马绍才几岁时，坐在晋元帝的膝上，元帝于是问他："长安与太阳相比，哪处离得远？"明帝回答说："太阳远。没听说有人从太阳那边来，显然可知是太阳远。"元帝对他的回答感到惊异。第二天，元帝召集群臣举行宴会，将明帝的回答告诉大家，又再次问明帝，他却回答说："太阳近。"元帝一时脸色都变了，说："你为什么与昨天说的不一样呢？"明帝回答说："抬头张眼便能见到太阳，却看不到长安。"

原文

晋明帝数岁，坐元帝膝上，因问长安何如日远？答曰："日远，不闻人从日边来，居然可知。"元帝异之。明日集群臣宴会，告以此意，更重问之，答曰："日近。"元帝失色曰："尔何故异昨日之言耶？"答曰："举目见日，不见长安。"

晋豫章太守韩康伯几岁时，家境极为贫寒，隆冬时节，还只穿着短衣。母亲殷夫人为他缝衣时，要他拿熨斗，对他说："你且穿这短衣，我再为你做裤子。"康伯说："孩儿已经满足，不要再做裤子了。"母亲问为什么，他回答说："火在熨斗中，柄也就热了（意思是穿上了上衣，下身也会暖和）。"

原文

韩康伯年数岁，家酷贫，至大寒，止得襦。母殷夫人自成之,令康伯捉熨斗,谓康伯曰:"且着襦,寻复作裈。"儿曰:"已足,不须作裈也。"母问其故,答曰:"火在熨斗中而柄热。"

明人陈眉公说:"武林的西湖,有花朝而没有月夜,有红粉而没有佳人,这不能不有一些遗憾。"吴鹿长听了说:"既然有这样的西湖,就不能没有这样的遗憾。"

原文

陈眉公曰:"武林西湖,有花朝而无月夜,有红粉而无佳人,于此不无少恨。"吴鹿长闻之曰:"既有此西湖,不得不有此缺恨。"

晋书法家五义之弟五子王徽之(字子猷)居住在山阴,一日大雪纷飞,他睡醒后,打开窗户,命人酌酒而饮,四下张望,一片皎洁。因而起床散步,吟咏左思的《招隐》诗。忽然想起了戴安道。当时戴安道正在剡溪,王子猷便连夜坐小船去找他,经过一夜才到,到了门口又不向前进去。别人问他这是为什么,王子猷说:"我本来是乘兴而来,现在兴尽则返,又何必见戴安道?"

原文

王子猷居山阴,夜大雪,眠觉空室,命酌酒,四望皎然。因起彷徨,咏左思《招隐》诗,忽忆戴安道。时戴在剡,即便夜乘小船就之,经宿方至,造门不前。人问其故,王曰:"吾本乘兴而来,兴尽而返,何必见戴。"

明人陈继儒(即陈眉公)说:"有的人听说别人好就怀疑,听到别人坏就相信。这真是满肚子杀机呀。"

原文

陈继儒曰:"有人闻人善则疑之,闻人恶则信之。此满腔杀机也。"

石塔的长老为戒公。苏东坡以前赴登闻科时,戒公去迎接他。东坡说:"我想见一石塔,因为很快要走,来不及了。"戒公起身说:"这个是砖塔吗?"东坡问:有缝怎么办?"戒公说:"如果没有缝,怎能容纳世上的蝼蚁和蚂蚁?"

原文

石塔长老戒公,东坡居士昔赴登闻,戒公迓之。东坡曰:"吾欲一见石塔,以行速不及也。"戒公起曰:"这是砖浮图耶?"坡曰:"有缝奈何?"曰:"若无缝,怎容得世间蝼蚁!"

明人郝之玺(字公琰)说:"忠臣孝子,无一不是极为钟情之辈。"

原文

郝公琰曰:"忠臣孝子,无非钟情之至。"

北魏建安王陆馛对儿子陆琇说:"你的祖父东平王有十二子,我是嫡长子,承袭了家业。我已年老,家业交于年幼的你,你做得了陆氏家族的族长吗?"陆琇回答说:"如果不是斗力气,年龄小又有什么可担忧的呢。"

原文

后魏陆馛谓子琇曰:"汝祖东平王有十二子,我为嫡长家业。吾今年老,属汝幼童,讵堪为陆氏宗首乎?"琇对曰:"苟非斗力,何患童稚。"

郑翰卿说:"世上没有怜惜人才而不爱好女色的,好色与怜才,总归是一致的。"

原文

郑翰卿曰:"世未有怜才而不好色者,好色怜才,总归一致。"

管辂七岁的时候，与邻居的小孩儿一块儿做游戏，在地上画出了日月星辰的形状，语言也不同寻常。父母禁止他这样做，他回答说："家中的鸡，野外的天鹅，尚且知道天气时令，何况是人呢？"

原文

管辂年七岁，与邻里小儿戏，画地为日月星辰之状，语言不常，父母禁之。答曰："家鸡野鹄，尚知天时，况人乎？"

贾思道性格十分谦和，如果遇到士大夫，即便是在街上，也要停车下马，谦恭地接待诱导，从无倦怠的样子。一位客人说："您现在身份显贵，为何却能并不骄傲？"贾思道说："精神懈怠了就会骄傲，哪有什么常规？"

原文

贾思道至性谦和，遇士大夫，虽在街道，停车下马，接诱恂恂，曾无倦色。客曰："公今贵重，宁能不骄？"曰："衰至便骄，何常之有！"

唐高祖之子霍王李元轨来到徐州，与士人刘玄平成为平民式朋友。有人问刘玄平，霍王有什么长处，刘玄平回答说没有长处。那人问为什么，刘玄平说："人有了短处时，才会显出长处。"

原文

霍王元轨临徐州，与处士刘玄平为布衣之交。或问玄平王之所长，玄平答以无长。人问其故，玄平曰："夫人有短，所以见长。"

唐僧人黄檗祖师说："'不是一番寒彻骨，怎得梅花扑鼻香。'精神稍有松懈时，就应该很庄重地把这两句诗朗诵一遍。"

原文

黄蘖祖师曰："'不是一番寒彻骨，怎得梅花扑鼻香。'念头稍缓时，便宜庄诵一遍。"

唐宰相卢迈不吃盐和醋，同僚问他："你不吃盐和醋，怎么能忍受呢？"卢迈笑着说："您吃盐和醋，又怎么能够忍受呢？"

原文

卢相迈不食盐醋，同列问之："足下不食盐醋何堪？"迈笑曰："足下食盐醋，复又何堪？"

东晋太尉陶侃已经病体沉重，上奏的表章之中，没有劝善规过的言论，朝廷官员感到遗憾。谢仁祖听到后说："现在没有春秋齐国竖刁式的乱臣，所以不须陶公留言下话语。"时人认为这是仁德的言论。

原文

陶侃疾笃，都无献替之言，朝士以为恨。谢仁祖闻之曰："无竖刁，故不贻陶公话言。"时人以为德音。

昙秀前往惠州去见苏东坡，将要回去的时候，苏东坡说："山中的人见您返回，必然向您要些当地土产物品，您拿什么去应酬呢？"昙秀说："鹅城的清风，鹤岭的明月，送给每个人，只怕他们没有放的地方。"东坡说："不如拿几张字回去，每人送一张，只需告诉他们说上面写的是《法华经》，可以用来消灾求福。"

原文

昙秀往惠州见苏东坡，将归，坡云："山中人见公还，必求土物，何以应之？"秀曰："鹅城清风，鹤岭明月，人人送与，只恐他无着处。"坡曰："不如将几纸字去，每人与一纸，但向道此是言法华，里头有灾福。"

明臣王守仁刚封为新建伯时，入朝谢恩，他穿着朝臣的礼服，丝帛遮蔽耳朵。有人开玩笑说："先生耳朵冷吗？"王守仁回答说："是先生您眼热。"

原文

王守仁初封新建伯，入朝谢，戴冕服，有帛蔽耳。或戏曰："先生耳冷耶？"王曰："是先生眼热。"

宋朝的王旦，穿着朴素。有人送玉带行贿，弟弟称赞玉带很美，就把它呈送给王旦。王旦让弟弟系在身上，问道："看看还觉得美吗？"弟弟醒悟了，急忙去送还原主。

原文

宋王旦被服质素，有人货玉带者，弟以称佳，呈旦。旦命系之，问曰："还见佳不？"弟悟，急还之。

李中溪没有儿子，经常为此不快活。他的朋友对他说："孔子不靠儿子伯鱼而传，释迦牟尼不靠儿子罗睺而传，老聃不靠儿子子宗而传。靠儿子而传，三教就绝灭了。"

原文

李中溪无子，恒不乐。其友谓之曰："孔子不以伯鱼传，释迦不以罗睺传，老聃不以子宗传。待嗣而传，三教绝矣。"

西晋太守孙子荆想说"枕石漱流"，误说成"漱石枕流"。王武子说"流水可以枕，石头可以漱口吗？"孙子荆说："以流水为枕，是想清洗耳朵；以石头漱口，是想磨砺牙齿。"

原文

孙子荆欲云"枕石漱流",误曰"漱石枕流"。王武子曰:"流可枕,石可漱乎?"孙曰:"所以枕流,欲洗其耳;所以漱石,欲砺其齿。"

明人陈继儒说:"人生都不如闲暇,但太闲了反而生出罪恶事端;人生都不如清雅,但太清了反而类似俗气矫情。"

原文

陈眉公曰:"人生莫如闲,太闲反生恶业;人生莫如清,太清反类俗情。"

殷仲文劝宋武帝刘裕蓄养歌妓,宋武帝说:"我不懂音乐。"殷仲文说:"只要蓄养,自然就懂了。"宋武帝说:"正因为怕懂,所以不蓄养。"

原文

殷仲文劝宋武帝蓄妓,曰:"我不解声。"仲文曰:"但蓄自解。"帝曰:"畏解故不蓄。"

王诏之年少时家贫但非常好学,曾经三日没有饭吃,仍然手不释卷。家人讥责他说:"穷困到这个地步,为啥不去种田?"王诏之回答说:"我常常在耕耘嘛。"

原文

王诏之少贫而好学,尝日绝粮,执卷不辍。家人诮之曰"困穷如此,何不耕?"王答曰:"我常自耕耳。"

东汉人庞参(字仲达)做汉阳太守时,汉阳郡人任棠有奇特的节操,隐居教书。庞仲达到郡后,先去拜访任棠。任棠不和他答话,只是拿薤白一大钵、水一盂,放在门口的屏风前,自己抱着小孙子趴伏在门下面。主簿对他说任棠这样做是倨傲无礼。庞仲达思考其中的隐微之意,过了好一阵才说:

"任棠是在启示太守：水是想让我清，放一大钵薤白是想让我打击豪强，抱着孙儿对着门是想让我开门抚恤孤寡。"叹息一番便回去了。

原文

庞仲达为汉阳太守，郡人任棠有奇节，隐居授教。仲达到郡，先候之，棠不交言，但以薤一大钵，水一盂，置户屏前，自抱孙儿伏于户下。主簿白以为倨。仲达思其微意，良久曰："棠是欲晓太守也。水者欲吾清，拔大钵薤者欲吾击强宗，抱儿当户欲吾开门恤孤也。"叹息而还。

北齐才子邢子才有很多书，却不大进行校勘工作。他曾向人说："思考书中错误之处，便是一种适意的事。"

原文

邢子才有书甚多，不甚雠校，尝谓人曰："误书思之，便是一适。"

蒋性中给事卸任还乡，十分清高耿介。有一天临时驾小船入城，恰逢落潮，船不能前进。于是便由二仆拉纤，蒋自己用篙撑船，被其他的船主捉弄得很难堪。二仆人厉声喝道："这是给蒋给事办事，你们不要蛮横无礼！"蒋不想让人知道，便笑着对仆人说："他们难道会被你哄骗吗？"

原文

蒋性中为给事归，甚清介。忽驾小舟入城，遇潮落，舟不得进。二仆牵挽，蒋自刺船，大为他舟窘辱。二仆厉声曰："此事蒋给事，尔无横也。"蒋不欲人知，笑谓曰："渠岂为伊哄耶？"

唐宪宗七岁时，祖父德宗将他抱在膝上，逗他说："你是什么人，竟在我的怀中？"宪宗回答道："我是第三天子。"

原文

唐宪宗七岁,德宗抱置膝上,戏曰:"汝是何人,乃在我怀中?"对曰:"是第三天子"。

有人送给魏武帝(曹操)一杯奶酪,魏武帝吃了一点,然后在盖子上写了一个"合"字,拿给大家看,大家都不明白是什么意思。轮到杨修,他便吃了一口,说道:"大人是教大家每人吃一口呀。"

原文

人馈魏武一杯酪,魏武啖少许,盖头上题"合"字,以示众,众莫能解。次至杨修,修便啖曰:"公教人啖一口也。"

明代屠隆(字长卿)说:"人常想到生病的时候,那么尘俗之心就会逐渐减少;人常想到死亡的时候,那么向道之心就会自然生出。"

原文

屠长卿曰:"人常想病时,则尘心渐减;人常想死时,则道念自生。"

明人丘长孺向袁宏道(字中郎)借钱,袁中郎便解下身上所系的衣带给了他。丘长孺很难为情。袁中郎笑着说:"你不来求我,我不求衣带;你求的是我这个文雅人,我求的是腰带这样的俗物,你怎么让我丢面子呢?"

原文

丘长孺贷资于袁中郎,袁乃解所系带授之。丘有难色,袁笑曰:"尔无求我,我无求带;尔求雅人,我求俗物,尔如何现我面皮?"

明代大臣刘大夏(卒谥忠宣)退出官场,为自己预写了一篇墓志铭,把他的生平履历刻在石碑上。有人说:"这件事由后人来为您做就行了。"他说:"恐怕后人会用美名来诬陷我啊。倘若鬼界与人间的趣尚不同,世人难道不能宽恕我的这种做法吗?"

原文

刘忠宣致政,自为寿藏记,取其平生履历刻之石。人曰:"后人为公可也。"公曰:"恐后人诬我以美名,倘鬼趣异,人岂不怒耶?"

明代唐寅,自号六如居士,他的画精美异常,还尤其崇尚佛教,他曾有诗说:"闲来写幅青山卖,不使人间造孽钱。"吴鹿长指着诗句笑着说:"请问六如居士这青山是从哪里买来的?"

原文

唐六如画精极,尤佞佛,有诗曰:"闲来写幅青山卖,不使人间作业钱。"吴鹿长指诗笑曰:"问六如何处买来?"

明代文学家屠长卿说:"鞭打死尸不会疼痛。若有感到疼痛的,便不是死。"

原文

屠长卿曰:"挞死尸不痛。个中痛者,便非形骸。"

明人赵大周在京城,何迁(号吉阳)问他说:"大周近来为什么不讲学?"赵大周说:"就是不讲。"何吉阳又问道:"不讲学怎么会有成就?"赵大周说:"不讲就是成就。"

原文

赵大周在京师,何吉阳问曰:"大周近来何故不讲学?"大周曰:"不讲。"吉阳又问曰:"不讲何以成就?"大周曰:"不讲便成就。"

吴因之说:"造谣毁谤他人的人很忙碌,受人毁谤的人却很清闲。"

原文

吴因之曰:"造谤者甚忙,受谤者甚闲。"

明代李梦阳(号崆峒子)作诗,有一句不好,便将全诗舍弃不要。何景明(号大复山人)对此深感惋惜。李崆峒说:"自家的东西,终究还会再来的。"

原文

李崆峒作诗,一句不工,即弃去不录。何大复深惜之。李曰:"自家物终久还来。"

东汉朱勃十二岁,便能朗诵《诗经》、《尚书》。他常去拜访马援的哥哥马况。朱勃衣着整齐,迈着方步,言辞文雅。那时的马援刚刚开始读书,见到他后自己感到非常惭愧。马况知道了弟弟的心情,便斟酒来安慰马援说:"朱勃是小器速成,他的智力到这里也就尽了。"后来,朱勃的成就果然不及马援。

原文

朱勃年十二,能诵诗书,常候马援兄况。勃衣方领能矩步,辞言娴雅。援裁知书,见之自失。况知其意,乃自酌酒慰援曰:"朱勃小器速成,智尽此耳。"后勃果劣援。

东汉人杨奇担任侍中时,汉灵帝问他说:"我和桓帝比怎么样?"杨奇回答说:"陛下与桓帝相比,也就如同虞舜对比唐尧(古帝名,因其子丹朱不肖,传位于舜)。"灵帝不高兴地说:"你很耿正,真是诤臣杨震的子孙。"

原文

杨奇为侍中,汉灵帝问奇曰:"朕何如桓帝?"对曰:"陛下之于桓帝，亦犹虞舜比德唐尧。"帝不悦曰："卿强项，真杨震子孙。"

明代司徒方宏静（字定之）不喜欢看戏，他说："涂了脸谱，戴着胡须，一悲痛就使人掉泪，一高兴就使人欢笑。这些人的表演本来是假的，看戏的人却把这些当成真的了。"

原文

方司徒定之不好观剧戏，曰："涂面带须，一悲使人堕泪，一喜使人解颐。此辈本假，世人惑真。"

明代文学家李贽（号卓吾）对中丞耿定向说："世上的人白日说梦话，您是梦中说白日话，可以说总是很清醒的啊。"

原文

李卓吾谓耿中丞曰："世人白昼寐语，公以寐中作白昼语，可谓常惺惺矣。"

宋朝元祐年间，黄庭坚（字山谷）、秦观诸位君子在馆阁任职，闲暇时观看黄庭坚出示的李龙眠所作《贤己图》，下棋、赌博的人都画在上面。玩博戏的人有六七个，正在对局，把色子投进盆中，其中五个显示的都是六点，另一个还在神情专注，旋转着。一个人趴在盆上大声叫喊，旁观的人都神情专注憋足了劲，各种姿态，曲尽其妙。大家一起愉快地观赏，认为画得高妙无比。正好苏东坡从外面进来，瞥了一眼说："李龙眠是天下名士，为什么却学闽地人说话呢？"众人奇怪地问他是从何说起。东坡说："各地的语音，说'六'都是合拢嘴巴，只有闽地语音是张开嘴巴。现在盆中都是六，一个色子还没确定，按规律应该喊六，但这个大叫的人，却张着嘴。"李龙眠听说后，也笑了起来，非常折服。

原文

宋元祐间,黄秦诸君子在馆,暇日观山谷出李龙眠所作《贤己图》,博弈樗蒲之俦咸列焉。博者六七人,方据一局,投进盆中,五皆六,而一犹旋转不已。一人俯盆疾呼,旁观皆变色起力,纤浓态度,曲尽其妙。相与欢赏,以为卓绝。适东坡从外来,睨之曰:"李龙眠天下士,顾效闽人语耶?"众贤怪请其故。坡曰:"四海语音,言六皆合口,惟闽音则张口。今盆中皆六,一犹未定,法当呼六,而疾呼者,乃张口也。"龙眠闻之,亦笑而服。

春秋时,郑国大夫祭仲掌握着国家大权,郑厉公非常忧虑,暗中派祭仲的女婿把他杀掉。女儿知道后,对她母亲说:"父亲与丈夫哪个更亲?"母亲说:"父亲只有一个;是个男人就可以做丈夫。"

原文

祭仲专国政,厉公患之,阴使(其)祭仲婿反杀之。女知之,谓其母曰:"父与夫孰亲?"母曰:"父一而已,人尽夫也。"

东晋宣武侯桓温曾对孟万年说:"听艺妓演奏,琴瑟一类丝乐不如箫管一类管乐,箫管一类管乐不如口中发出的歌声,这是为什么?"孟万年回答说:"这是因为逐渐接近自然的缘故。"

原文

桓宣武常谓孟万年:"听妓,丝不如竹,竹不如肉,何也?"孟答曰:"渐近自然。"

吴鹿长奉佛吃斋,却喜欢饮酒带女人,吃五辛一类的各种辣味蔬菜。有人劝告他说:"既然奉行佛家戒律,为什么又吃五辛?"吴鹿长回答说:"没听说过鸡毛与鸡舌是同样声音的。"

原文

吴鹿长奉斋,惟饮酒挟姬,杂茹五辛诸菜。人或风之曰:"奉戒,何得又食五辛?"吴答曰:"未闻鸡毛与鸡舌同声。"

赵家的母亲嫁女儿,临出嫁的时候教导女儿说:"小心谨慎,不要见了好事就去做。"女儿说:"不要做好事,可以作坏事吗?"母亲说:"好事尚且不能做,何况是坏事呢!"

原文

赵母嫁女,临嫁敕之曰:"慎勿为好。"女曰:"不为好,可为恶乎?"母曰:"好尚不可为,况恶乎?"

三国时的魏人钟会(字士季)稍稍有些才华,通些名理,早先并不认识嵇康。有一次,他邀请当时的贤能之士,一块儿去找嵇康。嵇康当时正在大树下打铁,向子期帮助他拉风箱。嵇康不停地抡着铁锤,旁若无人。过了好长时间,也不与钟士季答话。钟士季起身离去。嵇康说:"听到了什么消息才过来了,看到了什么东西才离去?"钟士季说:"听到了听到的东西才过来,看到了看到的东西才离去。"

原文

钟士季粗有才理,先不识嵇康,钟要于时贤俊之士,俱往寻康。康方大树下锻,向子期为佐鼓排。康扬锤不辍,傍若无人,移时不交一言。钟起去,康曰:"何所闻而来?何所见而去?"钟曰:"闻所闻而来,见所见而去。"

晋人顾恺之(字长康)吃甘蔗,先吃末尾的部分,别人问他为什么这样做,顾长康回答说:"这样可以渐入佳境。"

原文

顾长康啖甘蔗,先食尾,人问所以,顾曰:"渐入佳境。"

北宋王安石（封荆国公）曾经问张文定说："孔子去世一百年孟子出生，自此以后再也没有这样的圣人出现，为什么呢？"张文定说："难道没有吗？还有超过孔子的。"荆公问是谁，张文定说："江西的马大师、汾阳的无业、雪峰、岩头、丹霞、云门，都是的。"荆公问为什么这样说。张文定说："儒门清淡浅薄，留不住他们罢了。"荆公听了很高兴，非常赞叹佩服。

原文

王荆公尝问张文定："孔子去世百年生孟子，自后绝无人，何也？"文定言："岂无？只有过孔子者。"公问是谁，文定言："江西马大师、汾阳无业、雪峰、岩头、丹霞、云门是也。"公问何谓，文定曰："儒门淡薄，收拾不住耳。"荆公欣然叹服。

庄子和惠子一同在濠水的堤堰上游览。庄子说："鲦鱼在水中游泳从容自在，这是鱼的快乐啊。"惠子说："您不是鱼，怎么知道鱼的快乐？"庄子说："您不是我，怎么知道我不知道鱼的快乐？"惠子说："我不是您，固然不知道您的心情；您本来就不是鱼，您不知道鱼的快乐就是肯定无疑的了。"庄子说："我是从濠水之上知道的。"

原文

庄子与惠子游于濠梁之上。庄子曰："鲦鱼出游从容，是鱼之乐也。"庄子曰："子非鱼，安知鱼之乐？"庄子曰："子非我，安知我不知鱼之乐？"惠子曰："我非子，固不知子矣；子固非鱼也，子之不知鱼之乐全矣。"庄子曰："我知之濠上也。"

东汉人孟敏曾经到集市上去卖甑，挑的担子掉在了地上，把甑摔坏了，他头也不回地走开了。正好遇上郭泰（字林宗），见他这样子十分诧异，于是问道："甑摔坏了十分可惜，你怎么看也不看一眼？"孟敏说："甑已经摔坏了，再看还有什么用处？"

原文

孟敏尝至市贸甑，荷担堕地，坏之，径去不顾。适遇郭林宗，见而异之，因问曰："坏甑可惜，何以不顾？"孟曰："甑已破矣，顾之何益。"

北宋章惇（字子厚）和苏轼（字子瞻）少年时期是亲密的朋友。有一天，章子厚露着肚皮躺在床上，正好子瞻从外面进来，子厚自己摩挲着肚皮问子瞻说："您说这里面有什么东西？"子瞻说："都是谋反的家什。"子厚听了大笑。

原文

章子厚与苏子瞻少为莫逆交。子厚坦腹卧，适子瞻自外来，子厚摩其腹以问曰："公道此中何所有？"子瞻曰："都是谋反底家事。"子厚大笑。

北宋神宗元丰六年十一月二十七日，天快亮时，东坡梦见有几个小吏，每人拿着一张纸，上面都写着："请写祭春牛之文。"东坡拿笔在上面急速写道："春天已经来到，百草即将生长，推出土牛驱寒，准备开始春耕。尽管身披美丽的彩绘服饰，原是泥土塑成；成功失败就在于片刻之间，谁会为此喜怒？"一个小吏微笑着说："对这两句，应当会有人恼怒。"旁边一个小吏说："不碍事，这里只是唤醒他。"

原文

元丰六年十一月二十七日，天欲明，东坡梦数吏，人持纸一幅，其上通云："请祭春牛文。"东坡取笔疾书其上云："三阳既至，庶草将兴，爰出土牛，以戒农事。衣被丹青之好，本出泥途；成毁须臾之间，谁为喜愠？"吏微笑曰："此两句当有怒者。"傍一吏云："不妨，此是唤醒他。"

陈眉公说："关起门来，家中就如深山一般静谧；用心读书，到处都是清洁明净的空间。"
原文
陈眉公曰："闭门即是深山，读书随处净土。"

北宋程颢（人称明道先生）程颐（人称伊川先生）两兄弟共同参加一个宴会，程颐见席中有妓女陪伴，便拂衣而去，只有明道和他们一起饮酒，尽欢而散。第二天，明道来到伊川的书斋，伊川仍然余怒未消。明道笑着说："昨天本来是有妓女的，然而我心里却没有；今天本来是没妓女的，然而你心里却还有。"
原文
明道、伊川兄弟同赴一宴，颐见坐中妓，即拂衣去，独明道与饮尽欢。明日，明道过伊川斋，伊川犹有怒色，明道笑曰："昨日本有，心上却无；今日本无，心上却有。"

明人冯具区和潘景升一同游览白岳（安徽齐云山），潘景升指着石壁上的拙劣书法，皱着眉头说："山受苦到了这种程度。"冯具区说："既然做了这座景山，就不应拒绝这种痛苦。"其中有位同行的人说："是山苦呢，还是您苦呢？"潘景升说："是我苦罢了。"
原文
冯具区同潘景升游白岳，潘指壁上恶书，攒眉曰："山受苦如此。"冯曰："既作此山，不应辞苦。"中一同行者曰："山苦耶？公苦耶？"公曰："吾苦耳。"

举人陈琮，在城北的坟地之间建造了一座别墅。有人到了陈琮那里，皱着眉头说："眼里天天看见这些，您一定不快乐。"陈琮说："天天看见这些，就不敢不快乐。"

原文

陈孝廉琮，构别墅于邑北之累累地。或造陈，颦蹙曰："目中日日见此定不乐。"陈曰："日日见此，不敢不乐。"

明太祖朱元璋祭祀历代帝王庙，刚刚举起酒杯，见元世祖的画像流出了眼泪。太祖笑着说："我获得了中原本来拥有的东西，你失去了漠北本来就没有的东西，这又有什么遗憾呢？"画像上的眼泪很快就止住了。

原文

我太祖祀历代帝王庙，才举爵，见元世祖像泪出。太祖笑曰："我得中原之所固有，尔失漠北之所本无，复何憾？"像泪寻止。

明代一个学生跟着理学家王守仁（号阳明）学习。首次听到"良知"这个词不知道是什么意思，突然站起来问道："'良知'是什么东西？是黑的？是白的？"弟子们听了都哑然失笑，那个学生惭愧得满脸通红。阳明先生慢慢地说："'良知'不是黑的，也不是白的，它的颜色是纯正的红色。"

原文

一士从王阳明学，初闻"良知"不解，卒然起问曰："'良知'何物？黑耶，白耶？"群弟子哑然失笑，士惭而赧。先生徐曰："'良知'非白非黑，其色正赤。"

明人潘之恒（字景升）家有资财数万，都被宾客给耗尽了。他的弟弟们都讽刺说："我哥哥这样花费，除非是银山，才能供得起。"他的四弟弟潘稚恭笑着说："银山怎么够用，除非是银水才行。"

原文

潘景升家富巨万，皆为客尽。其弟辈皆风之曰："吾兄如此，除是银山，栽得相副。"其第四弟稚恭笑曰："银山何能济，除是银水耳。"

郭进建造房宅刚刚完成，他将族人和宾客聚集起来搞落成典礼，下至土木工匠都参加了宴会。他把工匠们的座位都安排在了东边的厢房里。大家都说："儿子们怎么能和工匠们并坐在一起？"郭进指着工匠们说："这是造房者。"又指着儿子们说："这是卖房者，本来就应该坐在造房者的下面。"

原文

郭进治第方成，聚族人宾客落之，下至土木之工皆与筵，设诸工之坐于东庑。人咸曰："诸子安得与诸工齿？"进指诸工曰："此造宅者。"又指诸子曰："此卖宅者，固宜坐造宅者下。"

吴给事的女儿聪明伶俐，后来嫁给了陈子期。陈子期还宠爱一个小妾，因而得了风痹，半身不遂了。有一天，亲戚们过来看望他，吴给事指着小妾说："这就是风病的来由。"（卜商《诗序》说："《关雎》，后妃之德也，风之始也。"吴给事此句是说小妾是陈子期的致病根源，而套用《诗序》的话，语含幽默。）

原文

吴给事女敏慧，后归陈子期。陈惑一妾，遂染风疾。一日亲戚来问，吴指妾曰："此风之始也。"

南宋丞相叶衡，罢官后回到金华，每天与一些没有官职的朋友来往。他忽然得了病，就对客人说："我就要死了，不知道死后好不好？"客人回答说："好得很。"叶衡问怎么会知道好得很,客人说:"假如死后不好,死者都该逃回来的呀。"

原文

叶丞相衡,罢归金华,日与布衣友还往。公忽染疾不怿,谓客曰:"某且死,不知死后佳不?"客答曰:"佳甚。"公问何以知,客曰:"使死而不佳,死者当逃归耳。"

徐月英是唐代江淮一带的名妓。有一位徐公子,宠爱一个军中的官妓,官妓死后,徐公子给她作了火葬。徐月英前去送葬,对徐公子说:"这姑娘平生风流,死了还带着浓'焰'(与"艳"谐音,双关语)呢。"

原文

徐月英,唐江淮间名娼也。有徐公子者,宠一营妓,死而焚之。月英送葬,谓徐曰:"此娘平生风流,殁犹带焰。"

名语第二

吴苑说:"名,就是铭刻。所谓永不磨灭的语言,可以成为后世的典范,不深富仁义涵养的人是说不出的。然而使之流传后世的办法,应该是立足根本而非权宜应对,这种权宜应对可以勉励普通人,不可以限制上等智慧之人。这些令人铭记的语言是世间的一种颇具疗治性和滋补性的良药,只是比"慧语"稍逊一筹罢了,因此便列"名语"为第二类。"

吴苑曰:"名者,铭也。所谓不磨之语,以垂则后世,非含仁唼义之口不能道,然垂世之法,宜经不宜权,此可以励常姿,不可以笼上智。是世间一种攻补至药,第于慧小差。次名语第二。"

北齐苏琼拜见东荆州刺史曹芝，曹芝开玩笑说："您想不想做官了？"苏琼回答说："应该是设了官位寻求人选，而不是由人去寻求设官位。"曹芝对他的答话很惊异，便将他聘为参军。

原文

苏琼谒荆州刺史曹芝，芝戏曰："卿欲官不？"答曰："设官求人，非人求官。"芝异其对，署为参军。

北齐邢邵（字子才）说："难道有松柏的后身化为樗栎（被视为无用之材）的吗？"

原文

邢子才云："岂有松柏后身化为樗栎？"

北周韦敻的儿子韦瓘代理随州刺史，因病死去。噩耗传来，家里人一起陷入了悲痛之中，而韦敻却神色自若，对他们说："死生皆由命定，来去都是常事，又有什么值得悲痛的？"

原文

韦敻瓘子行随州刺史，因疾物故。凶问至，家人相对悲恸，而敻神色自若，谓之曰："死生，命也，去来常事，亦何足悲？"

三国时，庞统隐居在岘山南面，没有进过城市。荆州刺史刘表前去拜访他，说："先生苦苦地居住在田野之中，而不肯做官受禄，百年之后拿什么留给子孙？"庞统说："世人都是把危险留给后人，现在只有我把平安留给他们。"刘表无法驳倒他。

原文

庞公隐居岘山之南，未尝入城市。荆州刺史刘表往候之，曰："先生苦居畎田，而不肯官禄，后世何以遗子孙？"公曰：

"世人皆遗之以危,今独遗之以安。"刘不能屈。

南朝宋王裕之(字敬弘)不曾教子孙学问,任凭他们各自按自己的喜好行事。有人问他为什么这样做,他回答说:"丹朱(传说中尧的儿子,荒诞傲慢,尧因而禅位于舜)不应该缺乏教育,宁越(战国时赵国农民,勤奋好学,后为周威王之师)没听说遭受棒打(指逼迫读书)。"

原文

王敬弘未尝教子孙学问,各随所欲。人问之,答曰:"丹朱不应乏教,宁越不闻被棰。"

吴鹿长和几位朋友闲谈天下的名士,当谈到某某时,吴鹿长说:"云间的陈继儒,用艺来掩藏道,我敬佩他的道。毗陵的刘少白,用道来掩藏艺,我敬佩他的艺。天下的名士,不难知晓他显露出来的特长,而难在了解他隐而不露的特长。"有人笑道:"明代妓女如沙宛用慧来掩藏痴,人们喜爱她的慧,我喜爱她的痴,这也是一种道。"吴鹿长也赞同这种见解。

原文

吴鹿长与诸友闲谈天下名士,及某某等,吴曰:"云间陈眉公,以艺藏道,吾敬其道。毗陵刘少白,以道藏艺,吾敬其艺。天下名士,不难于知显,而难于知隐。"或笑曰:"如沙宛在以慧藏痴,人爱其慧,君爱其痴,是亦一道也。"吴亦肯服。

宋代李郁(归隐西山,人称西山先生)问傅景仁做文章的方法,傅景仁说:"长袖善舞,多财善贾。"西山从此开始努力读书。

原文

西山先生问傅景仁以作文之法,傅云:"长袖善舞,多财善贾。"西山由此务读。

东晋张湛在家里也穿戴整洁，即便遇到妻子也像对待父母那样彬彬有礼。有人说张湛是装善。张湛说："别人都是装恶，只有我是装善，这又有什么不好呢？"

原文

张湛舍室修整，虽遇妻子如严君。人谓湛诈善耳。湛曰："皆诈恶，我独诈善，何伤乎？"

陈婴，是东阳人，从小就有良好的道德修养，在家乡声誉很高。秦朝末年天下大乱，东阳人想推举陈婴为领袖起兵反秦。陈婴的母亲说："不行。自从我做了你们家的媳妇，从小就习惯了贫贱，一天之间突然富贵，不吉利。不如把兵权交给别人。如果事情成功了，我们稍微得些好处，如果事情不成功，自会有人来承担灾祸。"

原文

陈婴者，东阳人，少修德行，著称乡里。秦末大乱，东阳人欲奉婴为主，母曰："不可。自我为汝家妇，少见贫贱，一日富贵，不祥。不如以兵属人，事成少受其利，不成祸有所归。"

东晋黄门侍郎王徽之兄弟三人一起去拜访谢安。子猷（王徽之，字子猷）、子重（王操之，字子重）多是说些俗事，子敬（王献之，字子敬）只是寒暄而已。在座的客人问谢安："刚才那三位贤者谁更出色？"谢安说："年纪小的最好。"客人说："你怎么知道？"谢安说："贤人的话少。"

原文

王黄门兄弟三人俱诣谢公，子猷、子重多说俗事，子敬寒温而已。坐客问谢公："向三贤孰愈？"谢公曰："小者最胜。"

客曰:"何以知之?"谢公曰:"吉人之辞寡。"

东晋庾亮担任护军时,嘱托廷尉桓彝为他物色一个好的下属。过了一年,桓彝遇到徐宁并了解了他,于是便推荐给庾亮,说:"常人该有的东西,他不一定有;常人该没有的东西,他不一定没有,真是海内的清雅之士。"
原文
庾公为护军,属桓廷尉觅一佳吏。乃经年,桓公遇见徐宁而知之,遂致于庾公,曰:"人所应有,其不必有,人所应无,已不必无,真海岱清士。"

北宋司马光和苏东坡(字子瞻)论茶与墨,说二者都是香的,但茶与墨正好相反。茶要求白,墨要求黑;茶要求重,墨要求轻;茶要求新,墨要求旧。
原文
司马公与子瞻论茶墨俱香,云茶与墨,二者正相反。茶欲白,墨欲黑;茶欲重,墨欲轻;茶欲新,墨欲陈。

陈眉公说:"放得下俗人的心,才可以做大丈夫;放得下大丈夫的心,才可以叫做仙和佛;放得下仙和佛的心,才可以算是得了道。"
原文
陈眉公曰:"放得俗人心下,方可为丈夫;放得丈夫心下,方名为仙佛;放得仙佛心下,方名为得道。"

陈眉公说:"男子有德行便是才干,女子无才干便是德行。"
原文
陈眉公曰:"男子有德便是才,女子无才便是德。"

唐诗人刘禹锡说："后赵国君石虎（字季龙）拿着弹弓射人，他父亲愤怒责他，他母亲说：'健壮的牛犊拉车快跑挣坏车辆，良马必须不受束缚自由驰骋，这样才能负担重物到达远方。小孩不特异不聪慧，必然不是超常的人才。'"

原文

刘禹锡曰："季龙挟弹弹人，其父怒之。其母曰：'健犊须走车破辕，良马须逸鞍泛驾，然后能负重致远大。童稚不奇不慧，必非异器。'"

吴苑说："清雅之士并不是不好，只是嫌他们过于矫情；粗狂之士并不是不差劲，可喜的是他们露出率真。如果能让他们清雅而不矫情，率真而不粗狂，那就不仅是超凡脱俗的名流，实在是世间的贤能了。"

原文

吴苑曰："清雅之士非不佳，嫌其太矫；粗狂之士非不恶，喜其露真。若使清而不矫，真而不粗，非惟越俗名流，实是世间能士。"

范忠宣公亲族的子弟有人向他求教。他说："只有俭朴可以助人廉洁，只有宽宏大量可以成就德行。"

原文

范忠宣公亲族间子弟，有请教于公者，公曰："唯俭可以助廉，唯恕可以成德。"

北宋鲁宗道担任谕德一职时，往往隐藏身份微服出行，到酒店饮酒。有一天，宋真宗紧急召见他，有事情要问，使者来回寻找，结果在酒铺中找到他，和他谋划说："皇上如果怪罪您来迟了，您将用什么做托辞呢？"鲁公说："只需要以实相告。"使者说："这样恐怕会被问罪的。"鲁公说："饮酒是人之常情,欺君是臣之大罪。"使者十分叹服。

原文

鲁宗道为谕德,往往易服微行,饮于酒肆。一日真宗急召公,将有所问,使者反复于肆间得之,与公谋曰:"上若怪公来迟,当托何事?"公曰:"但以实告。"使者曰:"然则恐得罪。"公曰:"饮酒人之常情,欺君臣之大罪。"使者叹服。

北宋文靖公李沆担任宰相,作风沉稳,正派忠厚,对国家的制度政策没有作出什么变更。他曾经说:"我做宰相没有别的能耐,只是能不改变朝廷的法度,以此来报效国家。"

原文

李文靖公沆为相,沉正厚重,无所革易。尝曰:"吾为相无他能,唯不改朝廷法度,用此以报国耳。"

东汉名将马援在陇汉一带潦倒失意时,常常对宾客说:"大丈夫立定志向,应当是身处困境的时候越发坚强,老迈的时候更加豪壮。"

原文

马援落魄陇汉间,常谓宾客曰:"大丈夫为志,穷当益坚,老当益壮。"

南宋大臣陈仲微说:"用官禄为饵可以钓到天下的中等人才,而不能引诱到天下的豪杰人物;用名利之船可以装载天下的猥琐之士,而不能招引天下的真正英雄。"

原文

陈仲微云:"禄饵可以钓天下之中才,而不可啖尝天下之豪杰;名船可以载天下之猥士,而不可陆沉天下之英雄。"

项羽入关以后,对别人说:"富贵后如果不回故乡,那就像是穿着锦绣衣服在夜间行走一样啊!"

原文

项羽入关后,谓人曰:"富贵不归故乡,如着锦衣夜行耳。"

唐朝的李邕担任左拾遗时,忽有御史中丞宋璟举奏张昌宗兄弟有不恭顺的言论,请求予以处理。武则天开始没有回应,李邕站在宫殿的台阶下面,对答说:"宋璟所说的事情关系到国家法制,希望陛下批准他的奏议。"武则天的脸色舒缓下来。出来以后,有人对他说:"你的名声地位还较低微,如果说话不合圣上的旨意,灾祸将难以预料。"李邕说:"如果没有独特大胆的言行,名声就不会张扬开来。"

原文

唐李邕为左拾遗,俄而御史中丞宋璟奏张昌宗兄弟有不顺之言,请付发断。则天初不应,邕在陛下,应曰:"璟言事关社稷,望陛下可其奏。"则天色解。既出,或谓曰:"子名位尚卑,若不称旨,祸将不测。"邕曰:"不颠不狂,其名不张。"

明代屠隆(字纬真)说:"柴门才关上,便有客人前来求见拉关系;盛饭的箩筐刚吃空,就有人求写墓志颂功德。万事从来都是命,一丝一毫不由人。"

原文

屠纬真曰:"荆扉才杜,便逢客过扫门;饭箩一空,辄有人求誉墓。万事从来是命,一毫夫岂由人?"

唐代高郢担任中书舍人九年,家里不存留一份朝廷制书的草稿。有人问道:"前辈都留有所写制书的集子,你却把它们烧掉了,为什么呢?"高郢回答说:"帝王发布的言论不能存放在私人家里啊。"

原文

高逞[郢]为中书舍人九年,家无制草。或问曰:"前辈皆有制集,焚之何也?"答曰:"王言不可存于私家。"

汉臣盖宽饶说:"富贵如同旅馆,只有谨慎才能长久居住。"

原文

盖宽饶曰:"富贵如传舍,惟谨慎可得久居。"

明人刘大夏(字时雍,谥忠宣)教儿子读书,并让他兼做农活。曾经在雨里督促儿子耕耘,他告诉人们说:"习惯了勤勉就会忘记疲劳,习惯了安逸就会懒惰成性。要首先让他劳作至困倦,然后让他休息;等到休息好了,重新让他劳作至困倦。"

原文

刘忠宣教子读书,兼力农。尝督耕雨中,告人曰:"习勤忘劳,习逸成惰。困之息之,息之困之。"

明人万士亨、万士和兄弟中了进士,动身前去做官时,父亲告诫他们说:"寄希望你们做个好人,不寄希望你们能做个好官。"

原文

万士亨、士和举进士,将之官,其父戒之曰:"愿尔辈为好人,不愿尔辈为好官。"

明臣虞谦担任大理卿,审理诉讼案件总是特别慎重精细,力求做到公平合理。他曾对别人说:"打官司的人没有遗憾,我就没有遗憾了。"

原文

虞谦为大理卿,谳狱每加详慎,必得其平。尝谓人曰:"彼无憾,我无憾矣。"

东汉大臣杨震担任涿州太守,心性公正廉洁,不接受私人拜会请托,子孙经常是粗茶淡饭,出门步行,不乘车轿。亲友中的长辈们,有人想让他为子孙置办些家产,杨震不肯,他说:"让后世称他们是清白官吏的子孙,把这作为遗产留给他们,不是很丰厚的吗?"

原文

杨震为涿州太守,性公廉,不受私谒,子孙常蔬食步行。故旧长者,或欲令为开产,震不肯,曰:"使后世称为清白吏子孙,以此遗之,不亦厚乎?"

东汉王谌(字知人)把种嵩推荐给河南尹田歆,他对田歆说:"我为您找到了一位品学兼优的人,接近京城洛阳门下省官吏的水平。"田歆笑着说:"应当找一位山泽之间的隐士,干吗要接近洛阳官吏呢?"王谌说:"山泽之间未必有奇异之士,奇异之士未必出在山泽之间。"

原文

王谌荐种嵩于河南尹田歆,谓歆曰:"为尹得孝廉矣,近洛阳门下吏也。"歆笑曰:"当得山泽隐滞,近洛阳吏耶。"谌曰:"山泽未必有异士,异士未必在山泽。"

汉明帝问东平王刘苍说:"天底下做什么事最快乐?"刘苍回答说:"做善事最快乐。"

原文

汉明帝谓东平王苍曰:"天下何事为乐?"对曰:"为善最乐。"

明代司马顾养斋(字益卿)说过:"与其结识新朋友,不如加深旧交情;与其施予新恩泽,不如还清旧债务。"

原文

顾司马益卿云:"与其结新知,不若敦旧好;与其施新恩,不若还旧债。"

东汉马援起初生活在农田牧野之间,曾经拥有牛马羊数千头,谷物数万斛。不久,他就慨叹说:"大凡增加财富产业,贵在能用来救助别人,否则便成为守财奴了。"

原文

马援初处田牧间,至有牛马羊数千头,谷数万斛。既而叹曰:"凡值货财产,贵其能施赈也,不则守钱虏耳。"

陈眉公说:"士人应当让王公显贵听到他的名字多而彼此见面少;宁可使王公显贵惊讶他不曾前来,不要使王公显贵讨厌他不肯离去。"

原文

陈眉公曰:"士人当使王公闻名多而识面少;宁使王公讶其不来,毋使王公厌其不去。"

隋朝诗人薛道衡在陈地访问时,作了一首《人日》诗说:"入春才七日,离家已二年。"南方人嗤笑说:"这是什么话?谁说这家伙懂得作诗?"等读到"人归落雁后,思发在花前"时,才高兴地说:"享有盛名的人物的确不是徒有其名。"

原文

薛道衡聘陈,作《人日》诗云:"入春才七日,离家已二年。"南人嗤曰:"是底言?谁谓此虏解作诗?"及云"人归落雁后,思发在花前",乃喜曰:"名下固无虚士。"

宋人闵文休为人狂放，酷爱喝酒，一向不喜欢参与道学场合，有人要强拉他参加，他回答说："世人认为吟诗比讲授道学低下，骂座比毕恭毕敬恶劣，但两相比较，我宁肯做个轻薄型的狂夫，不愿做个厚脸皮的君子。"

原文

闵文休狂放嗜酒，素不喜与道学场，人有强之者，则曰："吟诗劣于讲学，骂座恶于足恭，两而揆之，宁为薄行狂夫，不作厚颜君子。"

卫玠为人性格通达宽恕，他常常告诫自己说："别人做不到之处，可以凭感情予以宽恕；并非有意识的冒犯，可以用理性去排遣。"

原文

卫玠为性通恕，常自戒曰："人之不逮，可以情恕；非意相干，可以理遣。"

宋代欧阳修（谥文忠）曾经说过："观察一个人的题壁文字，就可以推知他的文章。"

原文

欧阳文忠公尝言曰："观人题壁，便识文章。"

北齐的王晞受到孝昭帝十分优厚的对待，而王晞却常常自己疏远退避，他对别人说："并非自己不爱显赫的官位，只是对其中的滋味完全想透了。"

原文

齐王晞为孝昭待遇甚厚，而晞每自疏退，谓人曰："非不爱热官，但思其烂熟耳。"

南朝齐人谢朓（字玄晖）喜欢提拔人才。会稽人孔闿粗略懂些文章,只是尚未被当时的人们所了解。孔稚圭常常让他起草怨责的表文拿给玄晖看。玄晖嗟叹了好久,自己用便笺写了下来,告诉稚圭说:"这个人名声还没树立起来,我们应该共同推举他,不要吝惜口头随意的褒美之辞。"

原文

谢玄晖好奖人才,会稽孔𬮨粗有文章,未为时人所知。孔稚圭常令草让表以示玄晖,玄晖嗟叹良久,自折简写之,语稚圭曰:"是子声名未立,应共奖成,无惜齿牙馀论。"

南齐时,陆慧晓在晋熙王那里担任长史,如有僚属前来拜见,他必定起身相送。有人对他说:"长史身份高贵,不要自己过于谦恭。"陆慧晓说:"我生性讨厌人不讲礼貌,也不能容许自己不以礼待人。"

原文

陆慧晓为晋熙王长史,寮佐造见,必起送之。或语云:"长史贵重,不宜妄自谦屈。"陆曰:"我性恶人无礼,不容不以礼处人。"

北齐人魏佛助高度赞誉隋朝诗人卢思道,认为卢询祖是比不上他的。卢询祖说:"见到那种不能高飞的,就借给它些羽毛;知道气势可以冲天的,就剪掉它的翅膀。"

原文

魏佛助盛誉卢思道,以卢询祖为不及。询祖曰:"见未能高飞者,借其羽毛;知逸势冲天者,剪其翅翮。"

唐代的武则天皇后曾经召见徐有功,责备他说:"您近来断案子多有失误,为什么?"徐有功回答道:"出现失误是臣子我的小过错,保护生命是陛下您的大恩德。"

原文
唐天后尝召徐有功责之曰："公比断狱多失出，何也？"有功答曰："失出臣小过，好生陛下大德。"

东汉许邵（字子将）常常到颍州去，大多是与长者交往，唯独不去拜见陈仲弓（陈寔，曾为太丘长）。另外，陈仲举妻子死后回乡埋葬，同乡都来送葬，只有许子将没到。有人问是什么缘故，子将说："太丘之道广阔，广阔则难以周密；仲举性格严厉，严厉就缺少通达，所以不去拜会他们。"

原文
许子将常到颍州，多长者之游，唯不诣陈仲弓。又陈仲举妻丧还葬，乡人俱至，许独不至。或问其故，子将曰："太丘道广，广则难周；仲举性峻，峻则少通，故不造也。"

南齐太祖萧道成出奇地喜欢张思光，时常和他欢聚，笑着说："这样的人不能没有一个，也不可能有两个。"

原文
齐太祖奇爱张思光，时与款接，笑曰："此人不可无一，不可有二。"

东汉向长（字子平）读《周易》读到损、益二卦时，深沉感叹道："我已经知道富有不如贫穷，尊贵不如卑贱，只是不知道生与死是怎样的。"

原文
向子平读《易》，至损益卦，喟然叹曰："吾已知富不如贫，贵不如贱，但不知死生何如耳。"

陈眉公说："对朝廷的大奸诈不能不抨击，对朋友的小过错不能不宽容。宽容大奸诈必然会祸乱天下，抨击小过错便没有完善之人。"

原文

陈眉公曰:"朝廷奸不可不攻,朋友小过不可不容。容大奸必乱天下,攻小过则无全人。"

陈眉公说:"小孩子们不应当因为世间事务分散读书精力,而应当通过认真读书来通晓世间事务。"

原文

陈眉公曰:"小儿辈不当以世事分读书,当令以读书通世事。"

陈眉公说:"做秀才时就像做处女,要惧怕人;入了仕途就像做媳妇,要抚养人;退出仕途、回归林下,就像做婆婆,要教育人。"

原文

陈眉公曰:"做秀才如处子,要怕人;既入仕如媳妇,要养人;归林下如阿婆,要教人。"

陈眉公说:"如果有一句话而伤害了天地的谐和,因一件事而折损了终身的福气,那千万要慎重。"

原文

陈眉公曰:"有一言而伤天地之和,一事而折终身之福者,切须检点。"

胡居仁家里非常贫穷,连破衣烂衫、粗茶淡饭都难以维持。有人很为他担忧,胡居仁说:"自身已懂得了充足的道义,屋内已有丰富的书籍,大处已经充足,不必再深求细枝末节。"

原文

胡居仁家贫甚,鹑衣箪食,尚不继。或为之虑,胡曰:"身已闰义,屋已闰书,大处足矣,不必琐求。"

明代邵宝(字文庄)说:"宁可做个真正的知识分子,决不去做虚假的道学先生。"

原文

邵文庄云:"宁为真士夫,不为假道学。"

都维明学问广博,多才多艺,但总是隐藏不露,不事张扬。他曾乘兴画了一张梅花,不久便后悔说:"有一种才能就要隐蔽一种才能。"

原文

都维明博学多艺,务为韬晦。乘兴画一梅,寻悔曰:"有一能即蔽一能。"

西晋梁王司马肜、赵王司马伦,都是皇帝的近亲,在当时极为显贵。中书令裴楷每年向梁、赵两个封国请求借钱数百万,以便救济亲戚中的贫困户。有人就讥讽说:"为什么要向人乞讨财物来施行恩惠呢?"裴楷说:"剪取有余者来贴补不足者,这是合乎天道的。"

原文

梁王、赵王,国之近属,贵重当时。裴令公岁请二国租钱数百万,以恤中表之贫者。或讥之曰:"何以乞物行惠?"裴曰:"损有余补不足,天之道也。"

陈眉公说:"年轻人胸中如果存有'意气'二字,那么交游时感觉一定不平和;如果存有'骚雅'二字,那么读书时心思一定不深入。"

原文

陈眉公曰："后生辈胸中落'意气'两字，则交游定不得力；落'骚雅'二字，则读书定不深心。"

陈眉公说："看常人要看他在大处不越轨，看豪杰要看他在小处不遗漏。"

原文

陈眉公曰："看中人看其大处不走作，看豪杰看其小处不渗漏。"

罗远游说："大豪杰所用的心思，在对人施恩的地方被察觉，在遭人埋怨的地方容易被指出；卑微的人士，其行迹则与此相反。"

原文

罗远游曰："大豪杰用心，恩处难知，怨处易指；琐琐君子，行藏反是。"

陈继儒说："权势在手时，那情景就如同成群的蚂蚁聚拢来吃这块腥膻的肥肉；如果权势丧失，那就像吃饱的老鹰离开大地飞向那遥远的天空。悠悠污浊世界，古今都是如此。有识之士，不必露出周代诸侯徐偃王那样刚直的心肠，只请擦亮东汉黄宪（字叔度）那样冷峻的眼睛。"

原文

陈继儒曰："势在，则群蚁聚膻，势去，则饱鹰扬汉。悠悠浊世，今古皆然。有识之士，不必露徐偃之刚肠，但请拭叔度之冷眼。"

明朝文宪公费宏说："看书应该像酷吏审案那样，用意深沉透彻，而后才能每天知道一些他原来所不知道的东西；记书

应该像勇将决胜那样,断然破釜沉舟,而后才能每月不忘记他已经掌握的东西。"

原文

费文宪公云:"观书当如酷吏断狱,用意深刻,而后能日知其所无;记书当如勇将决胜,焚舟沉甑,而后能月无忘其所能。"

明代杨溥在内阁任职,他的儿子来京城,所经过的州县,没有不送礼的,只有江陵县令范理不给送礼。杨溥感到不同寻常,就推荐他担任了德安太守。有人劝范理应当写信感谢,范理说:"宰相是为朝廷选用人才,太守是替朝廷执行命令,一杨一范,与私人情面有什么关系?"

原文

南杨在内阁,其子来京师,所过州县,无不馈遗,惟江陵令范理不为礼。公异之,荐为德安守。或劝当致书谢,范曰:"宰相为朝廷用人,太守为朝廷捧命,一杨一范,私面何关?"

陈继儒说:"通常,人们对待富人不难做到有礼貌,而难以做到得体;对待穷人不难做到有恩,而难以做到有礼。"

原文

陈继儒曰:"待富人不难有礼而难有体;待贫人不难有恩而又难有礼。"

吴燕孺说:"男子汉大丈夫生在世上,宁可被乡间小儿怒骂,不可被乡间小儿怜悯。"

原文

吴燕孺曰:"须眉之士在世,宁使乡里小儿怒骂,不当使乡里小儿见怜。"

潘讱叔虽然轻许诺言，缺乏恒心，但对于朋友道义着实厚道。有人受到潘讱叔的大恩不能报答，反而诽谤他。别人劝告潘说："你不是圣人，怎么能以平静的心态回报这种结怨的人呢？"潘说："不是这样。我怎么能够用怜悯别人犯了错误的眼睛，去卑视因之惭愧得要死的人呢？"听到这话的人都很佩服。

原文

潘讱叔虽轻诺少恒，于友道实笃。或有受潘大恩不能报，反谤之者。人风潘曰："君非圣人，安得以平报怨？"潘曰："不然，吾安肯以怜人既错之目，复睨此自愧欲死之人？"闻者叹服。

豪语第三

吴苑说:"圣人过尽而豪士出现,圣人具有道德,豪士具有才能,这是就大略而言的。大凡世间的有才之士,没有不具豪气的。人的五官六腑,都是由奇特英烈之泉水灌溉的,每呼吸一次,吐出一语,几乎都要塞满天地。虽然过头的会有十之七八,而切实的也有十之二三,所以圣人隐去之后,都不如这些人强悍精干。况且志向一旦不成功,便会视自身如草芥,慷慨的言语,多么豪壮啊!啊呀!波涛奔流般的宇宙,难道能少了这些人吗?于是将豪语列为第三类。"

吴苑曰:"圣人尽而豪士出,圣人具德,豪士具才,此大略言也。盖世间才士,未有不豪者。五官六府,皆奇英之所灌溉,每喘一息,吐一语,几塞天地。虽过之者不无七八,而副之者亦有二三,故圣人既隐之后,不如此辈之强且干也。况志一不成,即视身如芥,慷慨之语,何其壮哉!嗟乎!波流宇宙,岂能少此辈乎?乃次豪语第三。"

东晋北中郎将荀羡在京口时，登上北固楼遥望着东海，说道："虽然没有看到三座神山，但自会使人有凌云之意。如果是秦皇汉武那样的君主，必然会撩起衣裳涉水前往。"

原文

荀中郎在京口，登北固望海，云："虽未睹三山，便自使人有凌云意。若秦汉之君，必当褰裳濡足。"

东晋桓温读《高士传》，当读到（战国齐人）於陵陈仲子的时候，便把书扔掉说："谁能像这样苛刻地对待自己呢！"

原文

桓温读《高士传》，至於陵仲子，便掷去曰："谁能作此溪刻自处！"

西晋时，石崇常常与王敦到学校去玩耍，见到孔子学生颜回与原宪的塑像就慨叹说："我如果与他们一同登上孔子的厅堂，未必和他们有差距。"王敦说："不知别人怎么样，子贡与您比会距离稍近些。"石崇表情严肃地说："士人应当使生活、名声都很好，为什么要让人记住原宪那样穷困潦倒的事呢？"

原文

石崇每与王敦入学嬉，见颜、原像而叹曰："若与同升孔堂，何必去人有间。"王曰："不知余人云何，子贡去卿差近。"石正色曰："士当令身名俱泰，何至以瓮牖语人！"

明朝总制胡宗宪读《汉书》，读到"终军请缨"的故事时，起身大叫道："男儿的立身行事，就应该这样做，其他都是乱七八糟。"

原文

胡总制宗宪读《汉书》，至终军请缨事，起叫曰："男儿双足，当从此处插入，其他皆狼藉耳。"

东汉赵温，字子柔，京兆人，担任郡丞之职，他感叹说："大丈夫应当如雄鹰那样展翅高飞，怎么能如雌鸟蜷伏在巢内呢！"于是弃官而去。

原文

赵温子柔，京兆人，为郡丞，叹曰："大丈夫当为雄飞，焉能雌伏！"遂弃官去。

仪真人王维宁，擅长诗赋，草书尤为绝妙。他家中资财数万，他习性豪华奢侈，极爱喝酒，每天宴请宾客，陆陆续续来到的人常常增加到好几席。有人劝他为以后的生活做些规划，王维宁说："大丈夫在世应当享用财富，岂能为财富所控制！"后来家业耗尽，不能维持自己的生活，还是饮酒不止。别人又劝他卖字，他说："我学书法难道是为了糊口吗？"有一天，他没了酒喝无法忍耐，便出去走到江边，见落日的余辉照在水里，波光粼粼，大为欣喜地说："这里有好地方，龙宫的珍奇宫殿，大概会让我快乐。"于是跃入水中淹死了。

原文

仪真王维宁，善诗赋，草书尤精绝。家资巨万，性豪侈，嗜酒，每日宴客，续至者常增数席。人或劝其后计，王曰："丈夫在世当用财，岂为财用！"及业尽，不能自存，犹好酒不已。人又劝其耕砚可以自给，曰："吾学书岂为口耶？"一日，无酒不能耐，出步江上，见落日射水粼粼，大喜曰："此中有佳处，龙宫贝阙，或可乐吾也。"遂跃入，死焉。

后周时，任殿前都点检的赵匡胤将要北征，京城盛传要拥立为天子。赵匡胤告诉他家里人说："外面人声喧闹，该怎么办呢？"当时他的姐姐在厨房里，举起擀面杖就打他，说：

"大丈夫一事当前可不可以办应当自己决定,怎么反倒回家来吓唬我们妇道人家呢?"

原文

艺祖将北征,京师喧言欲立检点为天子。太祖告其家曰:"外间咽咽,将若之何?"时太祖姊在厨下,举面杖击之曰:"丈夫临事可不当自决,乃来家恐怖女耶?"

杨纂常常说:"大丈夫富贵,为什么一定要回故乡?总把妻子儿女挂在心头,岂不让人的雄心壮志消沉吗!"

原文

杨纂每云:"丈夫富贵,何必故乡?以妻子经怀,岂不沮人雄志!"

宗少文问侄子宗悫说:"你的志向是什么?"宗悫对答说:"希望能凭借长风,冲破万里巨浪。"

原文

宗少文问侄悫曰:"君志何若?"悫对曰:"愿乘长风,破万里巨浪。"

石崇每当邀请客人赴宴,常常让美人劝酒,客人饮酒不能喝干时,便让黄门官吏杀死美人。丞相王导与大将军王敦曾经一块到石崇家里去,丞相素来不能饮酒,只好勉强饮下,以至喝得大醉。每当到了大将军那里,他都坚持不喝,以观察石崇的反应。石崇已经杀了三个人,第四个女子又来敬酒,浑身战抖,脸色恐惧,王敦仍然还是不喝。丞相就劝他喝下,大将军说:"他杀自己家的人,关你什么事啊!"

原文

西晋巨富石崇每要客宴集,常令美人行酒,客饮酒不尽者,使黄门交斩美人。王丞相导与大将军敦尝共诣崇,丞相素不能饮，辄自勉强，至于沉醉。每至大将军，固不饮以观其变，已斩三人，第四姬奉酒，形色战恐，尚不饮如故。丞相让之，大将军曰："彼自杀伊家人，何预卿事！"

明朝总制胡宗宪驻军在海上，观看海里波涛汹涌，心胸开阔，十分自在。忽然云彩散尽，露出山峦，他便皱着眉头大声喊道："宇宙本来就已经限制了人的自由，何必又用那些山峰，来阻挠万里波涛呢？"

原文

胡总制驻军海上，观海波汹涌，旷然自得。忽云尽山出，颦蹙呼曰："宇宙已自局人，又何用彼山，挠此万里长浪。"

三国时，魏中散大夫嵇康在灯下弹琴，有一个人进了他的屋子，起初较小，不一会儿就变大了，很快就长到一丈多长，颜色非常黑，穿着单衣服，系着草带子，不再像人。嵇康仔细看了许久，便把灯吹灭说："我耻于跟鬼魅争亮光。"

原文

嵇中散灯下弹琴，有一人入其室，初时犹小，斯须转大，遂长丈余，颜色甚黑，单衣草带，不复似人。嵇熟视良久，乃吹灭灯曰："耻与魑魅争光。"

南朝宋太子詹事范晔刚入狱时，想着立即就会被处死，不料皇上要彻底追查他的案子，于是便拖了十天，范晔又产生了能够活下来的希望。谢综与孔熙先也因同一案子被关在一起，笑着说："范詹事在西池射堂上跃马扬鞭，自以为是一世的英雄，竟然是如此惊慌怕死吗？"

原文

范晔初入狱，意便死，及上穷治其狱，遂经一旬，晔更有生望。谢综与熙先亦同事，笑曰："詹事在西池射堂上跃马顾盼，自为一世之雄，乃扰攘畏死乃尔耶！"

唐代大诗人李白（字太白）登上华山落雁峰，说："此山最高，呼吸之间，可以与天帝的宝座相通，可惜没能带着谢朓的惊人诗句前来，只好搔着脑袋询问青天了。"

原文

李太白登华山落雁峰，曰："此山最高，呼吸之间，可通帝座，恨不携谢朓惊人语来，搔首问青天耳。"

春秋时，鲁人澹台灭明（字子羽）带着价值千金的文璧渡河，阳侯（波涛之神）掀起滚滚波涛，两条蛟龙夹住了渡船。子羽说："我的宝物可以通过仁义求取，不可凭仗武力抢夺。"于是便挥起剑来斩杀了蛟龙。蛟龙死去，波涛平息，随后他便把文璧投进了河中。

原文

澹台子羽赍千金文璧渡河，阳侯波起，两蛟夹舟。子羽曰："吾可以义求，不可以威劫。"操剑斩蛟。蛟死，波休，乃投璧于河。

东汉人梁竦生长在京城，不喜欢原来的乡土，自负才能不凡，郁郁不得志。他曾登高望远，叹息道："大丈夫生在世间，活着就应该建功封侯，死了就应当被人立庙祭祀。如果做不到，闲居可以涵养心志，诗书可以自我娱乐。州郡等官方职务，只会是令人疲劳。"

原文

梁竦生长京师，不乐本土，自负其才，郁郁不得意。尝登高望远，叹息言曰："大丈夫居世，生当封侯，死当庙食。不然，闲居可以养志，诗书足以自娱。州郡之职，徒劳人耳。"

晋朝车骑将军祖逖横渡长江后，公私用度都很俭朴，没有什么贵重的服饰玩物。一天王导、庾亮等人一同到祖逖那里去，忽然看见皮袍重叠，珍宝罗列。诸公奇怪地问他是怎么回事，祖逖说："昨天夜里又外出到南塘那边走了一遭（指军士劫掠）。"

原文

祖车骑过江时，公私俭薄，无好服玩。王、庾诸公共就祖，忽见裘袍重叠，珍饬盈列。诸公怪问之，祖曰："昨夜复南塘一出。"

南朝齐人荀济以勇气自负，常常对别人说："我一定要在盾牌上磨墨，书写讨敌的檄文。"

原文

荀济负气，每谓人曰："会楯上磨黑作檄文。"

南朝齐人王融路过建康城朱雀航这座浮桥时，听到有人在争着过路，便推着车壁说："车里面怎么可以没有七尺男子汉，车前面怎么可以没有八人把路开！"

原文

王融行过朱雀航，闻人争路，乃推车壁曰："车中岂可无七尺，车前岂可无八驺！"

隋朝将领来护儿自幼就出众不凡。当他读书读到"击鼓其堂，踊跃用兵"、"羔裘豹饰，孔武有力"的时候，抛开书本叹息道："大丈夫就应当这样，一定要为国家灭贼，成就功名，怎能老是没出息地去摆弄笔砚这些玩意儿呢？"

原文

来护儿幼卓荦，读书至"击鼓其堂，踊跃用兵"、"羔裘豹饰，孔武有力"，舍书叹曰："大丈夫当如是，会为国灭贼，以助功名，安能区区事砚乎！"

梁代的曹景宗对他亲近的人说："从前我在家乡时，骑着快马像龙一样地奔驰，拉开弓弦会发出霹雳般的巨响，箭射出会像鹧鹰般地鸣叫，在草泽中追逐獐子，对着肋骨射它，渴了就饮它的血，饿了就吃它的肉，甜美得像甘露琼浆，奔驰起来只觉得耳后生风，鼻中冒火，使人忘记了生死。现在来到扬州做贵人，路上行进时打开车幔朝外看看，下人们就说不行，就这样闲坐在车中，好像完婚三天的新媳妇，悒悒不乐，把人的豪气全都耗尽了。"

原文

梁曹景宗谓所亲曰："吾昔在乡里，骑快马如龙，拓弓弦作霹雳声，箭如鹅鹑叫，平泽中逐獐，数肋射之，渴饮其血，饥食其胃，甜如甘露浆，觉耳后生风，鼻端出火，使人忘死。今来扬州作贵人，路行开车幔，小人辄言不可，闲置车中，如三日新妇，邑邑使人气尽。"

西汉大臣灌夫骂李贤说："你平日诽谤程不识，贬得他一钱不值，今天却学着小女孩儿的样儿俯在耳朵上低声细气地说话。"

原文

灌夫骂李贤曰："平生毁程不识，不直一钱，今日乃效儿女曹嗫耳语。"

秦始皇游览会稽时，渡过钱塘江，项梁与项羽（名籍）一同去观看。项籍说："他这人，我可以取而代之。"项梁捂住他的嘴说："别乱说，要灭九族的！"

原文

秦始皇游会稽，渡钱塘，项梁与籍同观，籍曰："彼可取而代也。"梁掩其口曰:"无妄言,族矣!"

后燕国君慕容垂议论讨伐西燕的事,说:"我就要老了,但敲敲锦囊的底子,所存的智谋足可以灭掉它。"

原文

燕王垂议伐西燕,曰:"吾比老,叩囊智足以取之。"

魏武帝曹操说:"宁可让我辜负了天下人,不要让天下人辜负了我。"

原文

魏武帝曰:"宁使我负天下人,无使天下人负我。"

明太祖朱元璋亲自祭祀历代帝王庙,给他们分别献上一杯酒之后,特地给汉高祖增加了一杯,他说:"我与您都是没有尺寸之地的依凭而最终获得了天下,这与别人是不同的。特此增祭一杯。"

原文

我太祖高皇帝亲祀历代帝王庙,各献爵毕,独于汉高祖增一爵,曰:"我与公不阶尺土而有天下,比他人不同,特增一爵。"

隋末起义军将领杜伏威被陈棱的偏将射中了额头。杜伏威发狠地说:"不杀死那个射我的人,决不拔掉这支箭!"于是奋力冲击,杀入敌群,终于抓获了那个射他的人。

原文

杜伏威为陈棱偏裨射中额。伏威怒曰:"不杀射我者,终不拔此箭!"由是奋击而入,获所射者。

东晋大将祖逖率部渡江北伐时,到了中流,望着江水慨叹说:"不收复中原,我就不再回来!"

原文

祖逖渡江,中流,望而叹曰:"不澄清中原,不复渡此!"

东汉末年,吕蒙随着姐夫邓当抗击贼寇,当时十六岁,大声叫骂着奋勇向前,邓当不能阻止。回来后,吕蒙对母亲说:"不入虎穴,焉得虎子?"

原文

吕蒙随姊夫邓当击贼,年十六,呵叱而前,当不能禁止。归,言于母曰:"不探虎穴,焉得虎子?"

后唐庄宗李存勖监斩刘守光,刘守光悲伤而泣,不断地哀求。他的两个妻子李氏、祝氏责备他说:"事情已经这样,活着又有什么好处?妾请求先死。"于是便伸出脖子受杀。

原文

唐庄宗临斩刘守光,守光悲泣,哀祈不已。其二妻李氏、祝氏谯之曰:"事已如此,生复何益?妾请先死。"即伸颈就戮。

邓文昌富贵以后,用金莲杯盛水洗脚,有人规劝他,他回答说:"人生才有多长,重要的是应该满足平生欠缺的东西。"

原文

邓文昌富贵后,打金莲杯盛水濯足。或规之,答曰:"人生几何,要当酬平生不足也。"

汉高祖曾经游览咸阳,纵观秦始皇的宏伟建筑,喟然叹息道:"大丈夫就应当像这样子啊!"

原文

汉高祖尝游咸阳,纵观秦始皇,喟然叹曰:"大丈夫当如此也！"

南齐人张敬儿被任命为车骑将军，王敬则戏称他为"褚彦回"（南齐人褚渊，字彦回）。彦回是个文士，所以王敬则借他来从反面戏弄对方。张敬儿说："我的官职是通过驰骋疆场立功得来，不懂得去做什么华林阁勋臣。"

原文

张敬儿拜车骑将军，王敬则戏之为褚彦回。彦回文士，故反戏之。敬儿曰："我马上得之，不解作华林阁勋。"

东汉陈蕃曾经住在一个地方，庭院荒芜肮脏。父亲的朋友薛勤前来看望，对陈蕃说："小伙子怎么不打扫一下，好来接待宾客？"陈蕃说："大丈夫应当扫除天下，为什么要去打理一间房屋呢？"

原文

陈蕃尝处一室，庭宇芜秽。父友薛勤来候之，谓蕃曰："孺子何不洒扫以待宾客？"蕃曰："大丈夫当扫除天下，何事一室乎？"

明人宋澄春（号海翁）才学出众，特爱喝酒，对当世的许多事情都不放在眼里。有一天，他忽然乘着醉意坐船到了海上，仰天而笑说："我七尺高的身躯，世间的平凡土地怎么能够贮藏，应当用大海来埋葬我啊。"于是一跃跳入汹涌的波涛之中。

原文

宋海翁才高嗜酒，侧睨当世。忽乘醉泛舟海上，仰笑曰："吾七尺躯，岂世间凡土所能贮，合当以大海葬之耳。"遂按波而入。

东汉人班超家中贫穷，常常替官家抄书挣点钱来供养老母。长期劳苦，他曾停下工作丢开毛笔说："大丈夫没有别的志向才略，应当效法傅介子、张骞在境外的异域建立功勋，获取封侯，怎能长久困守笔砚之间呢！"身边的人都笑话他，班超说："小人怎么会理解壮士呢！"

原文

班超家贫，常为官佣书以供养其母。久劳苦，尝辍业投笔叹曰："丈夫无他志略，犹当效傅介子、张骞立功异域，以取封侯，安能久事笔砚间乎！"左右皆笑之，超曰："小子安知壮士哉！"

东汉大将马援率领军队返回，即将到达时，很多旧友都来迎接他。平陵人孟冀名是个有计谋的人，在座位上祝贺马援。马援对他说："我希望您说些有价值的话，怎么反倒与众人一样应酬呢？如今匈奴、乌桓，还在扰乱北部边疆，我打算主动请命，率兵讨伐他们。男子汉应当死于边疆原野，用战马的皮革裹着尸体还葬内地，怎么能够躺在床上，在小儿女们的身边虚度光阴呢！"

原文

马援将军还，将至，故人多迎劳之。平陵人孟冀名有计谋，于坐贺援，援谓之曰："吾望子有善言，反同众人耶？方今匈奴、乌桓，尚扰北边，欲自请击之。男儿要当死于边野，以马革裹尸还葬耳，何能卧床上，在儿女子手中耶！"

西汉人终军从济南出发，要去长安随博士求学。步行入关时，守关的官吏发给他一张通行证。终军问他说："要这干什么？"官吏回答说："返回时，要以此验证身份。"终军说："大丈夫西游，永远不再回来。"扔下通行证就走了。

原文

终军从济南当诣博士，步入关，关吏与军繻。军问："以此何为？"吏曰："为复传还，当以合符。"军曰："大丈夫西游，终不复传还。"弃繻而去。

西汉扬雄（字子云）说："雕虫、篆刻这些琐事，男子汉不屑于干。"

原文

扬子云曰："雕虫篆刻，壮夫不为也！"

毛澄七岁时就善于对对子，亲戚、长辈中喜欢他的，便赠给他金钱。他回家后就把钱扔在地上，说："我尚且轻视苏秦身挂六国相印的功业，怎么看得上邓通（汉代巨富，也代指铜钱）这些细碎东西。"当时的人们都称他为奇才。

原文

毛澄七岁善属对，姻戚长老喜之者，赠以金钱。受归即掷之，曰："吾犹薄苏秦斗大，安事此邓通縻縻。"时人奇之。

项羽小时候学认字，没学好，离开了；学剑术，又没学好，离开了。叔父项梁对他非常气愤，项羽说："读书能够记下自己的姓名就行了，剑术只能抵挡一个人，不值得学。我要学的是抵挡万人的本领。"由此，项梁很惊异他的志向，就拿兵法来教他。

原文

项羽少时学书，不成，去；学剑，又不成，去。季父梁怒之，羽曰："书足记姓名而已，剑一人敌，不足学。学万人敌耳！"于是梁奇其意，教以兵法。

项羽（名籍）宴请沛公刘邦，亚父（项羽对谋臣范增的尊称）谋划着要杀沛公。樊哙呆在营帐外面，听说事情紧急，便手持盾牌进去了。要进营帐时，卫兵们阻止樊哙，樊哙直闯了进去，站在营帐门口。项王看着他，问这是谁，张良说："这是沛公的参乘樊哙。"项王说："是个壮士。赏给他一碗酒、一条猪腿。"樊哙一面喝酒，一面拿剑切肉吃。项王说："能再饮一碗吗？"樊哙说："死都不怕，还会怕这么一碗酒吗？"

原文

项王飨沛公，亚父谋欲杀沛公。樊哙居营外，闻事急，乃持盾入。初入营，营卫止哙，哙直撞人，立帐下。项王目之，问为谁，张良曰："沛公参乘樊哙也。"项王曰："壮士，赐之卮酒彘肩。"哙既饮酒，剑切肉食之。项王曰："能复饮乎？"哙曰："死且不辞，岂特卮酒乎！"

项羽（名籍）与刘邦相对垒，他派人对刘邦说："天下动荡不安，仅只是因为我们两个人。我希望与您大战一场，决出胜负，不要让天下父子为我们而疲于厮杀了。"

原文

项籍与汉高相拒，项使人谓汉王曰："天下匈匈，徒以吾两人耳。愿与王一战决雌雄，毋徒罢天下父子为也。"

狂语第四

　　吴苑说：古人说：狂夫所说的话，圣人也有选用。圣人尚且选取，更何况不如圣人的人呢！所谓的"狂"，就是把自己的虚空看成是丰满，把别人的高明看作低下，除了自己之外，没有值得他正眼看的东西。他的心志不过是想与云霄比谁更高，与大海比谁更大，只是没有弄懂一虚假便更有不足的道理。这也是次一等的"豪语"。这里列"狂语"为第四类。

　　吴苑曰：古人有言曰：狂夫之言，圣人择焉。圣人尚取之，而况其下者乎！夫狂者，视已虚若满，视人高若下，除一身之外，无足以当双眸者。其用志不过欲与霄汉比高，瀛海比大，但未省一假已有愈不足之义，此亦豪之亚者。次"狂语"第四。

南朝梁人袁嘏的诗不过是平平淡淡，却常常自称水平高，他曾经说："我的诗具有生气，必须让人把它捉住，不然便会飞走。"

原文

袁嘏诗平平耳，多自谓能，尝曰："我诗有生气，须人捉着，不，尔便飞去"

南齐黄门郎吴兴人沈昭略，是侍中沈文叔之子，性情狂放雄健，借酒使性子发脾气，朝中的官员们常因害怕而容忍他。有次喝醉了酒，他拿着手杖到芜湖苑去，遇见琅玡人王约，沈昭略瞪大眼看着他说："你是王约吗？为什么又肥又痴？"王约说："你是沈昭略吗？为什么又瘦又狂？"沈昭略拍掌大笑说："瘦又胜过肥，狂又胜过痴哩！"

原文

齐黄门郎吴兴沈昭略，侍中文叔之子，性狂俊，使酒任气，朝士常惮而容之。尝醉负杖至芜湖苑，遇琅邪王约，张目视之曰："汝王约耶？何肥而痴？"约曰："汝是沈昭略耶？何瘦而狂？"昭略抚掌大笑曰："瘦又胜肥，狂又胜痴矣！"

北宋曾巩（字子固）做中书舍人时，曾经在都堂（尚书省总办公处）报告事情。当时章惇任门下侍郎，对他说："以前曾见到您写的《贺明堂礼成表》，是一篇天下奇作。"子固一句也没谦让，只是反过来问道："它与班固的《典引》相比怎么样？"

原文

曾子固为中书舍人，尝白事都堂。时章子厚为门下侍郎，谓之曰："向见舍人《贺明堂礼成表》，天下奇作。"子固一无所辞，但复问曰："比班固《典引》何如？"

南齐人王俭与王敬则同时被任命为三公之职。徐孝嗣在崇礼门等候王俭，一见面便称赞他说："今天可以称是双璧同辉啊。"王俭说："没想到老子与韩非被太史公写在同一篇传记中。"

原文

王俭与王敬则同拜三公，徐孝嗣于崇礼门候俭，因誉之曰："今日可谓连璧。"俭曰："不意老子与韩非同传。"

明人桑悦（字民怿）喜欢说大话，常常评论古人高低，以孟轲自比。何传问他今天文坛上谁的文章最好。他说："空虚无人，首席是桑民怿，其次是祝允明，再其次是罗玘。"

原文

桑民怿好为大言，时铨次古人，以孟轲自况。何传问翰林文今为谁。曰："虚无人，举天桑民怿，其次祝允明，又其次罗玘。"

明人桑悦被调到柳州任通判，他不想赴任。别人问他为什么，就说："唐代柳宗元那个小伙子，独占了此州的最高声誉，我一旦前往名声会居于他之上，这让我心中不安呀！"

原文

桑悦调柳州倅，不欲赴。人问之，辄曰："宗元小生，擅此州名，吾一旦往掩其上，不安耳。"

上饶人娄谅路过苏州，把船停在枫桥，于是便写诗与唐人唱和，有"独起占星夜不眠"的句子。他问旅客说："我一起身出行，天象应该有变动，您能看到不？"

原文

上饶娄谅过姑苏，泊舟枫桥，因和唐人诗，有"独起占星夜不眠"之句。问客曰："我一起行，天象应动，君能见不?"

明代袁宏道（字中郎）与陶望龄（号石篑）同游绍兴鉴湖。袁对陶说："你的狂放不如唐人贺知章（字季真），饮酒也不如他，唯独两眼大体相同。"陶问是什么原因。袁说："季真能识谪仙李白，你能识袁中郎。"

原文

袁中郎同陶石篑游鉴湖，袁谓陶曰："尔狂不如季真，饮酒不如季真，独两眼差同耳。"陶问故，袁曰："季真识谪仙，尔识袁中郎。"

晋代王漾（字仲祖）与刘恢（字真长）别后相逢，王对刘说："您长进了。"刘说："您是仰脸看的吗？"王问这是什么意思，刘说："不然的话，怎么来测量天的高度呢？"

原文

王仲祖与刘真长别后相见，王谓刘曰："卿更长进。"刘曰："卿仰看耶？"王问其故，刘曰："不尔，何由测天之高也？"

东晋中郎王坦之年轻时，江彪任仆射之职，负责选拔官员，他准备提升王坦之为尚书郎。有人把这个消息告诉了王坦之，王坦之说："自从朝廷南渡以来，尚书郎一直都在用第二流人物，怎么能考虑用我呢？"（原注：王坦之深信自己是第一流人物。）

原文

王中郎坦之年少，江彪为仆射领选，欲拟之为尚书郎。有语王者，王曰："自过江来，尚书郎正用第二人，何得拟我也！"（坦之自负为第一流人。）

晋代桓温年轻时与殷浩齐名，常怀常有竞争之心。桓温问道："殷卿哪儿像我？"殷浩说："我和我自己商量了好久，宁愿做我自己。"

原文

桓公少与殷侯齐名，常有竞心。桓问："殷卿何如我？"殷云："我与我周旋久，宁作我。"

东晋大司马桓温来到陪都建康，问刘真长说："听说会稽王（指简文帝司马昱）的清谈有奇特的长进，真是这样吗？"刘说："长进极大，然而还只是第二流人物而已。"桓说："第一流人物又是谁呢？"刘说："正是我们这些人嘛。"

原文

桓大司马下都，问真长曰："闻会稽王语奇进，尔耶？"刘曰："极进，然故第二流中人耳。"桓曰："第一流复是谁？"刘曰："正是我辈耳！"

殷羡（字洪乔）补任命豫章太守，在即将赴任时，京城的人们托他带去的书信有百十封。到了石头城，他把这些信全都扔到了江水中，接着祷告说："该沉的就沉，该浮的就浮，我殷洪乔怎么能当送信的邮差呢？"

原文

殷洪桥［乔］作豫章郡，临去，都下人因附百许函书。既至石头，悉掷水中，因祝曰："沉者沉，浮者浮，殷洪桥［乔］安作置［致］书陲［邮］？"

明代梁有誉（字公实）向李攀龙（字于鳞）推荐了一个士人。士人想献媚李公，就说："我有长生术，甘愿传授给您。"李公说："我的名字在天地之间，还只怕盛不下，哪里用得着长生！"士人羞惭地不再说了。

原文

梁公公实荐一士于李公于鳞,士者欲以啖公,曰:"吾有长生术,不惜为公授。"曰:"吾名在天地间,只恐盛着不了,安用长生!"士者惭而止。

明人郝公琰喜爱吟诗,每得到一个妙句,就跳起来大声喊叫,对别人说:"书上说周文王、周武王之后五百年出现了孔子,孔子五百年之后出现了孟轲,诗的规律也是这样,曹刘(三国曹植、刘桢)之后五百年出现李杜(唐代李白、杜甫),李杜之后五百年所出现的,不就是我郝某吗?"袁中郎笑着问他说:"我不是李老君,能够自己退隐,来让尼父(孔子,字仲尼,尼父为尊称)独自出名啊!"

原文

郝公琰好吟,每得一妙句,辄跃起大叫,谓人曰:"书言文武五百岁而有孔子,孔子五百岁而有孟轲,诗道亦然:曹刘五百岁而有李杜,李杜五百岁而有者非郝耶?"袁中郎笑而问曰:"我非李老君,能自退藏,以让尼父擅名也!"

宋人张伯玉路过姑熟城,见到李太白的一首十韵诗,赞叹了好久。他流连于流泉山石之间,后来见到了一片清澈的泉水,询问当地的人,回答说:"此水叫明月泉。"张公说:"太白在这里没有留下题诗,就是留下来等我题的呀。"

原文

张伯玉过姑熟,见李太白十韵,叹美久之。周流泉石间,后见一水清澈,询地人,曰:"此水名明月泉。"公曰:"太白不留此题,将留以待我也。"

明人徐渭(字文长)在总制胡宗宪公府做幕僚。有一个将士得了疟疾,害怕胡公督促训练紧急,便求徐文长去说情,请求宽限。徐文长说:"您正应该求我,不应该求胡公。"便让这个将士赶快磨墨,取笔写下一首旧时的诗作交给他,说:"您可以谨慎地带在身上,百鬼自然就不敢来了。"

原文

徐文长为胡总制公客。有一将士病疟,恐胡公督练急,乃转求宽于徐。徐曰:"君正当求我,不当求胡。"令将士急磨墨,取笔书旧作诗一首付之,曰:"君可谨佩,百鬼自不敢来。"

晋人王濛(字仲祖)的仪表十分俊美,他常常拿镜子自己照着说:"王文开(仲祖之父王讷,字文开)怎么能生出这样一个儿子!"

原文

王仲祖有好仪形,每览镜自照曰:"王文开那生如馨儿!"

东汉梁鸿(字伯鸾)年少时是个孤儿,曾经独自居住,不与别人共同吃饭。邻居家先把饭做好了,叫伯鸾趁着热锅做饭。伯鸾说:"童子梁鸿不是喜欢借人家热灶做饭的人。"

原文

梁伯鸾少孤,尝独止,不与人同食。比舍先炊已,呼伯鸾及热釜炊。伯鸾曰:"童子鸿不因人热者也。"

王冕回到越地,常说天下要遭逢大乱。当时海内平安无事,有人便斥责王冕是胡说。王冕说:"胡说的人如果不是我,那谁才是胡说的人呢!"

原文

元人王冕既归越,常言天下将乱。时海内无事,或斥冕为妄,冕曰:"妄人非我,谁当为妄哉!"

明人王世贞（字凤洲）与李攀龙（字于鳞）饮酒议论，常常拿自己与古人相比。李对王说："天生神奇事物，必定成双成对。有孔仲尼，就有左丘明（曾为孔子《春秋》作传，即《左传》）。"王瞪着眼睛露出不赞同的神色。李又说："就有李老君啊（即老子，相传孔子曾向他问礼）。"

原文

王凤洲与李于鳞燕论，常以己与古人相况。李谓王曰："天生神物，必当有对。有孔仲尼，自有左丘明。"王瞪目不色受。李复曰："有李老君也。"

南朝宋文帝刘义符就自家几个儿子的才能问颜延之。颜延之说："刘峻学到了臣的笔，刘测学到了臣的文，刘𢝔学到了臣的义，刘跃学到了臣的酒。"何尚之嘲笑他说："谁学得了您的狂？"颜延之说："我的狂是勉强别人无法学到的。"

原文

文帝问颜延之以其诸子材能，曰："峻得臣笔，测得臣文，𢝔得臣义，跃得臣酒。"何尚之嘲之曰："谁得卿狂？"曰："其狂不可及。"

南朝人袁淑见到了谢庄写的《赤鹦鹉赋》，感叹说："江东如果没有我，你就是一枝独秀了。"

原文

袁淑见谢庄《赤鹦鹉赋》，叹曰："江东无我，卿当独秀。"

晋人庾亮（字元规）告诉周伯仁说：大家都将你与乐某人相比。周伯仁说："哪个乐？是说乐毅吗？"庾元规说："不是他，是说乐令（晋尚书令乐广）。"周伯仁说："为什么精心描画无盐（春秋丑女钟离春，齐无盐人）的样子，来冒犯西子（春秋美女西施）呢！"

原文

庾元规语周伯仁，诸人皆以君方乐。周曰："何乐？谓乐毅耶？"庾曰："不尔，乐令耳。"周曰："何乃刻画无盐，以唐突西子。"

晋史学家习凿齿曾经到释道安那里去高谈阔论，自我称赞说："四海习凿齿。"道安随口应道："弥天释道安。"

原文

习凿齿尝造道安谈论，自赞曰："四海习凿齿。"安应声曰："弥天释道安。"

明代宗臣（字子相）才气很高，雄视一时，他曾对伙伴们说："朝廷如果没有我们这些文章之士，那么灵鸟就不一定会在岐山鸣叫，而仁兽麒麟则已化为怪兽了。"

原文

宗子相才高，雄视一时，尝谓同社曰："朝廷若无我辈文章之士，则灵鸟不必鸣岐山，而仁兽化为祷杌。"

齐高帝曾经与王羲之四世族孙王僧虔比赛书法，赛完后高帝说："谁是第一？"王僧虔对答说："臣的书法在臣子中排第一，陛下的书法在帝王中排第一。"高帝笑着说："你实在是很会替自己考虑啊。"

原文

齐高帝尝与王僧虔赌书，毕，帝曰："谁为第一？"僧虔对曰："臣书人臣中排第一，陛下书帝中第一。"帝笑曰："卿可谓善自谋也。"

琅邪人王僧虔，博通经史，兼善草书隶书。太祖曾经对僧虔说："我的书法和你比怎么样？"僧虔说："臣的正楷第一，草书第三；陛下的草书第二，正楷第三。臣没有第二，陛下没有第一。"皇上大笑说："你很会说话，这便是'天下有道，丘不与易也'（语出《论语·微子》，原意是说：如果天下太平，我就不会同你们一道来从事改革了）。"

原文

琅邪人王僧虔，博通经史，兼善草书隶书。太祖曾经对僧虔曰："我书何如卿？"曰："臣正书第一，草书第三；陛下草书第二正书第三。臣无第二，陛下无第一。"上大笑曰："卿善为辞也，然'天下有道，丘不与易也'。"

郝公琰才气过人，出语狂放。曾经对别人说："我一愤懑时，就读曹荩之（明曹臣，字荩之）的诗，这种情绪便可以消失；其次是袁小修（明袁中道，字小修）的诗，再次就是读自己的诗了。在此以下的诗，读了反而增加愤懑情绪。"

原文

郝公琰才高语放。尝谓人曰："吾一懑时，则读曹荩之诗，可以消之；次则袁小修，再次则读吾诗耳。下此反增其懑。"

北齐慕容俨少年时见到潘乐，只是作一个长揖就完了。有人劝他应该再谦恭一点，慕容俨袖子一甩说："我的相貌如此，只能指望别人来拜我，我怎能去拜别人？"

原文

慕容俨少见潘乐，长揖而已。或劝屈节，俨扬袂曰："吾状貌如此，望人拜，岂能拜人！"

南齐刘祥（曾任临川王骠骑从事中郎）性格刚强疏狂，语言轻率，行为放肆。有一天他遇到了司徒褚渊入朝，用佩在腰间可以折叠的扇子遮着太阳。刘中郎从旁边经过时说:"你这样做,是羞于见人啊!用扇子遮住又有什么用处?"褚渊说:"寒士说话好难听。"刘中郎说:"不能杀死袁粲、刘秉,怎么能不做寒士?"(齐高帝萧道成起初欲称帝,袁粲、刘秉想杀掉他,计划被褚渊泄露,二人被杀。)

原文

刘中郎性韵刚疏,轻言肆行。一日遇褚司徒渊入朝,以腰扇障日。中郎从侧过,曰:"作如此举止,羞面见人,扇障何益?"褚曰:"寒士不逊。"中郎曰:"不能杀袁、刘,安得免寒士?"(袁粲、刘秉以谋诛萧道成被杀。)

东晋谢朗告诉庾季道说:"大家晚上准备来与你闲谈,你可要坚守城垒。"庾季道说:"如果是王坦之(字文度)来,我就用偏师迎敌;如果是韩康伯来,我就渡河焚舟,决一死战。"

原文

谢胡儿语庾季道:"诸人莫敢就卿谈,可坚城垒。"庾曰:"若文度来,我以偏师待之;康伯来,济河焚舟。"

唐温彦博任吏部侍郎时,有个候补官员裴略被弃置不用,便向温彦博自我举荐,声称自己善于嘲讽。温彦博就让他嘲讽厅前的丛竹。裴略说:"竹子,冬天不肯凋零,夏天不肯炎热,肚皮不能容国士,皮外何必生枝节?"又让他嘲讽门内的屏墙,裴略说:"高低八九尺,东西六七步,突兀当厅而立,常遮贤人之路。"温彦博说:"这话似乎伤害了彦博。"裴略说:"这是扳了您的肋骨,何止是伤害了胳膊("博"、"膊"谐音)!"温彦博很惭愧,只好给了他一个官职。

原文

温彦博为吏部侍郎,有选人裴略被放,乃自赞于彦博,称解白嘲。彦博即令嘲厅前丛竹，略曰："竹，冬月不肯凋，夏月不肯热，肚皮不能容国士，皮外何劳生枝节。"又令嘲屏墙，略曰："高下八九尺，东西六七步，突兀当厅坐，几许遮贤路。"彦博曰："此语似伤博。"略曰："即扳公肋，何止伤膊！"博惭而与官。

明人李攀龙（字于鳞）年轻时讨厌古书对语词的深究，他模仿古代文词，大家不知道他说的是什么意思，都说他是一个狂生。李说："我如果不狂，谁还是狂者？"

原文

李于鳞少厌薄训诂，学古文词，众不晓何语，咸指于鳞狂生。李曰："吾而不狂，谁当狂者？"

明人薛西原去参加科举考试，走到长湾，呵斥道："薛公来到这里，河伯怎么敢没有什么表示？"不一会儿，一条大鱼跳进了船里，薛西原把它剖开，邀请邻船的人一块儿来吃，说："本先生不拒绝天赐的福禄，并且把它都分散给邻居们吧！"

原文

薛西原应试，行至长湾，叱曰："薛公至此，河伯敢尔无献？"须臾大鱼跃入舟，公剖击拉邻船食之，曰："薛先生不辞天禄，且为散诸邻里。"

元人王冕曾经在大雪中光着脚登上了潜岳峰，四面观看，大声叫嚷道："白玉峰前渡仙客，合当没有陪伴的人。"

原文

王冕尝大雪中赤脚独上潜岳峰，四顾大叫曰："白玉峰前渡仙客，合无陪人。"

明人桑民怿说:"圣人之道,从文王、武王而传给孔子,从孔子而传给了我。"

原文

桑民怿曰:"圣人之道,自文武而传之孔子,孔子而传之我。"

唐人郑翰卿在海上游览,见到一个老翁看着大海自言自语地说:"世上能有什么东西把它填平么?肯定地说:不可能。"郑翰从旁边拍着老人的背说:"只有我日后的名声可以填平它。"

原文

郑翰卿游海上,见一老翁观海自语曰:"世间能有物填些乎?曰不能也。"郑从旁抚老人背曰:"唯吾异日名可填些耳。"

明人沈明臣(字嘉则)游览金陵,每天都喝醉在胡姬的酒店里,他的只言片语一说出,人们便到处传诵。沈嘉则对别人说:"我是天上的岁星啊。"

原文

沈嘉则游金陵,日醉胡姬肆中,片语一出,人争诵不已。沈向人语曰:"我天上岁星也。"

吴正子说:"郝公琰诗歌的枯燥乏味,曹荩之诗歌的粗疏空泛,就像是天的东南、地的西北。我与两位结交,实在就是女娲、精卫干的苦差事啊。"(古代神话有女娲补天、精卫填海,这里借指裨补缺陷。)

原文

吴正子曰:"郝公琰之枯,曹荩之之粗,此天之东南,地之西北。吾与二君交,实是女娲石、精卫鸟。"

灵璧的刘人龙性格豪迈，耐不住待在家里，常常带着钱出外旅游。只要旅游，则必定要把钱花完，弄到无法回家为止。妻子常常带上钱到江淮一带去找他，对他说："您旅游被困已经不是一次了，为什么要这样折磨自己呢？"刘人龙说："您看我这个刘郎，难道是灵璧能够局限得住的吗？"

原文

灵璧刘人龙性豪迈，不耐家居，每挟资而游，游则必尽资，不能归而后已。妻子常备资觅之于江淮间，谓曰："君困游非一也，何自苦如是？"刘曰："卿看此刘郎，岂灵璧常有耶？"

东晋丞相王导曾将头枕在周伯仁的膝上，指着他的肚子说："您这里面有什么东西？"周伯仁回答说："这里面空洞之极，但是可以容纳几百个你这样的人。"

原文

王丞相枕周伯仁膝，指其腹曰："卿此中何所有？"答曰："此中空洞无物，然容卿辈数百人。"

郝公琰对吴正子说："近世不仅怜惜人才的人没有了，就连忌恨人才的人也没有再生。假如当代有曹老瞒（曹操小字）、杨阿磨（隋炀帝杨广小字）在世，我郝某的瘦脑袋，早就成为草丛的尘土了。"吴正子笑着说："如果我与你同时遇到他们，一定会想出保护你的办法。"

原文

郝公琰谓吴正子曰："近世不惟怜才者无有，即忌才者亦不再生。使世有曹老瞒、杨阿磨在，郝瘦头颅，已久作草际尘耳。"吴笑曰："若使我与君同遇，当庇君算一筹。"

东晋孙绰（字兴公）做完了《天台赋》后，把它拿给范荣期看，说："你试着把它摺在地上，一定会发出金石之声。"范荣期说："恐怕您说的金石之声，不是音乐中的那种声音吧。"然而，每当读到赋中的佳句时，他便说："应该是我辈的语言啊。"

原文

孙兴公作《天台赋》成，以示范荣期，云："卿试掷地，要作金石声。"范曰："恐子之金石，非宫商中声。"然每至佳句，辄云："应是我辈语。"

苗振以第四名被录取为进士，应召考试馆阁职务。有人说："应该稍作温习。"苗振说："难道有做了三十年老娘，还会把孩子倒着打襁褓吗？"

原文

北宋苗振第四人及第，召试馆职。或曰："宜稍温习。"振曰："岂有三十年为老娘，而倒绷孩儿者乎？"

南齐张融（字思光）任中书郎，曾经感叹说："我不遗憾自己见不到古人，只遗憾古人见不到我。"张思光擅长草隶书法，齐太祖曾经对他说："你的书法很有骨力，只可惜没有二王（东晋王羲之、王献之父子）的法度。"张思光回答说："您不光遗憾我没有二王的法度，也该遗憾二王没有我的法度。"

原文

张思光为中书郎，尝叹曰："不恨我不见古人，恨古人不见我。"思光善草隶，太祖尝谓曰："卿殊有骨力，但恨无二王法。"答曰："非恨臣无二王法，亦恨二王无臣法。"

北宋米芾（字元章）初次见到宋徽宗，徽宗让他将《尚书》中的《周官篇》书写在御屏风上。书写完毕后，米元章把笔扔在地上,大声说道:"尽洗二王恶书,照耀皇宋万古。"徽宗一直站在屏风后面,听到后,不知不觉地走出来纵目观看。

原文

米元章初见徽宗,命书《周官篇》于御屏。书毕,掷笔于地,大言曰:"一洗二王恶札,照耀皇宋万古。"徽宗潜立于屏风后,闻之,不觉步出纵观。

会稽人徐渭,明嘉靖年间做胡梅林公(即胡宗宪)的幕僚,很受信赖和优待。胡对徐说:"您是文士,您没有我不能荣耀显达。"徐说:"您是英雄,您没有我不能名扬后世。"又对胡说:"您带给我的好处在于一时,我报答您的好处在于万世。"徐渭真是个德善皆备的长者啊!

原文

会稽徐渭,嘉靖间为胡梅林公幕客,甚被亲遇。胡谓徐曰:"君文士,君无我不显。"徐曰:"公英雄,公无我不传。"又语公曰:"公惠我以一时,我答公以万世。"徐渭真长者哉!

桑民怿参加会试完毕,自认为必定会考中,便在考卷的后面画了一艘有驿站次递接送的官船,然后敲着桌子说:"这回肯定要坐官船了。"最后却以违犯考试规矩而落榜。

原文

桑民怿会试既毕,自喜必中,乃于卷后画一站船,因击桌曰:"此回定坐官船矣。"竟以违式贴出。

傲语第五

　　吴苑说：《周易》中讲：不侍奉王侯，志向崇高。这便是高傲。高傲则不臣服天子，不结交诸侯。即使拥有九州之大，也不能使一个平常人屈服，比这再低的更不用说了。然而高傲并非完美的德行，圣人绝不取。如果不能达到完美，需要有所取舍的话，那么宁可高傲，也不要谄媚，所以高傲分明是偏重某一方面的德行。列傲语为第五类。

　　吴苑曰：《易》云：不事王侯，高尚其志。此傲也。傲则不臣天子，不友诸侯。虽九有之大，不能屈一介之夫，下此可无论矣。然傲非全德，圣人不取。苟不能完，酌而取之，宁敖不宁媚，则傲之为偏德也审矣。次傲语第五。

南朝宗测世代居住在江陵，不接受朝廷要他做官的征聘。骠骑将军豫章王萧嶷请他去做参军，他回答说："怎么能错误地伤害海上的野鸟，蛮横地砍伐山中的树木？"

原文

宗测代居江陵，不应招辟。骠骑将军豫章王嶷请为参军，答曰："何得谬伤海凫，横斤山木？"

侍郎孔拯担任拾遗补阙的时候，一次上朝回来，遇上下雨却没带雨具，他便在人家的屋檐下躲避。过了吃饭的时候，雨下得更大了，孔拯就向这家的老汉借雨具。老汉回答说："我在家闲居，不管外面的事，从不冒过寒暑风雨，置办这些东西又有什么用呢？"

原文

孔拯侍郎为遗补时，尝朝回，值雨而无雨备，乃于人家庑下避之。过食时，雨益甚，拯向其家叟求雨具，叟答曰："某闲居不预人事，寒暑风雨未尝冒也，置此又安施乎？"

明代隐士九山散樵在世间漫游，逍遥自在，遇到山水美妙的地方，就很随意地叉开腿坐下。看四面没人，便高声长叫，声音振动林中的树木。有个客人来访，到床边与他聊天，他对答说："我正在游华胥氏之国（指梦境，语出《庄子》），与上古人伏羲氏交谈呢，没有闲暇理会你的话。"客人或去或留，他都闲散平淡，不放在心上。

原文

九山散樵，浪迹俗间，徜徉自肆，遇山水佳处，盘礴箕踞。四顾无人，则划然长啸，声振林木。有客造榻与语，对曰："余方游华胥接羲皇，未暇理君语。"客去留，萧然不以为意。

东汉大司徒侯霸与严光是老朋友，他想请严光到家中聊天，就派兵部官员侯子道带着书信去请。严光没有起身，在床上盘着腿抱着膝，打开信读过，问子道说："你家大人一向呆痴，现在当了三公（古称太尉、司徒、司空为三公，是最高官阶），好了一点吗？"子道说："他已经到了三公之位，可见一点也不呆呀。"严光说："让你来有什么事？"子道转告了侯霸的话。严光说："您说他不呆，这件事不就很呆吗？天子征聘我多次，我都不去见，何况他只是臣子呢！"

原文

司徒霸与严光素旧，欲屈到霸所语言，遣使西曹属侯子道奉书。光不起，于床上箕踞抱膝，发书读讫，问子道曰："君房素痴，今为三公，小差不？"子道曰："位已鼎足，不痴也。"光曰："遣卿来何言？"子道传霸言。光曰："卿言不痴，是非痴耶？天子征我三，尚不见，况人臣乎？"

南阳人宗世林，与魏武帝曹操同时，宗非常看不起曹的为人，不与他结交。后来，曹操做了司空，总揽朝政，曾经淡然平静地问宗世林道："可以交个朋友了吗？"宗世林回答说："松柏之志仍然存在。"

原文

南阳宗世林，魏武同时而甚薄其为人，不与之交。及魏武作司空，总朝政，从容问宗曰："可以交未？"答曰："松柏之志犹存。"

晋代孙楚（字子荆）在骠骑将军石苞那里担任参军之职，他自恃才气横生，刚到任时不行跪拜礼，只是长长地拱手作揖说："天子命令我参与您的军中事务。"

原文

孙子荆为石苞骠骑参军，孙负其才气，初至不拜，但长揖

曰："天子命我参卿军事。"

明人王廷陈由翰林庶吉士被贬为裕州知州,十分骄傲。中央机关的官员从本州经过,他不去迎接,也不假称有病。有人劝他不应该这样,王廷陈生气地说："我给他作揖我会羞辱死,他接受我作揖他会惭愧死。你让我用一句话伤害两条人命,你这人不是好人啊。"终身不再跟这人来往。

原文

王廷陈从翰林出知裕州,傲甚。台省监司过州,不出迎,亦无所托疾。人或劝之不宜如此,王怒曰："我揖我辱死,彼受彼愧死。一言而伤二命,此人不良。"终身绝之。

五代时的贯休和尚,是婺州兰溪人。钱镠自称吴越国王,贯休拿自己的诗去投献给他,其中有"满堂花醉三千客,一剑霜寒十四州"的句子。钱镠指示他改为四十州,才可以相见。贯休说："州也难添,诗也难改。闲云野鹤,哪里的天空不能飞翔?"于是便离开这里,去往蜀中。

原文

僧贯休,婺州兰溪人。钱镠自称吴越国王,休以诗投献,内有"满堂花醉三千客,一剑霜寒十四州"之句。镠谕改为四十州,乃可相见,曰："州亦难添,诗亦难改,闲云孤鹤,何天而不可飞?"遂去而入蜀。

东晋王徽之(字子猷)担任车骑参军,桓温对王子猷说："您在中府已经很长时间了,应当料理一些事务。"王子猷起初不答话,一直抬头仰望,接着用手板抵住面颊,说："西山今天早晨,很有清爽之气。"

原文

王子猷作车骑参军,桓谓王曰："卿在府久,比当相料理。"初不答，直高视，以手板拄颊，云："西山朝来，致有爽气。"

晋代陈逵（字林道）驻守在江北，京城的一些名士共同邀请他到牛渚山聚会。陈林道长于谈玄，大家都想与他一块儿辩论，把他驳倒。陈林道用如意抵住脸颊，望着鸡笼山叹息说："孙策的壮志、大业，都未能实现啊！"因此大家坐到散场时也没能谈玄论理。

原文

陈林道在西岸，都下诸人共要至牛渚会。陈理既佳，人欲共言；陈以如意拄颊，望鸡笼山叹曰："孙伯符志业不遂。"于是竟坐不得谈。

三国时，魏人钟毓兄弟早年时想与夏侯玄结交，夏侯玄因为钟毓兄弟与自己志趣不同，不与他们结交。后来，夏侯玄被监禁，身戴镣铐，当时钟毓任廷尉，弟弟钟会便找了一个机会去亲近夏侯玄。夏侯玄说："我虽然是受过刑的人，不敢听从您的指示。"

原文

钟毓兄弟初欲交夏侯玄，玄以钟志趣不同，不与之交。及玄被桎梏，时毓为廷尉，会因便狎之。玄曰："虽复刑余之人，未敢佣命。"

晋戴逵（字安道）年轻的时候就有很高的名气。晋武陵王司马晞听说他善弹琴，便派人去请他来。戴安道便当着使者的面把琴打坏，说道："我戴安道怎能做王侯的乐工？"

原文

戴安道少有高名。武陵王闻其善鼓琴，使人召之。安道就使者前打破琴，曰："戴安道安能为王侯伶人！"

南宋人卞延之（字士蔚）二十岁时做上虞县令，性格刚强。会稽太守孟颉以长官的权势压制他，卞士蔚积怨越来越深，直到不能容忍，便摘下软帽扔到了地上，说道："我之所以受您的气，就是因为这软帽巾，现在我不要这东西了。"于是拂衣而去。

原文

卞士蔚弱冠时为上虞令，甚有刚气。会稽太守孟颉以令长裁之，士蔚积不能容，脱帻投地曰："我所以屈卿者，正为此帻耳，今已投之。"遂拂衣去。

晋代郭璃（字元瑜）年轻时就表现出超出流俗的风度。张天锡（前凉王，后降晋）派使者带着礼物去请他出来任职，郭元瑜指着天上的飞鸿对使者说："这样的鸟，怎么可能被关在笼子里呢？"

原文

郭元瑜少为拔俗之韵。张天锡遣使备礼致之，元瑜指翔鸿示使人曰："此鸟安可笼哉？"

王孟端一天夜里在水上泛舟，听到有箫声非常清亮，便划船靠近，乘兴画了一幅竹石图赠给了吹箫人。第二天吹箫人来访，带着钱，请求王孟端再给画一幅与竹石图相配的画。王说："我昨天不过是画了对你箫声的感觉，您不要有过分的要求。"

原文

王孟端夜泛舟，闻箫声清亮，移舟就之，乘兴写竹石一幅相赠。明日吹箫人来访，具币以乞配幅，王曰："吾画箫声耳，君不得过求。"

明人孙太初寄居在杭州时，费文宪（明代费宏，谥文宪）

由宰相职务退休回家，前去探访孙太初，正赶上他在白天睡觉。孙太初故意躺着不起身，过了好久才出来，又一点也不说道歉的话，送到门口，只是抬头望着东方说："海上碧云涌起，直接到赤城，太神奇了，太神奇了！"费文宪出门后对驾车的人说："我一辈子都没见过这种人。"

原文

孙太初寓居武林，费文宪罢相归，访之，值其昼寝。孙故卧不起，久之乃出，又了不谢。送及门，第矫首东望曰："海上碧云起，直接赤城，大奇大奇！"文宪出谓御者曰："吾一生未尝见此人。"

当初山人卢柟被囚禁在浚县监狱中，滑县县令张肖甫常常来慰问。后来，卢柟出了监狱，由于锁链镣铐的长期禁锢，手脚仍然不能自由伸展。卢柟前往滑县厅堂叩头致谢，张肖甫赶忙把他带到后面的房间。随从把卢柟的座位放在了侧面，卢柟对张肖甫说："如果作为囚犯，我应当趴在台阶前；如果作为客人，我应当坐在上座。"于是便自己坐了上座。

原文

卢山人柟初囚浚狱，滑令张肖甫时时问劳。及出犴狴，锒铛桎梏，犹然拘挛也。山人诣滑厅事稽首谢，张亟引副署中，从者以卢坐置侧，卢谓张曰："以囚当仆阶前，以客当居上座。"遂据上坐之。

明代李中（号谷平先生）被贬为主管交通的驿丞，有上司路过时，他只是拱手作个揖。代理巡按使以同科进士的身份邀请他，让他坐在侧面座位，李谷平说："作为驿丞，怎敢奢望同坐；作为同榜之友，不能坐在旁边。"于是拂衣而去。

原文

李谷平谪驿丞，上司过者只一揖。代巡以同年招之，使侧坐，李曰："驿丞安敢望坐，同年不敢居旁。"遂拂衣去。

东晋人陶渊明任彭泽县令，郡里要派一个督邮到县里来。县吏对他说："您应该束好衣带郑重拜见他。"渊明说："我不能为了五斗米的俸禄，弯着腰去侍奉一个乡下小子。"于是解下印绶辞官而去。

原文

陶渊明为彭泽令，郡遣督邮至县，吏白应束带见。渊明曰："吾不能为五斗米折腰事乡里小儿也。"遂解印逃去。

东汉申屠蟠性情高傲，擅长谈论玄理，很少有人能赶得上，只有江南的一个书生可以和他互相酬对。临别的时候，那书生拉着申屠蟠的手说："您不是被高官聘请，就是被朝廷征召，这样看来我们将会在京城见面了。"申屠蟠勃然变色说："当初我把你当成了可以交心说话的人，没想到你是个恪守礼教贪图富贵的俗人啊？"

原文

申屠蟠性高傲，善谈论，莫有及者，唯江南一生与相酬对。既别，执蟠手曰："君非聘则征，如是相见于上京矣。"蟠勃然作色曰："始吾以子为可与言也，何意乃相拘教乐贵之徒耶？"

吴正子穷困地居住在一座房子里，门前有流水环绕，架一根木头当桥可以走到对面，跨过后便把木头抽掉。别人问他为什么这样做，他笑着说："土船又浅又小，我只是怕富贵的人踩上去它会禁不住。"

原文

吴正子穷居一室，门环流水，跨木而度，度毕即抽之。人问其故，笑曰："土舟浅小，恐不胜富贵人来踏耳！"

冷语第六

　　吴苑说：所谓冷，是暖的反面。春风到了就暖，暖了就发色彩成为花，散发芳香成为气，有眼睛有鼻子的人，无不能看到嗅到。冷了就会成为花苞花蕊，色彩芳香虽在，即使鼻子通顺眼睛明亮的人，也一点不能感受到。这么说来，所谓"冷"不就是含蕴隐藏的意思吗？所以，水冷就会结冰，云冷就会凝滞，一个结冰，一个凝滞，都是含蕴隐藏的意思。列"冷语"为第六类。

　　吴苑曰：冷者暖之反。春风至为暖，暖则散色为花，为气。有目有鼻者，莫不睹不嗅焉。冷则为蕊为苞，虽具，即鼻通目明者，了不能得，是冷者非含藏之义。故水冷则结，云冷则痴，一结一痴，皆含藏之义。次"冷语"第六。

北宋王安石（字介甫，封荆国公）与苏轼（号东坡）谈论，认为西汉扬雄（字子云）跳阁自杀的记载是史臣的乱写，《剧秦美新》（扬雄歌颂王莽之文）这篇文章，也是后人的诬陷。东坡说："我也怀疑一件事。"荆公说："怀疑什么事？"东坡说："不知道西汉是否真有扬子云这个人？"听到的人莫不掩口而笑。

原文

王介甫与苏东坡论扬子云投阁为史臣之左，《剧秦美新》之作，亦后人所诬。苏曰："轼亦疑一事"荆公曰："疑何事？"苏曰："不知西汉果有子云不？"闻者莫不掩口而笑。

明代杭州人张卿子有《野花》诗十首，内容非常好，盛传一时，人们称誉他为"张野花"。张卿子容易生病，往往几年不出门，面孔又黄又瘦，有位再次见到他的人说："他应该是野花张啊。"（意思说他黄瘦似野花。）

原文

武林张卿子有《野花》诗十首，佳极，盛传一时，人目之曰"张野花"。卿子善病，常数年不出户，面孔黄瘦，人复有见之者，曰："是野花张也。"

唐朝的中书令王铎性情怯弱，曾被派去镇守江陵，担任南面行营招讨都统，抵御黄巢。他带着姬妾离开长安赴任，而妻子性格妒忌。忽然有人报告夫人离开京城，已在来江陵的路上了。王铎对部属说："黄巢从南面杀来，夫人现又从北面逼近，眼下这种情况，怎样才能过得安稳？"幕僚建议说："不如投降黄巢。"

原文

唐中书令王铎文懦，出镇渚宫，为都统以御黄巢，携姬妾赴镇，而妻妒忌。忽报夫人离京在道，铎谓从事曰："黄巢渐以南来，夫人又自北至，旦夕情味，何以安处？"幕僚请曰："不如降黄巢。"

唐朝宰相王屿喜欢给别人作神道碑、墓志铭，有的人前来送酬劳，误敲了右丞相王维的门，王维说："大作家住在那边。"

原文

宰相王屿好与人作碑志，有送润毫者，误扣右丞相王维门，维曰："大作家住在那边。"

东晋桓玄（桓温之子，字敬道，一名灵宝）征讨殷仲堪，路过庐山，顺便去看望远公，谈话中言及征讨的意思，远公不答话。又问远公有什么希望，远公回答说："希望施主您能安稳，让殷仲堪他们也无别的差池。"桓灵宝出山后，对身边的人说："平生没见过这样的人。"

原文

桓灵宝征殷仲堪，道出庐山，因诣远公，语次及征讨之意，远不答。又问以见愿，远答曰："愿檀越安稳，使彼亦复无他。"桓出山，语左右曰："实乃生所未见此人。"

东汉孔奋（字君鱼）做姑臧县的县令，清廉俭朴的作风对下属形成了一种压力。有人就此讥讽他，他回答说："我孔奋处身在脂膏之中，不会滋润自己。"

原文

孔君鱼为姑臧长，清俭逼下，有讥之者，答曰："奋自处脂膏，不能自润。"

晋代右军将军王羲之年轻时得了一种重病，一两年就复发一次。有一次，他正在写酬答官员许某的诗，忽然旧病复发，病中写出二十个字:"取观仁智乐,寄畅山水阴。清泠涧下濑,历落松竹林。"等他醒过来后,身边的人把诗念给他听。念完以后,右军感叹道:"病癫(与"濑"谐音)怎能防碍高尚品德呢?"

原文

王右军少重患,一二年辄发动。后答许掾诗,忽复恶中,得二十字云:"取观仁智乐,寄畅山水阴。清泠涧下濑,历落松竹林。"既醒,左右诵之。诵竟,右军叹曰:"癫何预盛德事耶?"

宋代文豪苏轼(字子瞻)在惠州时,天下都传说他已经死去。此后七年他又回到北方,当时丞相章惇(字子厚)正被贬官到雷州。苏轼见到了南昌太守叶祖洽,叶问他:"传说先生已经去世,怎么今天仍在人间游玩呢?"东坡说:"去阴间的路上遇见了章子厚,就返回来了。"

原文

子瞻在惠州,天下传其已死。后七年北归,时丞相方贬雷州。子瞻见南昌太守叶祖洽,叶问曰:"传端明已归道山,今尚尔游戏人间耶?"坡曰:"途中遇章子厚,乃回返耳。"

宋朝康公韩绛退休后,从颍州到了京城,从上元节(正月十五)到十六日,请来了属从官吏八九人在自己家里举行宴会,他们都是自己的门生和旧时下属,一时的名流,如傅钦之、胡宽夫、钱穆父、苏东坡、刘贡父、顾子敦都在座。他安排了家中的十几个歌妓出来表演。在宴会中间,有个他近来最宠爱的鲁生,在舞罢以后,被游蜂螫了一下,韩公很不高兴。过了好一阵,又把鲁生叫出来,拿一个白团扇请东坡题诗。东坡写了一首绝句:"窗摇细浪鱼吹日,手弄黄花凉透衣。不觉春风吹酒醒,空过明月伴人归。"上句写的是她的姓,下句写的是她的事。韩公看了大笑，东坡说："只怕其他姬妾会扯皮。"

原文

韩绛公绛谢事后，自颍入京，以上元至十六日，私第会从官九人，皆门生故吏，一时名德，如傅钦之、胡宽夫、钱穆父、苏东坡、刘贡父、顾子敦皆在坐。出家妓十余人，中宴，有新宠鲁生者，舞罢，为游蜂所螫，公意不喜。久之，呼出，以白团扇从东坡乞诗，坡书一绝："窗摇细浪鱼吹日，手弄黄花凉透衣。不觉春风吹酒醒，空过明月伴人归。"上句记其姓，下句记其事。康公大笑，坡曰："但恐他姬厮赖耳。"

苏轼有一天与温公（司马光谥封温国公）讨论事情，东坡偶尔与他意见不同，说："您这种议论是故意要做老鳖乱踢。"温公不明白，说："老鳖怎么能乱踢？"东坡说："所以才叫做老鳖乱踢啊！"（意思是说没有道理。）

原文

苏公一日与温公论事，坡偶不合，曰："相公此论故为鳖厮踢。"温公不解，曰："鳖安能厮踢？"坡曰："是之谓鳖厮踢！"

苏东坡与章惇（字子厚）一同游览南山的一些寺院。寺中有山魈为害，客人不敢在里面住宿，子厚独自住在里面，山魈不敢出来。到达仙游潭，下临绝壁，两岸极窄，横着一根木头，像座桥。子厚推东坡走过潭去在壁上题字，东坡不敢过。子厚迈着平缓的步子走了过去，用一条绳索系在树上，踩着上下移动，面不改色；他用笔蘸满墨漆在石壁上大字书写道："章惇、苏轼来游。"子瞻拍着他的背说："子厚一定能够杀人。"子厚说："为什么？"子瞻说："能自己豁出命去的，就是能杀人啊。"

原文

苏子瞻与章子厚同游南山诸寺,寺有山魈为祟,客不敢宿,子厚独宿,山魈不敢出。抵仙游潭,下临绝壁,岸甚狭,横木如桥。子厚推子瞻过潭书壁,子瞻不敢过,子厚平步过之,用索系树,蹑之上下,神色不动。以漆墨濡笔大书石壁曰:"章惇、苏轼来游。"子瞻拊其背曰:"子厚必能杀人。"子厚曰:"何也?"子瞻曰:"能自拼命者,能杀人也。"

宰相杨再思早晨去上朝,正遇上一个载重的牛车也要驶出西门。道路很滑,牛不能前进,驾车的人骂道:"一群愚蠢宰相,不能调和阴阳,才让我在泥浆中行走,这么辛苦。"杨再思慢条斯里地对他说:"你的牛自身没有力气,不应该怨他的宰相。"

原文

宰相杨再思晨入朝,值一重车将牵出西门。道滑牛不前,驭者骂曰:"一群痴宰相,不能和得阴阳,而令我泥行,如此辛苦。"再思徐谓之曰:"尔牛亦自弱,不得嗔他宰相。"

北宋范纯仁(谥忠宣)贬官到永州,夫人遇到不如意的事,就骂贬谪范纯仁的宰相章惇。船过桔州时,遇到了大风雨,船被打破,勉强开到岸边。范纯仁之子正平拿着雨具,范公自己背着夫人登岸,到百姓家里烘烤衣服。范公看着夫人说:"难道这也是章惇干的吗?"

原文

范忠宣谪永州,夫人不如意,辄骂章惇。舟过桔州,大风雨,船破,仅得及岸。正平持盖,公自负夫人以登,燎衣民舍。公顾曰:"岂亦章惇所为耶?"

南朝宋大诗人谢灵运(袭封康乐公)小的时候,便文采飘逸。他的祖父车骑将军谢玄认为他十分奇特，对亲友说："我既然生了个瑍（是说谢瑍不够聪明），谢瑍怎么会不生出这个灵运呢？"

原文

谢康乐小时，便文藻艳逸。祖车骑甚奇之，谓亲知曰："我乃生瑍（谓瑍不慧也），瑍那得不生灵运。"

宋真宗东封泰山之后，访求天下隐士，得到了杞人杨朴。皇上问他："有人作诗送给你吗？"杨朴说："臣的妻子有一首，诗中说：更休落魄耽杯酒，再莫猖狂爱作诗。今日捉将官里去，这回断送老头皮。"皇上一听大笑，就把他放回去了。苏轼在湖州作诗，被御史台检举，按圣旨将他逮捕。妻子见苏轼出门，都哭起来。苏轼没有话可以安慰妻子，只是回头看着她们说："你们怎么不能像杨朴的妻子那样作一首诗送给我呢？"苏轼的妻子听了，忍不住笑起来。

原文

真宗既封，访天下隐者，得杞人杨朴。上问："有人作诗送卿不？"朴言："臣妻有一首云：更休落魄耽杯酒，再莫猖狂爱作诗。今日捉将官里去，这回断送老头皮。"上大笑，即放回。苏轼在湖州作诗，追赴诏狱，妻子见轼出门，皆哭。轼无以语之，但顾曰："子独不能如杨朴之妻作一诗送我乎？"轼妻子不觉失笑。

苏东坡从南海回到北方，路过惠州。知州是他的老朋友，到郊外去迎接，并问起海南的风土人情如何。东坡说："风土极好，人情不坏。我刚离开昌化时，有十几位父老，都带着酒菜，一直来到水边，送我上船，拉着手，流着眼泪与我告别，还说：'这次与翰林学士离别后，不知什么时候才能再见？'"（"再见"缘于"再贬"，所以可笑。）

原文

东坡自海南还,过惠州。州牧故人,盲出郊迎之,因问海南风土人情如何,东坡云:"风土极善,人情不恶。某初离昌化时,有十数父老,皆携酒馔,直至水次,送某登舟,执手涕泣而去,且曰:'此回与内翰相别后,不知甚时相见?'"

欧阳季默曾经问东坡:"鲁直(北宋黄庭坚,字鲁直)的诗什么地方好?"东坡不回答,只是极力称赞。季默说:"如'卧听疏疏还密密,晓看整整复斜斜',难道就是好吗?"东坡说:"正是出色之处呀。"

原文

欧阳季默常问东坡,鲁直诗何处见好?东坡不答,但极口称诵。季默云:"如'卧听疏疏还密密,晓看整整复斜斜',岂是佳耶?"坡云:"正是佳处。"

万历四十二年春天,张卿子去看望新都的黄玄龙,在石岭看梨花。花已经落了一半。玄龙说:"春天已经老了,为什么不早点过来?"卿子说:"我的意趣正在于凄凉境味。"

原文

万历甲寅春,张卿子过新都黄玄龙,石岭看梨花。花已半谢。玄龙曰:"春老矣,奚不早来?"卿子曰:"余意正在凄凉。"

明人汪道坤(号南明)的书架上,有书数万卷,一位客人看了好久,对他说:"您能够全读一遍吗?"汪公说:"汉高祖夺取天下,所关注的只在关中啊。"

原文

汪南明架上牙签数万卷,客眈眈久之,谓曰:"公能遍识耶?"公曰:"汉高取天下,属意者关中耳。"

宋世祖来到殷贵妃的墓前，对羊志说："你们如果能够很悲伤地痛哭贵妃，我将给予厚赏。"羊志便呜咽哭泣，非常痛心。后来有人问他："您怎么能一下涌出那些眼泪？"羊志说："我是在是哭我去世的妻子啊。"

原文

宋世祖至殷贵妃墓，谓羊志曰："卿等哭贵妃若悲，当加厚赏。"羊即呜咽甚哀。他日有问羊者曰："卿那得此副急泪？"羊曰："我自哭亡妻耳！"

唐诗人杜甫（号少陵）在《宿龙门》一诗中说："天阙象纬逼。"北宋王安石（字介甫）把"阙"字改为"阅"字，黄庭坚（号山谷道人）在众人面前极力称赞改得对。刘贡父听到后笑着说："恐怕是怕他。"

原文

杜少陵《宿龙门》诗云："天阙象纬逼。"王介甫改"阙"为"阅"，黄山谷对众极言其是。刘贡父闻而笑曰："恐怕他。"

北宋诗人黄庭坚写了些关于男女情爱的艳诗，人们争相传诵。法秀和尚板着脸斥责他说："那么美妙的笔墨，你就甘心用在这些地方吗？"黄庭坚笑着说："也要把我放进马的肚子里么？"（据载，李公麟工画马，法秀告诫："入马腹中亦足惧。"故有此语。）

原文

北宋诗人黄庭坚作艳语，人争传之，秀铁面呵之曰："翰墨之妙，甘施于此乎？"庭坚笑曰："又当置我于马腹中耶？"

明人张宁晚年没有儿子，他在家庙里进行祷告说："我做了什么坏事，竟给祖先带来这样的耻辱？"身旁的一个小妾说：" 耽误了我们，也就是伤了阴德（暗中行善积德）。"

原文

张宁晚年无子，祷于家庙曰："宁何阴祸？至辱先人？"傍一妾云："误我辈即伤阴骘耳！"

依照明朝的老规矩，六科给事中与各道监察御史一律乘车，不能坐轿。王化巡察浙江，有个举人前来拜见，王化问道："你是从什么时候开始做官的？"举人慢慢回答说："就是开始于大人坐轿的那一年。"

原文

我明旧例：科道俱乘马，不得乘轿。王化按浙，一举人入谒，化问曰："若冠起自何时？"举人徐曰："即起于大人乘轿之年。"

明尚书陆树声申请退休，各位大员前来送行，当时李己、赵锦都在座。赵锦说："陆公这一行为，使天下人知道朝廷有不爱爵禄的大臣。"李己则对陆树声说："您的病，好了吗？"

原文

陆树声请告，诸大老送之，时李己、赵锦皆在坐。赵曰："陆公此行，使天下知朝廷有不爱爵禄之臣。"李谓陆曰："公病愈乎？"

有一个进士开玩笑地坐在明代内阁大学士夏原吉的轿子里，有人举报给了夏公。夏公说："有志向。"举报的人羞惭地退出了。

原文

一进士戏坐夏原吉公轿，或告公，公曰："有志。"言者惭退。

明洪武年间首都的城墙修整完好，皇帝朱元璋对刘伯温说："城墙这么高，谁能越过它？"刘伯温回答说："人实在是不行，除非是燕子。"

原文

洪武京城既完，上谓刘伯温曰："城高如此，谁能逾之？"对曰："人实不能，除是燕子耳。"

东晋丞相王导晚年不再经管政务，只是签字画押，自己感叹道："有人说我糊涂，后人会想念这种糊涂。"

原文

王导末年略不复省事，正封篆诺之，自叹曰："人言我愦愦，后人当思此愦愦。"

松江的进士张某容貌俊朗，途经苏州，去探望范学宪。范容貌奇丑。二人一同走在苏州阊门的街道上，小孩子都来尾随着观看。张某对范学宪说："是来看我的。"范学究说："还是要看我。"

原文

松江张进士美姿容，过吴门，访范学宪。范奇丑，二人同步阊门市中，小儿无不随观。张谓范曰："为我看也。"范笑曰："还是看我。"

会稽张状元的四五个孙子都不饮酒，而喜欢吃菜肴，每逢参加宴席，众多筷子一起伸出，务必吃个净尽才肯算完。沈曼长说："张氏兄弟，秉性奇怪呀！遇到菜肴，不论好坏只是吃；遇到酒，不管好坏只是不吃。"

原文

会稽张状元诸孙四五辈，皆不饮酒，善肴物，每至席所，箸下如林，必一尽乃止。沈曼长曰："张氏兄弟，赋性奇哉！

遇肴不论美恶只是吃；遇酒不论美恶只是不吃。"

东晋谢安问王献之："你的书法和令尊相比怎么样？"子敬回答说："本来应该不同。"谢公说："外人的评论完全不是这样。"王子敬说："外人哪会知道！"

原文

谢公问王子敬："君书何如君家尊？"答曰："固当不同。"公曰："外人论殊不尔。"王曰："外人那得知。"

东晋人殷觊病得很厉害，看人只能看到半边脸。荆州刺史殷仲堪（殷觊堂弟）起兵造反，临行前与殷觊告别，流下了眼泪，问殷觊有什么不放心的事情。殷觊说："我的病，自己会好的。"（是说令人担忧的是你的行为。）

原文

殷觊病困，看人致见半面。殷荆州兴晋阳之甲，往与觊别，涕零，属以消息所患。觊答曰："我病自当瘥。"

东晋王徽之（字子猷）在车骑将军桓冲手下任骑兵参军。桓冲问他说："你在哪个官署？"王子猷回答说："不知在哪个官署。时常见有人牵马过来，似乎是马曹（管马的部门）。"

原文

王子猷作桓车骑骑兵参军，桓问曰："卿何署？"答曰："不知何署。时见牵马来，似是马曹。"

晋朝苍梧太守张镇是张凭的祖父。一天，张镇曾对张凭的父亲说："我不如你呀。"张凭的父亲没有听懂是什么意思。张镇启发他说："你有个好儿子。"

原文

张苍梧是张凭之祖，尝语凭父曰："我不如汝。"凭父未解所以，苍梧曰："汝有佳儿。"

宋枢密直学士张逸在成都任益州知州，文鉴和尚来请他作诗，华阳主簿张唐辅也同在张逸的官署做客。唐辅想挠一下头，刚脱下乌巾，斜着看了文鉴一眼，便把乌巾放在他的头上。文鉴和尚十分生气，告诉了张公。张公问是怎么回事，唐辅说："我正头痒，取下了头巾，没地方放，见法师的头闲着，权且放一会儿。没有想到他会生气。"张公听了大笑起来。

原文

张逸密学知成都，僧文鉴来求诗，华阳簿张唐辅同在客次。唐辅欲搔首，方脱乌巾，睥睨文鉴，置于其首。文鉴大怒，诉于张公。公问其故，唐辅曰："某方头痒，取下幞头，无处顿放，见此师头闲，权顿少时。不意其怒也。"公大笑。

明人胡九韶家里贫穷，努力耕种，仅仅供得上穿衣吃饭。每日向着苍天作揖，说："感谢赐给我清福。"他的妻子笑他说："一日三餐吃些苦菜淡汤，这就是清福吗？"胡九韶摇手打断她说："清福正在这些当中。上天非常珍惜这个秘密，不要轻易告诉别人。"又看着他的孩子说："你不能不把这个秘密传承下去。"

原文

胡九韶家贫力耕，仅给衣食。每日向天揖曰："蒙赐清福。"其妻笑曰："三餐苦菜和羹，此清福耶？"胡摇手止曰："清福正在个中，上天甚所秘惜，无得轻示与人。"复顾其子曰："汝不得不传。"

王寅年轻时喜欢汉代张良（字子房）的谋略，所以给自己取字叫"仲房"（"第二个子房"之意）。后来，有人举荐他到军中协助谋划，王寅说："时机来得太晚，有赤松子（传说中仙人，张良晚年与之交游）不妨为我寻找一下。"

原文

王寅少喜子房策，故字曰"仲房"。后人有荐其赞画者，寅曰："时晚矣，有赤松子不妨为予一觅。"

明代画家张灵喜欢饮酒，瞧不起人。有个人到他那儿去，张灵正坐在豆棚下面，独自举杯饮酒，一眼也不看来客。那人生气地走了，又去看唐伯虎，对他说了张灵的举动，并且非议他。唐伯虎笑着说："你是在讥讽我。"（意思是说：我与张灵相差无几。）

原文

张灵嗜酒傲物。或造之者，张方坐豆棚下，举杯自酬，目不少顾。其人含怒去，复过唐伯虎，道张所为，且怪之。伯虎笑曰："汝讥我。"

三国人司马徽（字德操）为人谨慎，常常闭口不言，有人请他评价某人物，他根本不分辨高下，总是说好。妻子劝他说："人们询问疑难，你应该作出辨析，而一概说好，难道是别人咨询你的本意吗？"司马徽说："像你说的这些，也很好。"

原文

司马德操徽括囊谨慜，人有以人物质之者，初不辨其高，每辄言佳。其妇谏曰："人质所疑，君宜辨沦，而一言佳，岂人所以咨君之意乎？"徽曰："如卿所言，亦复佳。"

明代学者方孝儒（著有《逊志斋集》）卧病在床，家里断了粮食，仆人多次把这种情况告诉他。方孝儒笑着说道："古人有的三旬吃九顿饭，缸里没有存粮，如果是这样的话，我会替你发愁的。"仆人说："主人也不免要挨饿,哪会是只有我呢?"方逊志说："我是发愁你反复告诉我会劳神。"

原文

方逊志卧病绝粮,家人屡以告,方笑而言曰:"古人有三旬九食,甑无储粟者,此时吾愁汝。"曰:"主翁亦所不免,岂我耶?"曰:"愁汝多告劳也。"

东晋谢安(死后赠太簿衔)的刘夫人张设帷幕,请丫鬟们在里面表演歌舞,请太傅观看了一小会儿,便放下了帷幕。太傅让她把帷幕重新打开,夫人说:"恐怕伤了您的美德。"

原文

谢公夫人帏诸婢使在前作技,使太傅暂见,便下帏。太傅索更开,夫人云:"恐伤盛德。"

北齐大将李元忠虽然身居要职,还是只顾饮酒,自寻快活,不把工作放在心里。当时朝廷想任命他做仆射,有人说他常常喝醉,不可担此重任。他儿子李操听说了,就请他节制饮酒。元忠说:"我认为做仆射比不上饮酒;而你是喜欢仆射的官位,所以劝我不要饮酒。"

原文

李元忠虽居要任,惟饮酒自娱,不以物务于怀。时欲用为仆射,或言其常醉,不可。其子操闻之,请节饮,元忠曰:"我言作仆射,不胜饮酒;尔爱仆射,劝勿饮。"

南朝梁人张率(字士简)极爱喝酒,性情旷达,在做新安太守时,派仆人运了三千斛米回东吴,结果失去了一大半。张士简问是什么缘故,仆人回答说:"这是被麻雀老鼠吃掉了。"张士简感叹道:"好大的雀鼠啊!"

原文

张士简嗜酒疏脱,在新安,遣家僮载米三千斛还吴,失大半。士简问其故,答曰:"雀鼠耗也。"士简叹曰:"壮哉雀鼠!"

东晋温峤(字太真)喜欢信口胡诌,尚书令卞壶则以礼法约束自己。两人曾经一同到了庾亮那里,相互之间大加攻击。温太真出语粗俗污秽,庾亮慢慢地说:"太真讲了一整天,没有一句粗鄙的话。"

原文

温公喜漫语,卞令礼法自居。二人尝至庾公许,大相剖击。温发口鄙秽,庾公徐曰:"太真终日无鄙言"

宋朝宰相宋郊主持朝政,上元节(正月十五)夜里在书院内读《周易》,听说他弟弟龙图阁学士宋祁点花灯,玩歌妓,开怀畅饮直到天明。第二天,宋郊告诉了自己的亲信,让他去批评宋祁,说:"相公传话给学士,听到昨天夜里张灯夜宴,穷奢极侈,不知道是否还记得某年的上元节,我们同在某州学内吃腌菜煮稀饭的日子?"学士笑着说:"倒要传话给相公:知不知道某年同在某处吃腌菜煮稀饭,是为了什么?"

原文

宋相郊居政府,上元夜在书院内读《周易》,闻其弟学士祁点花灯,拥歌妓,醉饮达旦。翌日谕所亲,令诮让云:"相公寄语学士,闻昨夜烧灯夜宴,穷极奢侈,不知记得某年上元,同在某州学内吃齑煮饭时不?"学士笑曰:"却须寄语相公:不知某年同某处吃齑煮饭,是为甚的?"

北宋司马光(字君实,死后封温国公)屡次弹劾王广渊,奏章上了八九道,退朝后还单独留下,请求杀掉王广渊,以谢天下，声震殿宇。当时滕元发担任记录皇帝言行的起居注一职，侍立在宫殿的台阶上。回家后，王广渊来问元发："早晨司马君实上殿，听说请求将我杀死，以谢天下。不知皇上是怎么说的？"元发说："我只听得皇上说：'就按你说的办。'"

原文

司马温公屡言王广渊，章八九上，留身乞诛，以谢天下，声震朝廷。是时滕元发为起居注，侍立殿陛，既归，广渊来问元发："早来司马君实上殿，闻乞斩某以谢天下，不知圣语何如？"发曰："我只听得圣语云：'依卿所奏。'"

北宋时，杨大年与梁周翰、朱昂同在翰林院为学士，杨大年不到三十岁，而梁、朱二公年纪都已经很大了。大年称他们为梁翁、朱翁，常常调侃嘲弄。有一天，梁周翰对大年说："这'老迈'也等着留给你呢。"朱昂在后面连忙摇手说："不要给他！"（意思是别让他活到高龄。）

原文

杨大年与梁周翰、朱昂同在禁掖，大年未三十，而二公皆高年矣。大年呼朱翁、梁翁，每戏侮之。一日梁谓大年曰："这'老'亦待留以与君也。"朱于后亟摇手曰："不要与！"

东汉人严光（字子陵）隐居在富春山，大司徒侯霸派使者送信给他，使者请求写回信。严子陵说："我的手不能写字。"于是就口述，让使者记录。使者嫌话太少，让他再多说一些。严子陵说："这是在买菜吗？"（指讨价还价。）

原文

严子陵隐迹富春山，司徒霸遣使奉书，使者求报。严曰："我手不能书。"乃口授之，使者嫌少，可更足。严曰："买菜乎？"

宋代书法家，米芾任无为知州，见到州府衙门里立的一块碑很奇特，就让人取来官服笏板对其参拜，称它为"石丈"。谏官们听说后就上书批评他，朝廷中传为笑谈。有人问他说："真有这回事吗？"米芾慢慢地回答道："我哪里拜过它？只是给它作了个揖罢了。"

原文

米芾知无为军，见州廨立石甚奇，命取袍笏拜之，呼曰"石丈"。言事者闻而论之，朝廷传以为笑。或问曰："诚有不？"徐曰："吾何常拜，乃揖之耳。"

上虞江中有个地方叫三石头，南朝宋人王弘之常常在这里钓鱼。路过的人不认识他，有的就问："钓鱼师傅，您钓的鱼卖不卖？"弘之说："我还没钓着，钓着也不卖。"

原文

上虞江有一处名三石头，王弘之常垂纶于此。经过者不识之，或问："渔师得鱼卖不？"弘之曰："亦自不得，得亦不卖。"

南朝宋人谢凤的儿子名叫谢超宗，谢庄的儿子名叫谢朏。宋明帝召见他们，让他们从凤庄门进去（这是拿二人父亲的名讳开玩笑）。超宗说："这是皇上的命令。"于是快步走了进去。谢朏说："君待臣要合礼仪。"便不进去。

原文

谢凤子名超宗，谢庄子名朏。宋明帝召二人，由凤庄门入，超宗曰："君命也。"乃趋而入。朏曰："君处臣以礼。"遂不入。

唐太宗征辽时，制造了飞梯攻城，有人应招充当登梯先锋。城中箭和石块像雨点般袭来，而他却抢先登上了城头。英国公李勣指着这人对中书舍人许敬宗说："此人是不是十分英勇？"敬宗说："不是英勇，主要是不知道考虑。"太宗听到后，想要办许敬宗的罪。

原文

唐太宗之征辽，作飞梯临其城，有应募为梯首。城中矢石如雨，而竟无为先登。英公指谓中书舍人许敬宗曰："此人岂不大健？"敬宗曰："非健，要是不解思量。"太宗闻而欲罪之。

南朝梁人阮孝绪住的地方，以一粗陋的坐卧之具权作书房，四周有竹子树木环绕。任昉寻找他的哥哥任履之，想到阮孝绪那里去却又不敢登门，眼望着那感叹说："他的房子倒很近，他的人却感到很远。"

原文

阮孝绪所居，以一鹿床为精舍，竹树环绕。任昉寻其兄履之，欲造而不敢，望而叹曰："其室则迩，其人则远。"

宋孝宗隆兴初年，有个叫胡昉的人，说话喜欢言过其实，耸人听闻，朝廷重臣认为他是天下奇才，竭力加以引荐，不到几年，便成为两浙的转运使。有一天他对在座的客人们说："朝廷的官爵，是用来买我们的头颅的，岂可不怕？"闻人（复姓）伯卿坐在最靠边的座位上，他小步走到前面说："也有买空话的。"胡听了默不作声。

原文

隆兴初有胡昉者，大言夸诞，当国者以为天下奇才，力加荐引，曾未数年，为两浙漕。一日语坐客云："朝廷官爵，是买吾曹头颅，岂可不畏？"闻人伯卿在坐末，趋前云："有买脱空。"胡默然。

明臣冯具区的胡须出得晚而白得早，有人问道："您的胡须几年变白的？"冯公用手捋着胡须停了好久才说："不记得与黑色打过交道。"

原文

冯公具区，髯晚出而早白，人问曰："公髯几年变白？"公拈髯良久曰："未记与黑周旋。"

五代时冯道、和凝同在中书省任职。有一天和凝问冯道说："您的靴子很新，价钱是多少？"冯道抬起左脚给和凝看，说："九百。"和凝性情急躁，马上回头看着小吏说："我的靴子为什么花了一千八百？"便责骂起他来。过了好一阵，冯道又慢慢抬起右脚说："这一只也是九百。"

原文

冯道、和凝同在中书。一日和问冯曰："公靴新，价其值几何？"冯举左足示和曰："九百。"和性褊急，遽回顾小吏云："吾靴何得用一千八百？"因诟责。久之，冯徐举其右足曰："此亦九百。"

唐人崔膺性情疏狂，不拘小节。张建封喜爱他的文章，把他引为门客。这天，崔膺跟随建封巡视军营，在夜里大叫起来，惊动了军队。军士们都很愤怒，恨不得要吃他的肉。建封把他藏了起来。第二天举办宴会时，有个监军说："我要与尚书（张建封有京职尚书右仆射衔）您定个契约，彼此不能违犯。"建封说："好。"监军说："我有个请求，请让我处置崔膺。"建封说："照契约办。"过了一会儿，建封又说："我有个请求，请让我处置崔膺。"座中众人大笑，崔膺得以免祸。

原文

崔膺性狂率。张建封爱其文，以为客。随建封行营，夜中大叫惊军，军士皆怒，欲食其肉。建封藏之。明日置宴，监军曰："某有与尚书约，彼此不得相违。"建封曰："唯。"监军曰："某有请，请崔膺。"建封曰："如约！"逡巡，建封又曰："某有请，请崔膺！"坐中大笑，得免。

唐人王仲舒在朝中任郎官，他与马逢关系友好，常常责备马逢说："你贫穷得受不了，怎么不找个给人写碑文的活儿救助一下？"马逢说："刚才看见有个人骑着马去叫医生，我可以等着给他写碑文了。"

原文

王仲舒为郎官，与马逢友善，每责逢曰："贫不可堪，何不求碑志相救？"逢曰："适见谁家走马呼医，吾可待也。"

南朝人朱异（此人贪财品劣）普遍研究过五经，并且广泛涉猎过文史，博戏、下棋、书法、计算，都是他所擅长的。他二十岁时，到京城去，沈约开玩笑地对他说："你很年轻，怎么不知道检点一点儿？"（朱异贪财颇有恶名，沈以其涉猎太滥而一语双关。）

原文

朱异遍治五经，涉猎文史，博弈书算，皆其所长。年二十，诣都，沈约戏语曰："卿年少，何乃不廉？"

唐人赵宗儒任太常卿，主管皇帝郊庙祭祀的礼仪。解除宰相职务三十多年出，年龄已经七十六岁了。大家聊到他时，都说他很精干、健康。有位常侍叫李益，在旁边对他说："赵宗儒是我做扬州刺史时选送的进士。"

原文

赵宗儒为太常卿，赞郊庙之礼。罢相三十余年，年七十六，众论其精健。有常侍李益傍谓曰："赵乃仆为东府时所送进士也。"

明人崔铣做南京国子监祭酒，罢官回家时，他的行李中没有一件江南的东西，他对别人说："人们说祭酒职位是黄金，我说祭酒职位像白玉呀！"

原文

崔铣作南祭酒，罢归，囊无江南一物，谓人曰："人言祭酒是金，我道祭酒如玉耳。"

明嘉靖年间的举人徐献忠，每当见到诗文卓越的人，便说："这人肚子里有灵丹。"（古代方士自称能用灵丹点铁成金。）

原文

徐献忠每见诗文之佳者，曰："此人肚内有丹。"

明人罗汝鹏胡须很多，年轻时就白了。有一天到一个人家里去吊丧，主持丧事的人问他："您的年纪还不大，为什么胡须这么早就白了？"罗汝鹏回答说："今天来这里，不能不这样啊。"

原文

罗汝鹏多髯，少年即白。一日赴吊丧家，司丧者谓曰："公年尚未，何早白乃尔？"罗对曰："今日之来，不得不如此。"

唐朝的姚南仲考察陕县郊区，有个来访的客人投递名片，名叫李过庭。姚南仲说："过庭这个名字很新鲜，不知道是谁家的子弟？"姚岘做出深思的样子说："恐怕是李趋的儿子。"（《论语·季氏》有"鲤趋而过庭"句，姚岘取谐音"李趋儿"戏谑。）

原文

唐姚南仲廉察陕郊，有客投刺云李过庭者，南仲曰："过庭之名甚新，未知谁家子弟？"姚岘作熟思曰："恐是李趋儿。"

唐中宗神龙（705－706）年间，政令不一，出自多门，京尉由皇帝直接提拔进入内阁的，多得数不清。有人对京兆尹窦怀贞说："县官相继进入内阁，县里那么多事还能办得了吗？"窦怀贞说："比以往办得更好了。"问他是什么缘故，窦怀贞说："好的县官大都还在任上。"

原文

窦怀贞为京兆尹，神龙之际，政令多门，京尉由墨敕入台者，不可胜数。或谓怀贞曰："县官相次入台，县事多办不？"怀贞对曰："倍办于往时。"问其故，怀贞曰："好者总在。"

西晋文人张华见过褚陶以后，告诉平原内史陆机说："你们兄弟如飞龙浮在银河腾跃，顾荣（字彦先）如凤凰对着朝阳长鸣，我认为东南的珍宝已经完全呈现了，没想到又见了褚陶。"陆机说："这是因为您没看到低调内敛的才俊罢了。"

原文

张华见褚陶，语陆平原曰："君兄弟龙跃云津，顾彦先凤鸣朝阳，谓东南之宝已尽，不意复见褚生。"陆曰："公未睹不鸣不跃者耳。"

苏东坡在扬州时，有一天招待客人，米芾（字元章）在座。饮酒中间，米芾忽然站起来自我评议说："世上的人都说我米芾癫狂，希望听一下子瞻（苏轼字子瞻）的意见。"东坡笑着说："我和大伙看法一样。"

原文

苏东坡在维扬，一日设客，米元章在坐。酒半，元章忽起自赞曰："世人皆以芾为颠，愿质之子瞻。"坡笑曰："吾

从众。"

明人陆远（字楚生）是进士陆大成的远房叔，陆大成在南京乡试时考中举人，名声很大，陆远常常在别人面前喊他"大成侄子"，人们都很讨厌，把这作为话柄。当时王世贞（号弇州山人）在座，说道："的确是'远阿叔'。"（"远"字双关：既指陆远，又指远门。）

原文

陆楚生远，进士陆大成从堂叔。大成发解南畿，颇有声望，远每对人呼"大成舍侄"，人多厌之，咸以为言。时王弇州在坐曰："实是远阿叔。"

潘长官曾经邀请苏东坡做客，因为东坡不能喝酒，便拿甜酒招待他。东坡笑着说："这准是煮错了的水。"

原文

潘长官尝要苏东坡，以坡不能饮，以醴设之。坡笑曰："此必错煮水也。"

谐语第七

吴苑说：各种语类的次序，从"慧"、"名"、"豪"、"狂"、"傲"五种以下，不能有更细的分辨以安排它们的位置。比如"冷"这一项，有什么理由而要排在其他语类之上呢？只是根据语句的有趣与否，顺手抄录下来罢了。如这里的"谐语"与"谑语"，与后面的"讽语"和"讥语"，这两类都是大同而小异，不得不没有先后顺序，所以把"谐语"列为第七类。

吴苑曰：语之次序，自"慧"、"名"、"豪"、"狂"、"傲"五种之下，不能细有标辨，以定安排。如冷之一义，有何关说而居众语上耶？直以语之有致无致，顺手拈录之耳。若此之"谐"与"谑"，与后之讽与讥，此二种乃大同而小异，不得不有先启，故次"谐语"第七。

宋真宗时的龙图阁直学士刘烨，曾经与翰林学士刘筠聚会饮茶，他问身边的人说："水滚了没有？"身边的人都回答说："已经滚了。"刘筠说："佥曰鲧哉！"（语出《尚书·尧典》，原意是：都说让鲧去吧；鲧音滚）刘烨应声说道："吾与点也。"（语出《论语·先进》，原意是：我同意曾点的话。这里"与点"是借谐音用为"与你沏茶"之意。）

原文

龙图刘烨，尝与内相刘筠聚会饮茗，问左右曰："汤滚也未？"右皆应曰："已滚。"筠曰："佥曰鲧哉！"烨应声曰："吾与点也。"

东坡做杭州通判时，酒量很小。朝廷部里派来的官员知道苏公的才能名望，朝夕一起聚会，东坡苦于应付，他简直把杭州通判视为酒食地狱。后来，袁毂做杭州通判，正巧与郡里的军将合不来，各个部门也因此互相疏远。袁毂对他亲近的人说："酒食地狱，现在轮到放空了。"

原文

东坡倅杭，不胜杯酌，部使者知公才望，朝夕聚首，疲于应接，乃目杭倅为酒食地狱。其后袁毂倅杭，适郡将不协，诸司缘此亦相疏。袁语所亲曰："酒食地狱，今值狱空。"

北宋刘攽（字贡父）请客喝酒，苏东坡有事想先告辞。刘贡父拿三种果名一种药名调侃他说："幸早哩，且从容。"（三果：杏、枣、李；一药：苁蓉）东坡回答道："奈这事，须当归。"（三果：柰、柘、柿；一药：当归。）客人们大笑。

原文

刘贡父觞客，苏子瞻有事欲起，刘以三果一药调之曰："幸早里，且从容。"坡答曰："奈这事，须当归。"满座大笑。

汉武帝游览上林苑，见到了一棵好树，就问东方朔是什么树。东方朔说："它的名字叫'善哉'。"武帝暗中让人记下了树的名字。几年后，他又再次问东方朔这种树的名字，东方朔说："它的名字叫'瞿所'。"武帝说："你欺骗我太久了。名字与以前说的不同，为什么？"东方朔说："大的叫马，小的叫驹；长成叫鸡，幼时叫雏；大的叫牛，小的叫犊；人初生时叫小儿，年长时为老人；这棵树从前是'善哉'，现在是'瞿所'。老与少，死与生，万物的毁与成，难道有什么固定的吗？"武帝听了大笑。

原文

汉武游上林，见一好树，问东方朔，朔曰："名'善哉'"帝阴使人识其树，后数岁复问朔，朔曰："名为'瞿所'。"帝曰："朔欺久矣，名与前不同，何也？"朔曰："大为马，小为驹；长为鸡，小为雏；大为牛，小为犊。人生为儿，长为老。且昔为'善哉'，今为'瞿所'，长少死生，万物败成，岂有定哉？"帝大笑。

吴郡的张融，字思光，是南齐长史张畅的儿子。他曾到太极西堂拜见太祖（南朝齐高帝萧道成），过了好长时间才登上去。皇上笑着说："你怎么到得这样慢？"张融回答说："从地下升到天上，理当不会太快的。"

原文

吴郡张融字思光，长史畅之子，常谒太祖于太极西堂，弥时方登。上笑曰："卿至何迟？"答曰："自地升天，理不得速。"

南齐人王俭曾经召集有文才的人，列举典故按一定的主题相连属。所谓"丽事"，就是由此开始的。各位来客都被难倒了，只有庐江的何宪表现最好，王俭便赏给他五色竹席和白团扇。何宪坐在席上，手拿白团扇，意气洋洋，十分自在。秣陵人王摛最后到达，拿起笔来便写成了。事典既鲜明美好，词句也非常华丽。王摛于是让随从们抽掉何宪坐下的竹席，夺过团扇，登上车走了。王俭笑着说："这就是所谓的大力士背起来就跑了（语本《庄子·大宗师》）。"文士们听了大笑。

原文

王俭尝集有才之士，累物而丽之，谓之丽事，自此始也。诸客皆穷，唯庐江何宪为胜，乃赏以五色花簟白团扇。宪坐簟执扇，意气自得。秣陵王摛后至，操笔便成，事既焕美，词复华丽。摛乃命左右抽簟掣扇，登车而去。俭笑曰："所谓有力者负之而趋。"诸士大笑。

北魏孝文帝给四个儿子分别取名为恂、愉、悦、怿，中书博士崔光给三个儿子分别取名为励、勖、勉。孝文帝对崔光说："我儿子的名字旁边都有个'心'字，你儿子的名字旁边都有个'力'字。"崔光回答说："这就是所谓君子劳心，小人劳力（语本《孟子》）。"

原文

后魏祖名子曰恂、愉、悦、怿，崔光名子励、昌、勉。高祖谓曰："我儿名傍皆有心，卿儿傍皆有力。"答曰："所谓君子劳心，小人劳力。"

礼部尚书范阳人卢恺，兼任吏部尚书，选拔了达野（少数民族姓氏）客师做兰州总管。客师推辞说："在下犯了什么罪？派我去与突厥人隔墙而邻？"卢恺说："突厥什么地方有墙呀？"客师说："肉为酥，水为浆，穹庐为帐毯为墙。"

原文

礼部尚书范阳卢恺，兼吏部，选达野客师为兰州总管。客师辞曰："客师何罪，遣与突厥隔墙。"恺曰："突厥何处得有墙?"客师曰:"肉为酥,水为浆,穹庐为帐毯为墙。"

北齐大臣王元景有一次喝得大醉,杨愔(字遵彦)对他说:"你为什么一会儿垂下头,一会儿又昂起头?"王元景说:"黍子熟了头就低,麦子熟了头就高。我这里黍子、麦子都有,所以头就一会儿低头,一会儿抬头。"

原文

王元景尝大醉,杨遵彦谓之曰:"何太低昂?"元景曰:"黍熟头低,麦熟头昂,黍麦俱有,所以低昂矣!"

西晋人张亢性情滑稽,才思敏捷。有个门客与他交谈,张亢问道:"近日作赋了吗?"门客说:"近日作了一篇《坤厚载物赋》。"随后自己举出其中的开头部分说:"粤有大德(此"粤",发语词。"大德",指大地),其名曰坤(八卦中,象征地)。"张亢对答说:"我再接续两句,可以转赠给和尚。"("坤"与"髡"谐音。"髡"是剃去头发,这里戏称和尚)于是说道:"不是讲经的首座,只是传法之和尚。"("大德"又是佛教用语,对年长僧人的尊称。张亢以此转移话题。)

原文

张亢滑稽敏捷,有门客因会话,亢问曰:"近门作赋乎?"门客曰:"近作《坤厚载物赋》。"因自举其破题曰:"粤有大德,其名曰坤。"亢答曰:"奉续两句,可移赠和尚。"乃曰:"非讲经之座主,是传法之沙门。"

曹琰做郎中,曾经有个和尚向他呈送诗卷。曹琰看到他的第一篇《登润州甘露阁》,其中说:"下观扬子小。"曹琰说:"怎么不写'早吠狗儿肥'?"接下来又看到一篇《送僧》,其中说:"猿啼旅思凄。"曹琰说:"怎么不写'犬吠张三嫂'?"("扬子"音谐"羊子",所以曹用"狗儿"来对;"旅思凄"

音谐"吕四妻",所以曹用"张三嫂"来对。)

原文

曹琰为郎中,尝有僧以诗卷投献。琰阅其首篇《登润州甘露阁》云:"下观扬子小。"琰曰:"何不道'早吠狗儿肥'?"次又阅一篇《送僧》云:"猿啼旅思凄。"琰曰:"何不道'犬吠张三嫂'?"

北宋黄庭坚(又号涪翁)曾为东坡《春菜》诗写过一首和诗。诗中说:"公如端为苦笋归,明日春衫诚可脱。"苏东坡得到此诗后,开玩笑说:"我本来不爱做官,于是他便径直拿苦笋硬逼我退休。"

原文

涪翁尝和东坡《春菜》诗云:"公如端为苦笋归,明日春衫诚可脱。"苏得诗戏语曰:"吾固不爱官,遂直欲以苦笋硬差致仕。"

苏东坡看见一家有界尺笔槽已经坏了,便对那家主人说:"韩直木(唐代韩愈于潮州手植之异木,此指界尺)照旧,孤竹君(商周时孤竹国之国君,此指毛笔)平安。只是半面之交(东汉应奉记忆力很强,有一车匠曾于门中露半面看他,数十年后,应奉在路上见到这个车匠还认识并与他打招呼),忽然永别了。"主人听了笑得前仰后合。

原文

东坡见一家有界尺笔槽而槽破者,向其主人曰:"韩直木如常,孤竹君无恙。但半面之交,忽然析事矣。"主人笑倒。

刘烨尝与刘筠一起骑着马上朝,刘筠的马腿有病走得慢。刘烨说:"您的马为什么走得这样慢?"刘筠说:"只是因为'五更三'(下省"点"字)。"刘烨说:"为什么还不'七上八'（下省"下"字）?"意思是，刘筠的马跛足，刘烨让他下马步行。

原文

刘烨尝与刘筠连骑趋朝，筠马病足得迟。烨曰："君马何迟?"筠曰："只为五更三。"烨曰："何不与他七上八。"言点蹄，则下马行也。

苏东坡曾经约请刘器之一同去参见玉版和尚，刘器之平常懒得走山路，听说玉版和尚的名字，很高兴地随东坡去了。到了帘泉寺，烧竹笋来吃，器之觉得笋味很美，就问："这叫什么名字?"东坡说："叫玉版。这位'老僧'擅长说法，令人深得禅理愉悦的滋味。"器之这才醒悟过来。

原文

东坡尝约刘器之同参玉版，器之每倦山行，闻玉版，欣然从之。至帘泉寺，烧笋而食，器之觉味胜，问："此何名?"东坡曰："玉版。此老僧善说法，令人得禅悦之味。"器乃悟。

北宋柳永（字耆卿）和苏轼（亦号长公），各自以填词著名，但两家的风格不同。东坡问一个艺人说："我的词比柳学士怎么样?"艺人说："学士怎么能和相公您比?"东坡吃惊地说："为什么?"艺人说："您的词必须让一个身高丈二的将军，弹铜琵琶，打铁绰板，唱相公的'大江东去'。柳学士的词则要找个十七八的女孩儿，唱'杨柳岸、晓风残月'。"东坡听了拍手大笑。

原文

柳耆卿、苏长公各以填词名，而二家不同。东坡问一优人曰："我词何如柳学士?"优曰："学士那得比相公。"坡惊曰："如何?"优曰："公词须用丈二将军铜琵琶铁绰板，唱相公的'大江东去'。柳学士却著十七八女郎，唱'杨柳外晓风残月'。"坡为之抚掌。

汉武帝曾经问东方朔说:"先生您看我是个什么样的皇帝?"东方朔回答道:"自唐尧、虞舜之后,周成王、周康王之间,没有人能够与陛下相比的。我看到的陛下功德,在五帝之上,比三王更高。不仅如此,真正做到了天下的贤士公卿在位,都找到了最恰当的人选:就好比是用周公、邵公做丞相,孔丘做御史大夫,用太公做将军,用毕公高在后面做拾遗官,用严子陵做卫尉,用皋陶做大理,用后稷做司农,用伊尹做少府,用子贡出使外国,用颜渊、闵子骞做博士,用子夏做太常,用伯益做右扶风,用子路做执金吾,用契做鸿胪,用关龙逢做宗正,用伯夷做京兆尹,用管仲做左冯翊,用鲁班做将作大匠,用仲山甫做光禄大夫,用申伯做太仆,用季札做水衡都尉,用百里奚做典属国,用柳下惠做大长秋,用史鱼做司直,用孔父嘉做詹事,用蘧伯玉做太傅,用孙叔敖做诸侯国的丞相,用庆忌做期门,用子产做郡守,用夏育做鼎官,用后羿做旄头,用宋万做式道侯。"皇上听了大笑起来。

原文

汉武帝尝问东方朔曰:"先生视朕何如主?"朔对曰:"自唐虞之后,成康之际,未足以喻。臣伏睹陛下功德,陈五帝之上,在三王之右,非徒若此而已,诚得天下贤士公卿在位,咸得其人矣。譬若以周、邵为丞相,孔丘为御史大夫,太公为将军,毕公高拾遗于后,严子陵为卫尉,皋陶为大理,后稷为司农,伊尹为少府,子贡使外国,颜、闵为博士,子夏为太常,益为右扶风,季路为执金吾,契为鸿胪,龙逢为宗正,伯夷为京兆,管仲为冯翊,鲁班为将作,仲山甫为光禄,申伯为太仆,延陵季子为水衡,百里奚为典属国,柳下惠为大长秋,史鱼为司直,孔父为詹事,蘧伯玉为太傅,孙叔敖为诸侯相,王庆忌为期门,子产为郡守,夏育为鼎官,羿为旄头,宋万为式道候。"上乃大笑。

汉武帝下令给随从官员赏肉。时候已经很晚了，大官丞还没来，东方朔拔出剑来，对他的同僚们说："伏天应当早点回去，请现在就把肉发给我吧。"于是割下肉来揣着走了。大官丞向皇帝告状，东方朔被叫进来了。皇上说："昨天赏赐肉，你不等诏令，就拿剑割肉走了，为什么要这样做？"东方朔脱帽谢罪。皇上说："先生站起来，自我批评一下吧！"东方朔郑重叩拜后说："东方朔啊东方朔，接受赏赐却不等诏令，多么无礼啊！拔剑割肉，多么雄壮啊！割得不多，又多么廉洁啊！回去后送给了妻子，又多么仁义啊！"皇上说："让先生自我批评，却反而自我称赞起来了。"

原文

汉武帝诏赐从官肉，大官丞日晏不来，朔拔剑谓其同官曰："伏日当早归，请受赐。"即怀肉去。大官奏之，朔入。上曰："昨赐肉，不待诏，以剑割肉而去，何也？"朔免冠谢。上曰："先生起自责。"朔再拜曰："朔来朔来，受赐不待诏，何无礼也！拔剑割肉，一何壮也！割之不多，又何廉也！归遗细君，又何仁也！"上曰："使先生自责，乃反自誉。"

西晋王戎的妻子称王戎为卿（古人对年龄小于自己或地位低于自己的人称"卿"）。王戎对她说："妻子怎么能称丈夫为卿呢？从礼节上讲是不合适的。"妻子回答说："我亲卿爱卿，所以才称卿为卿。我不称卿为卿，谁会称卿为卿？"王戎笑了，以后便听任她这么叫。

原文

王戎妻语戎为卿，戎谓曰："妇那得卿婿？于礼不顺。"答曰："我亲卿爱卿，是以卿卿。我不卿卿。谁当卿卿？"戎笑，遂听。

郑玄家的奴婢个个都读书。他曾经使唤一个丫鬟，办事不合他的意，要责打她。丫鬟为自己辩解，郑玄很生气，让人把她按到泥水里。不一会儿，又有一个丫鬟过来，问道："胡为乎泥中？"（语出《诗经·邶风·式微》，原意是：为什么站在泥泞中？）泥里的丫鬟回答说："薄言往愬，逢彼之怒。"（语出《诗经·邶风·柏舟》，原意是：本想回家去诉苦，正逢他们怒冲冲。）

原文

郑玄家奴婢皆读书，常使一婢不称旨，将挞之。方自陈说，玄怒，使人曳著泥中。须臾，复有一婢来，问曰："胡为乎泥中？"答曰："薄言往愬，逢彼之怒。"

西晋太尉王衍与庾子嵩并无深交，庾子嵩却不停地称他为"卿"。王太尉说："君（古时一般人互称为"君"，对特别亲密者或年龄小于自己或地位低于自己者称"卿"）不能这样做。"庾子嵩说："卿自己要称我为君，我自己要称卿为卿，我自己用我的方法，卿自己用卿的方法。"

原文

王太尉不与庾子嵩交，庾卿之不置。王曰："君不得为尔。"庾曰："卿自君我，我自卿卿，我自用我法，卿自用卿法。"

晋元帝的皇子出生了，元帝赏赐全体朝臣。殷洪乔说："皇子诞生，普天同庆。微臣没有什么功勋，却承蒙颁发了厚重的赏赐。"中宗（元帝）笑着说："这件事怎么会让你立功呢？"

原文

晋元帝皇子生，普赐群臣。殷洪桥［乔］曰："皇子诞育，普天同庆，臣无勋焉，而猥颁厚赉。"中宗笑曰："此事岂可使卿有勋耶？"

东晋康僧渊两眼深陷，而鼻子很高，丞相王导常常调侃他。僧渊说："鼻子是脸上的山，眼睛是脸上的渊，山不高则不空灵，渊不深则不清澈。"王丞相无法再作回答了。

原文

康僧渊目深而鼻高，王丞相每调之，僧渊曰："鼻者面之山，目者面之渊，山不高则不灵，渊不深则不清。"王不能复答。

宋人石曼卿有一次乘着马车外出，驾车的人没有拉紧马笼头，马受惊了，曼卿摔在了地上。随行的属吏立即把他扶上马鞍，曼卿说："幸亏我是石学士，如果是瓦学士，早就给摔碎了。"

原文

石曼卿常乘马出，御者失鞚，马惊，曼卿堕地。从吏遽扶掖升鞍。曼卿曰："赖我是石学士，若瓦学士，则跌碎矣！"

北宋邵雍（谥康节）去参加河南尹李君锡的宴会，玩投壶的游戏，李君锡的最后一箭投中了壶的耳朵。君锡说："偶尔投中耳。"康节说："几乎弄坏壶。"（两人句中末字"耳"、"尔"谐音，"壶"、"乎"谐音。）

原文

邵康节赴河南尹李君锡会，投壶，君锡末箭中耳。君锡曰"偶尔中耳。"康节曰："几乎败壶。"

裴子雨做下邳县令，张晴做县丞，二人都很有名望，而又擅长言谈。有一次讨论事情，谈了好长时间，属吏们互相交换意见说："县官们很不融洽。长官称'雨'，县丞道'晴'，一天到晚这样地不和谐。"（"雨"、"晴"分别暗指裴子雨、张晴，谐音双关。）

原文

裴子雨为下邳令，张晴为县丞，二人俱有声气，而善言语。会论事移时，吏相谓曰："县官甚不和。长官称雨，赞府道晴，终日如此不和也。"

有人向齐宣王进献木鞋，一点也没有刻削的痕迹。宣王说："这鞋岂不是天然生长的么？"艾子说："鞋楦（楦鞋子的木制模型）是它的核。"

原文

有人献木履于齐宣王，略无刻斫之迹。王曰："此履岂非出于生乎？"艾子曰："鞋楦是其核也。"

张端做河南府司录，府里准备祭祀土地神，已经买好猪呈交给河南尹。那天夜里，猪突然闯进司录的厅堂，张端就让人把它杀掉了。府吏把这事报告了府尹，府尹便询问张端。张端回答说："我所依据的法律是：如果无故在夜间闯入别人家里，当时杀死，不追究责任。"府尹听了大笑起来，另外买了一头猪来做祭祀。（张端用"猪"换了重要条律中的"诸"，故引人发笑。）

原文

张端为河南司禄，府当祭社，买猪已呈尹。其夜突入录厅，端即令杀之。吏以白尹，尹问端，对曰："按诸无故夜入人家，登时杀之勿论。"尹大笑，为别市猪以祭。

北宋文人梅尧臣（字圣俞）以诗著名，却历时三十年一直没有得到一个馆阁职务，晚年参与撰写《唐书》。他告诉妻子刁氏说："我撰写史书，可以说是猢狲钻进了布袋。（意思是再也出不来)"刁氏说:"你的官场发展,无异于鲇鱼要爬上竹竿。"(意思是永远上不去。)

原文

梅圣俞以诗知名,三十年终不得一馆职。晚年与修《唐书》,语其妻刁氏曰:"吾之修书,可谓猢狲入布袋。"刁曰:"汝之仕宦,何异鲇鱼上竹竿?"

艾子喜欢饮酒,一醉很难醒来。门客们商量说:"这事不能光凭口舌争辩劝阻,最好是用危险的情况来惊吓他。"有一天,艾子又喝酒太多,呕吐起来。门客悄悄地把藏在袖子里的猪膈放在了吐出的污物当中,等他醒来后,拿给他看,说:"所有的人都具有五脏,现在您因为饮酒而吐出了一脏,这可怎么活呀?"艾子仔细看了一番,笑着说道:"唐三藏(唐代高僧玄奘,人称"三藏",与"三脏"谐音)尚且活在世上,何况我现在是四脏呢!"

原文

艾子好饮酒,少醒日。门人谋曰:"此未可口舌争,宜以险事怵之。"一日大饮而哕,门人密袖彘膈置哕中,持以示曰:"凡人具五脏,今公因饮而出一脏矣,何以生耶?"艾子熟视而笑曰:"唐三藏尚活世,今况四脏乎!"

杜邠的饭量很大,吃饱了就睡觉。有人劝他说这样不合养生之道。杜邠说:"您没看见米袋子装米么?放倒了就会漫出来了。"

原文

杜邠饮食洪博,既饱即寝。人谏非摄生之理,公曰:"君不见布袋盛米耶,放倒即漫。"

石中立曾经与同僚们一起观赏南园的狮子。主管人员说:

"官府每天要花费五斤肉来喂它。"同僚们调笑说："我们反倒不如这些狮子么？"石中立说："我们这些员外郎（音谐"园外狼"），怎敢跟那些园内狮子比啊？"

原文

石中立尝与同列观南园狮子，主者曰："县官日破肉五斤饲之。"同列戏曰："吾侪反不及此狮子乎？"中立曰："吾辈员外郎，安敢比园内狮子！"

后唐伶官敬新磨，因为开玩笑得罪了庄宗，庄宗大为恼火，拉开弓来要射他。敬新磨急忙喊道："陛下不要杀臣，臣与陛下是一体的，杀了不吉利。"庄宗吃惊地问他是为什么。敬新磨回答说："陛下创建国家，改年号为同光。同就是铜，如果杀了敬新磨，就没有光了。"（"敬"、"镜"谐音，暗指"铜镜"）庄宗只好放了他。

原文

伶官敬新磨，以谑得罪庄宗，庄宗大怒，弯弓射之。新磨急呼曰："陛下无杀臣，臣与陛下为一体，杀之不祥。"庄宗惊问其故，对曰："陛下开国，改元同光。且同，铜也，若杀敬新磨，则无光矣。"帝释之。

北宋人丁谓曾经拿着自己的文章去拜见王禹偁。王禹偁称赞他的文章与孙何两人可以与韩柳（唐代韩愈、柳宗元）相比。于是两人名声大振。不久，孙何考中了状元，丁谓名列第四。丁谓自以为与孙何齐名，耻于排在孙何的后面。皇帝依次召见新科进士时，丁谓还在殿下表示不满。太宗说："甲乙丙丁，丁就应该排在第四，还有什么可说的？"

原文

丁谓尝以文谒王禹偁。禹偁称其文与孙何可比韩柳，名遂大振。既而何冠多士，谓登第四。自以为与何齐名，耻居其下。胪传之际，殿下有言，太宗曰："甲乙丙丁，合居第四，复何言？"

国子监祭酒冯具区，带着歌妓到西湖泛舟游玩，把船停泊在定香桥畔。有一群学子围着观看，冯公受不了，叫把船划走。学子们大为气恼，跟在船后面高喊道："你已经过了会元（京城会试第一名），过了祭酒，难道不怕我们将来么？"冯公让使者回答道："告诉秀才们，纵然你们随后赶来（"将来"一语，学子意指未来时间，冯氏转为将要赶来），老夫我已经过了学士港了。"（语意双关：明指船已远行，暗指年老退隐。）
原文
冯祭酒具区，携妓泛西湖，泊于定香桥畔。有群青衿士拥观，公不堪，令移舟。青衿辈大怒，随舟厉声曰："尔已过会元，已过祭酒，独不畏吾将来耶？"公命使者报声曰："致上秀才，纵若随后赶来，老夫已过学士港矣。"

阮德如曾在茅房里遇见一个鬼，一丈多高，肤色黑而眼睛大，身穿黑单衣，上戴平头巾，离他只有一尺来远。德如笑着对它说："人们说鬼的样子丑恶可怕，果然如此！"鬼听了羞愧地退走了。
原文
阮德如尝于厕见鬼，长丈余，色黑而眼大，著皂单衣，平上帻，去之咫尺。德如笑语之曰："人言鬼可憎，果然！"鬼赧而退。

西王母献桃给汉武帝，说："这种桃三千年开花，三千年长熟。"指着东方朔说："仙桃熟了三次，这孩子已经三次偷到了这种桃。"武帝说："曾经听说鼻子下面的部分长达一寸，表明是活了一百岁的人。"东方朔笑着说："那彭祖活了七百岁,鼻子下面的部分应该是七寸长了。"

原文

西王母献桃于武帝云:"此桃三千年生花,三千年熟。"指方朔云:"仙桃三熟,此儿已三偷得此桃。"帝曰:"尝闻鼻下长一寸,是百年人。"方朔笑曰:"彭祖寿年七百岁,鼻下合长七寸。"

五代时有个瀛王冯道,他的门客讲解《道德经》的第一章:"道可道,非常道。"门客见"道"字是冯道的名字,出于避讳便改"道"字为"不敢说"说道:"不敢说可不敢说,非常不敢说。"

原文

五代冯瀛王道,门客讲《道德经》首章:"道可道,非常道。"门客见"道"字是冯名,乃曰:"不敢说可不敢说,非常不敢说。"

唐人陆长源任用有德望的老臣做宣武军司马,任韩愈做巡官。有人讥笑他们的年辈悬殊。陆长源说:"老虎和老鼠,都在十二属相之内,有什么可奇怪的呢?"

原文

陆长源以旧德为宣武军行司马,韩愈为巡官。或讥年辈相悬,长源曰:"大虫老鼠俱为十二属相,何怪之有?"

明代杭州人邹虞被任命为延平知府。延平历来出产绣补(明清官服胸背的丝绣图案),亲友们都是预先找邹虞索求。后来他到了任所,发现绣补极少,只有四季的竹笋很多。有来访的人,他就拿笋送给他们,解释说:"在我的任内是'损有余,补不足'啊。"(引语出于《老子》,原意是截取有余者,弥补不足者;这里"损"谐"竹笋"之音,"补"隐"绣补"

之意。)

原文

武林邹虞知延平。延平素产绣补,亲友皆先从虞索之。后抵任,补绝少,惟四时多笋,过者以笋馈之。语曰:"吾任损有余,补不足也。"

西施教歌舞的地方,名叫西施山。明诗人袁宏道与陶望龄一同来这里游玩。陶望龄吟诗道:"宿几夜娇歌艳舞之山。"袁宏道笑着说:"这诗要注明含义,不然的话,将来会妨碍你获得'文恪'谥号的。"("文恪",即文章谨慎、恭敬。陶诗句意模糊,易生宿娼的误解,故而袁取以调笑。)

原文

西施教歌舞之地名西施山,袁宏道与陶望龄同游,陶诗云:"宿几夜骄歌艳舞之山。"袁笑曰:"此诗当注明,不然后日累君谥文恪也。"

晚明时,叶月潭胡须刚开始变白,有人告诉他说:"您的胡须有一两根在报信呢。"月潭便从衣袖中取出镊子将白胡须拔掉说:"报信者赏给一钱(与'钳'谐音)。"

原文

叶月潭须髯初白,或告之曰:"尊须有一二茎报信。"月潭遂于袖中取镊摘之曰:"报信者一钱。"

明人江盈科(字进之)考中了进士,他家很穷,前来报喜的人索要重赏,父亲被弄得极为狼狈,觉得十分烦闷。罗汝鹏前来看望并且安慰他说:"您就忍耐一下吧,生的儿子不肖,有什么办法?"听的人大笑起来。(不肖:这是说反话:儿子有出息,不像父亲的穷困潦倒。)

131

原文

江进之举进士，其父贫甚，为报捷者索重赏，至困，大觉愤懑。罗汝鹏过而慰之曰："公且耐，生儿不肖奈何？"闻者大笑。

明代袁宏道（字中郎）偶尔中了热症，减了些衣服，丘长孺对他说："天就要冷了，为什么不加衣服？"中郎说："加衣服恐怕会流鼻红（指鼻血）。"长孺笑着说："减衣服则怕会流鼻白（指鼻涕）。"

原文

袁中郎偶中热减衣，丘长孺谓之曰："天且寒，何不加衣？"中郎曰："加则恐流鼻红。"长孺笑曰："减则恐流鼻白。"

明代担任内阁的太仓人王荆石，生性有爱清洁的癖好，不轻易接待客人；而担任司寇的王世贞（号凤洲）性情坦率平易，接纳的客人很多。他们的同乡曹子念说："内阁是常清常净天尊，司寇是大慈大悲菩萨。"

原文

太仓王内阁荆石，性癖洁，不轻接引；司寇凤洲性坦易，多所容纳。其乡人曹子念曰："内阁是常清常净天尊，司寇是大慈大悲菩萨。"

潘方凯性情风流而缺乏常性，他早先与平康歌妓钟举亲昵，后来舍弃了她，又与董素卿相好。太史李本宁对他说："都是一样的'重'（"钟"繁体作"鍾"。"鍾"、"董"皆含"重"字），为什么要舍掉'金'而取个"草"呢'？"他回答说："都是一样的'重'，却是一个正一个偏。"李本宁笑着说："还是稍觉下部差了一些而已！"（"董"字中"重"字在下。）

潘方凯性风流不恒,先与平康妓钟举昵,后舍之,复与董素卿合。李本宁太史谓之曰:"均一重也,何舍金而取草?"对曰:"均一重也,为一正而一偏。"李笑曰:"略觉输下耳!"

梁朝的吴均有诗说:"秋风泷白水,雁足印黄沙。"沈约对他说:"'黄沙'一句显得太奇险。"吴均说:"也见到您的诗中说:'山樱发欲然'。"沈约说:"我刚刚'欲'然(通"燃"),您已经'印'过了。"

原文
梁吴均有诗曰:"秋风泷白水,雁足印黄沙。"沈约语之曰:"黄沙语太险。"均曰:"亦见公诗云:'山樱发欲然。'"约曰:"我始欲然,公已印讫。"

江西有个驿站的官员,以能干自居。有一次,他告诉刺史驿站的工作已经做好,请他去视察。第一间房子是酒库,各种酒都已经酿好,酒坛外面画着酒神像。刺史问道:"这是谁呀?"驿官说:"是酒神杜康。"又一间房子是茶库,各种茶都有储备,也有神像。刺史问他:"这个是谁?"驿官说:"是茶仙陆鸿渐。"又一间房子是腌菜库,各种腌菜都有储藏,也有神像。刺史问道:"这是哪个神?"驿官说:"是蔡伯喈。"(蔡为东汉文学家。将他误指为神,系由"蔡"、"菜"谐音而来。)

原文
江西有驿官以干事自任,白刺史驿已理,请一阅之。乃往,初一室为酒库,诸醖毕熟,其外画神。问曰:"何也?"曰:"杜康。"又一室茶库,诸茗毕贮,复有神。问:"何也?"曰:"陆鸿渐。"又一室菹库,诸茹毕备,复有神。问:"何神也?"曰:"蔡伯喈。"

明代驸马都尉梅殷镇守淮南,建文皇帝朱允炆即位后,他离开军营,入朝进见。皇上说:"都尉的功劳令人感念。"梅殷对答说:"臣只能接受其中的一半。"皇上说:"功劳只有大小之别,哪有整体、一半之分?"梅殷对答说:"有'劳'而无'功',这不是'功劳'的一半吗?"

原文

驸马梅殷守淮南,文皇正位,罢兵入见。上曰:"都尉功劳可念也。"对曰:"臣领其半。"上曰:"功劳唯有大小,安有全半?"对曰:"劳而无功,非半乎?"

龙大渠官做到太守,他的儿子德化刚刚被选为通判,大渠告诫儿子说:"你平时常开玩笑,做官后不能再这样了。"德化起身答应说:"堂尊接受教诲。"("堂尊"原是对官员或父母的尊称,这里用为自称,仍是玩笑。)

原文

龙大渠官至太守,其子德化初选通判,大渠戒曰:"尔平日多戏语,居官不得复尔。"德化起应曰:"堂尊承教。"

道学家说:"上天如果不生下孔子,千秋万世永远都像是黑夜。"明人刘谐说:"难怪伏羲皇帝以上的圣人,整天都是点着蜡烛走路呢。"

原文

道学者曰:"天不生仲尼,万古如长夜。"刘谐曰:"怪得羲皇以上圣人,尽日燃烛而行。"

东坡家中有歌舞妓数人。每次留客人喝酒时,他一定要说:"有几个涂脂抹粉的侍从,想出来听候使唤。"

原文

东坡有歌舞妓数人,每留宾客饮酒,必云:"有数个搽粉虞侯，欲出来只应也。"

宋代书法家米芾曾作诗说："饭白云有子，茶甘露有兄。"有人问他"露兄"有什么典故，他说："只是甘露的哥哥罢了。"

原文

米芾尝作诗云："饭白云有子，茶甘露有兄。"人问露兄故实，乃曰："只是甘露哥哥耳。"

宋哲宗元祐（1086－1093）年间有个姓陈的上舍，研究《春秋》，他与开封宋门的一个妓女相好。有一天两人在曹门一块儿喝酒，于是便用《春秋》中的句子和她开玩笑说："春正月会吴姬于宋，夏四月复会于曹。"（宋、曹在《春秋》中指宋国、曹国，这里则指宋门、曹门。）

原文

宋元祐有陈上舍，治《春秋》，与宋门一娼狎。一日会饮于曹门，因用《春秋》之文戏之曰："春正月会吴姬于宋，夏四月复会于曹。"

南朝齐人张融曾请假回家，皇帝问他家在哪里。他回答说："臣住在陆地上，但不是屋子；住在船上，但不在水里。"皇上不明白，就问张绪。张绪说："张融家接近东山，没有房屋，权且拉了一只小船上岸，住在里边。"皇上一听大笑起来。

原文

张融常乞假还，帝问所居，答曰："臣陆居非屋，舟居非水。"上未解，问张绪。绪曰："融近东山，未有居止，权牵小船上岸，住在其间。"上大笑。

访问北齐的南朝陈国的使者，见朝堂上有个长红胡须的人，回头对散骑常侍李骐骃说："那个红胡子的人是干什么的？"李骐骃回答说："是个衣冠整齐地站在朝堂上，可以让他与宾客对话的人。"（孔子弟子公西华名叫"赤"。《论语·先进》："赤，尔何如？"意思是："赤，你的志向如何？"这里以原文"赤也何如"的句式为戏。李的答话见《论语·公冶长》。）

原文

陈使聘齐，见朝廷有赤鬣者，顾谓散骑常侍李骐骃曰："赤也何如？"骐骃曰："束带立于朝，可使与宾客言者。"

齐高祖作了个谜语，用"卒律葛答"做谜面，谜底是煎饼。他又对众位大臣说："你们为我作一个谜，我替你们猜。"石动筩又说："卒律葛答。"高祖猜不出来，问道："这是什么东西？"石动筩回答说："这是煎饼。"高祖说："我先作过了，你为什么又作？"石动筩说："趁着皇上的热锅，再作一个。"高祖听了大笑。

原文

齐高祖作隐语，以"卒律葛答"为煎饼，复谓诸臣曰："汝等为我作一谜，我为汝射之。"石动筩复云："卒律葛答。"高祖射不得，问曰："此是何物？"答曰："是煎饼也。"高祖曰："我始作之，何因更作？"动筩曰："乘大家热铛子头，更作一个。"高祖大笑。

唐玄宗曾经登上北苑楼，远眺渭水，看见一个喝醉了酒的人躺在河边上，就问黄幡绰说："这是什么人？"黄幡绰说："是个年限已满的令史。"皇上说："你怎么知道？"回答说："再一转就入流了。"（"一转入流"为双关语：一是说，令史这些中央机构的低级事务员，年限满了，才能转为"入流"

的高层官员；二是说，一转身就会落入水流之中。）

原文

唐玄宗尝登北苑楼，望渭水。见一醉人临水卧，问黄幡绰曰："此是何人？"黄曰："是年满令史。"上曰："汝何以知？"对曰："更一转入流。"

唐玄宗与诸侯王们一起吃饭，宁王被呛住了，饭从嘴里喷了出来，直喷到玄宗的脸上。皇上说："宁哥怎么错喉（本指食物误入气管。与"错侯"谐音。此指本该做灭子的人却做了王侯）了？"黄幡绰说："不是错喉，是喷嚏（与"喷帝"、"喷弟"谐音）。"

原文

玄宗尝与诸王会食，宁王失口喷饭，直及龙颜。上曰："宁哥何以错喉？"黄幡绰曰："非错喉，是喷嚏。"

北齐高祖高欢曾让人读《文选》，其中有郭璞的《游仙》诗，连声赞叹。众学士都说："这首诗极精美，的确像皇上所说的那样。"石动筩站起来说："这诗有什么不得了，如果让我来作，会胜过他一倍。"高祖很不高兴，过了好一阵，说道："你是什么人？自己敢说作诗能胜过郭璞一倍，岂不该死？"石动筩当即说："如果不能胜过，臣甘愿去死。"于是放声说道："郭璞《游仙》诗说：'青溪千余仞，中有一道士。'臣作诗说：'青溪二千仞，中有两道士。'"高祖大笑起来，这才完事。

原文

齐高祖尝令人读《文选》，有郭璞《游仙》诗，嗟叹称善。诸学士皆云："此诗极工，诚如圣旨。"石动筩起云："此诗有何能，若令臣作，即胜伊一倍。"高祖不悦，良久语云："汝是何人，自言作诗能胜郭璞一倍？岂不合死？"动筩即云：

"若不胜，臣甘合死。"乃扬声曰："郭璞《游仙》诗：'青溪千余仞，中有一道士。'臣作云：'青溪二千仞，中有两道士。'"高祖大笑，乃止。

石动筩曾在国学中看博士的辩论说："孔子弟子显达者七十二人。"便问道："显达者七十二人，几人已成年，几人未成年？"博士说："经传上面没有记载。怎么能够考证出来？"石动筩说："已成年的有三十人，未成年的有四十二人。"博士说："根据什么文献？"回答道："《论语》上说：'冠者五六人'，五乘以六得三十人；'童子六七人'，六乘以七得四十二人。难道不是七十二人吗？"在座的人都大笑起来。

原文

石动筩尝于国学中看博士论云："孔子弟子达者七十二人。"因问曰："达者七十二人，几人已著冠，几人未著冠？"博士曰："经传无文，何因得考？"动筩曰："已著冠有三十人，未著冠有四十二人。"博士曰："据何文？"曰："《论语》云：'冠者五六人'，五六三十人也；'童子六七人'，六七四十二人也，岂非七十二人乎？"坐中皆大笑。

隋朝的侯白在州里被选拔为秀才，后来到了京城，与越国公杨素并排骑着马谈话。路旁有一棵槐树枯老而死，杨素就说："侯秀才理智过人，能让这棵树再活过来吗？"侯白说："可以呀。"杨素说："用什么办法？"侯白说："拿槐树子悬挂在树枝上，它就活了。"杨素问："为什么呢？"侯白说："子在，回何敢死！"（语出《论语·先进》。"子"本指孔子，这里转指槐树子；"回"本指颜回，"回"、"槐"音近，这里转指槐树）杨素听了大笑，差点摔下马来。

原文

隋侯白州举秀才，至京，与越国公杨素并马言话。路旁有槐树憔悴死,素乃曰:"侯秀才理道过人,能令此树活不?"曰:"能!"素云:"何计?"曰:"取槐树子于树枝上悬著即活。"素云:"何也?"曰:"子在,回何敢死!"素笑,几堕马。

隋文帝开皇年间,有个人姓出,名叫六斤,想参见杨素。带着名帖来到中央官署门前,遇到侯白,请侯白为他题上自己的姓名,侯白便写道:"六斤半。"名帖送入后,杨素召见了那个人,问他说:"你的姓名是六斤半?"回答说:"是出六斤。"杨素说:"为什么写六斤半?"那人说:"刚才请侯秀才写的,大概是写错了。"随即又把侯白叫来,对他说:"你怎么写错了人家的姓名?"侯白说:"不错呀。"杨素说:"如果不错,为什么姓出名六斤却写成六斤半?"回答说:"刚才在官署门前,正巧时间仓促,没有秤可以称,估摸着,只应是六斤半。"

原文

开皇中有人姓出,名六斤,欲参杨素。赍名纸至省门,遇侯白,请为题其姓,乃书曰:"六斤半。"名既入,素召其人问曰:"卿姓六斤半?"答曰:"是出六斤。"曰:"何为六斤半?"曰:"向请侯秀才题之,当是错矣。"即召白至,谓曰:"卿何为错题人姓名?"对曰:"不错。"素曰:"若不错,何因姓出名六斤乃题六斤半?"对曰:"向在省门,会仓卒,无秤可称,斟酌之,只应是六斤半。"

侯白去参加一个人的宴会,到达晚了,众人说:"罚你作一个谜语,一定不能深奥难猜或怪诞稀奇,也不能是胡乱拼凑、常人见不到的东西。"侯白说:"有物大如狗,面貌极似牛,这是什么东西?"有人说是獐子,有人说是鹿,侯白都说不是。于是就让他自己说出来,侯白说:"这是个牛犊子。"

满座的人哄堂大笑。

原文

侯白赴一人宴,后至,众曰:"罚尔作谜,必不得幽隐难识及诡谲希奇,亦不假合而成,人所不见者。"白即云:"有物大如狗,面貌极似牛,此是何物?"或云是獐,或云是鹿,皆云不是,即令自解云:"此是犊子。"满坐哗然。

隋朝河间郡的刘焯与堂侄刘炫,都有很深的儒学造诣,都犯法被关进了监狱。县吏不知道他们是大儒,所以有人就给他们戴上木枷。刘焯说:"终日枷中坐,却不见家(" 枷"、"家"谐音)。"刘炫说:"同时也是终日负枷坐,却不见妇("负"、"妇"谐音)。"

原文

隋河间郡刘焯与从侄炫,并有儒学,俱犯法被禁。县吏不知其大儒也,或与之枷着。焯曰:"终日枷中坐,而不见家。"炫曰:"亦终日负枷坐,而不见妇。"

唐人杜正伦讥笑任瑰怕老婆。任瑰说:"老婆应当怕的理由有三条:刚娶时像菩萨,难道人们不怕菩萨?生育后像鬼子母(佛教神名),难道人们不怕鬼子母?年老时满脸皱纹像鸠盘荼(佛教鬼名),难道有人不怕鸠盘荼吗?"

原文

杜正伦讥任瑰怕妻,瑰曰:"妇当怕者有三:初取时如菩萨,岂人不怕菩萨?既生育如鬼子母,岂人不怕鬼子母?年老面皱如鸠盘荼,岂有人不怕鸠盘荼耶?"

王玄同在荆州任职时,出面主持祭祀事务。偶然有一条狗来拉屎,玄同自己拿起一块砖来砸它。旁人怪他太轻率,问道:"干吗自己拿砖砸?"玄同说:"苟利社稷,专之亦可。"

（本意是：如果有利于国家，独断专行也可以。这里"社稷"特指祭坛，"专"借为"砖"。）

原文

王玄同任荆时，出主社事，偶有犬来遗秽，玄同自举砖击之，人怪其率，问曰："何为自举击之？"玄同曰："苟利社稷，专之亦可。"

唐朝的吏部侍郎杨思玄倚仗着皇家姻亲的高贵身份，对待候选的官员常常很不尊重，加以排斥。被候补官员夏侯彪起诉，御史中丞郎馀庆向皇帝上书弹奏，罢免了杨思玄的职务。中书令许敬宗说："我本来就知道杨吏部会垮掉。"有人问他原因，许敬宗说："一彪一狼（郎），共同对付一羊（杨），它怎么会不完蛋？"

原文

唐吏部侍郎杨思玄，恃外戚之贵，待选流多不以礼，而排斥之，为选人夏侯彪所讼，御史中丞郎馀庆弹奏免。中书令许敬宗曰："固知杨吏部之败也。"或问之，宗曰："一彪一狼，共著一羊，不败何待？"

唐臣李程在夏口任职时，有位客人向他告辞。李程说："暂且再待两三天。"客人说："已经出发了，船已经到了汉口。"李程说："只管相信住，那汉口不可信。"（双关语："相信住"，即在此连住两夜，也可理解为相信我住下来；"那汉口"，即"那汉子的嘴巴"，同时又扣合了地名）客人听了捂住嘴笑起来。

原文

李程为夏口日，有客辞焉，李曰："且更两三日。"客曰："业已行矣，舟船已在汉口。"李曰："但相信住，那汉口不足信。"客掩口而笑。

唐人薛昭纬在没考中进士之前，曾经到店铺去买鞋子，店主说："秀才的脚第几？"回答说："我带着脚来，没有给它定名次。"（"第几"一语可作双解：一是尺寸多大，一是排名第几。）

原文

薛昭纬未登第前，就肆买履，肆主曰："秀才脚第几？"对曰："昭纬作脚来，未曾与立行第几。"

南朝齐人庾杲之以清廉朴素自守，吃菜只有韭腌菜、韭生、韭杂菜。有人跟他开玩笑说："谁说庾郎贫穷，平常吃的佳肴有二十七种。"（"韭"音同"九"，"三九二十七"。）

原文

庾杲之清素自业，食唯有韭菹瀹、韭生、韭杂菜。或谓之曰："谁谓庾郎贫，食鲑常有二十七种。"

北宋丁谓（封晋国公）从贬官之地崖州回到北方，来家的客人们谈论天下的州郡哪里最雄伟昌盛。丁公说："只有崖州的名望最重。"客人问为什么，他回答说："你看，宰相只能做本州的司户参军，其他州怎么能比得上？"

原文

丁晋公自崖州还，坐客论天下州郡，何地最雄盛？公曰："唯崖州地望最重。"客问其故，答曰："宰相只作彼州司户参军，他州何可及？"

北宋词人秦观（字太虚）被御史贾某所弹劾，张耒（字文潜）开玩笑说："一千多年前贾生抨击秦（贾谊写《过秦论》抨击秦国），今天又是这样（指贾某抨击秦观）。"

原文

秦太虚为御史贾所弹，张文潜戏之曰："千余年前贾生过秦，今复尔也。"

明代礼部侍郎叶盛转任吏部侍郎，礼部尚书姚夔郑重地设宴招待他，趁机说道："我家乡的亲友求情的多，麻烦您操点心。"叶盛连声答应。不久，姚夔升为太宰（吏部尚书），叶盛带着酒前往祝贺，端着酒杯献给姚夔说："今天把这些乡亲送还给您了！"

原文

礼侍郎叶盛转吏侍郎，礼尚书姚夔设宴郑重，因曰："敝乡亲友干谒者众，烦公垂念。"叶唯唯。亡何，姚进太宰，叶携酒往贺，执杯献于姚曰："今日送乡里还先生矣！"

周文襄在吴中的时候，喜欢到佛寺里游览，旌旗所到之处，钟磬声交错奏鸣。他每到一所佛殿，必定跪拜。有人讥笑他，文襄笑着说："即便以年龄而论，他比我年长两三千岁，难道不值得一拜？"

原文

周文襄在吴中，好徜徉梵刹，旌旗所至，钟磬交接，每至佛殿，必拜。人或诮之，文襄曰："即以年齿论，彼长我二三千岁，岂不值得一拜？"

明人李东阳在京城招待前来参加会试的同乡贡生，酒过数巡后，都站起来辞谢。李公说："请停下来，有一道考场中的试题，希望大家商量一下是什么意思：'东面而征西夷怨，南面而征北狄怨。'"众人不明白。李公笑道："只是等着汤罢了。"（引文出自《孟子·梁惠王下》，原意是说，西夷北狄都在等待商汤首先解放自己。这里"汤"字语义双关：一是"商汤"，一是菜汤。）

原文

李东阳在京邸会试贡士,酒数行,俱起辞谢。公曰:"且止,有场中题愿商之:东面而征西夷怨,南面而征北狄怨。"众未解,公笑曰:"只是待汤耳!"

某太监任守备大员,倚仗身份高贵,自我夸耀,喜欢邀请士大夫做客,只有司徒王鸿儒不去。有人便以此为话柄。王司徒说:"往来虽然没有我,谈笑之中却有我。"(暗用唐代刘禹锡《陋室铭》句意:"谈笑有鸿儒,往来无白丁。")听到的人大笑。

原文

守备太监某,挟贵夸诩,喜延接士大夫,独王司徒鸿儒不往。或以为言,王曰:"往来虽无我,谈笑却有我。"闻者大笑。

明人熊际华远望演易台(周文王被商纣王拘禁后推演易卦之处),烟雨迷茫,无法见到,便笑着说道:"暂时隐遁慢慢滋养,演易台本该就是迷迷蒙蒙啊。"

原文

熊际华望演易台,迷烟雨不见,笑曰:"遵养时晦,宜其濛濛也。"

明臣熊敦朴被选拔为史馆官员,调到兵部,又降为通判,临行前去向宰相江陵人张居正道别。张公说:"您是我衙门里的官员,痛痒相关,此次赴任应该用心。"熊敦朴说:"老师恐怕不感到痛。"张相问是什么缘故,熊敦朴回答说:"王叔和《医诀》中说:'通就不痛,痛就不通。'"宰相大笑。

原文

熊敦朴与馆选,改兵部,左迁通判,往辞张江陵相公,公曰："公是我衙门内官，痛痒相关，此行宜着意。"熊曰："老师未见痛。"相公问故，答曰："王叔和《医诀》云：'通则不痛，痛则不通。'"相公大笑。

晋人王漾（字仲祖）听不懂蛮人语言，神情茫然地说："如果让春秋时介国国君介葛卢到朝中来，肯定能听懂这些话。"（介葛卢懂得牛的语言。）
原文
王仲祖闻蛮语不解，茫然曰："若使介葛卢来朝，故当不昧此语。"（介葛卢知牛语。）

东晋顾恺之（字长康）拜桓宣武（桓温）墓，作了一首诗说："山崩溟海竭，鱼鸟将何依？"有人问他说："您如此倚重桓温，哭他的情状如何呢？"顾长康说："鼻息就像广阔沙漠的长风，眼泪就像决口悬河的洪流。"
原文
顾长康拜桓宣武墓，作诗云："山崩溟海竭，鱼鸟将何依？"人问之曰："卿凭重桓乃尔，哭之状其可见乎？"顾曰："鼻如广漠长风，眼如悬河决溜。"

安鸿渐有清雅的才华却害怕老婆。妻子的父亲死了，他就在路上哭。妻子把他喊到灵幔的后面骂道："路上哭怎么没有眼泪？"又警告说："明天早晨哭吊时必须有泪。"安鸿渐第二天用毛巾包着湿纸放在额角上，用力敲打着额角大哭。哭罢，他妻子又把他叫进来察看，惊奇地说："眼泪怎么从额头上流下来？"他答道："水都是出自高原。"听到的人大笑。
原文
安鸿渐有清才，而复惧内。妇翁死，哭于路，其妻呼入缞幕中诟之曰："路哭何因无泪？"复戒曰："来日早临须见泪。"

渐明日以巾纳湿纸置于额,大扣其颡而恸。恸罢,其妻又呼入窥之,惊曰:"泪何从额流?"对曰:"水出高原。"闻者大笑。

明人潘景升家里虽然贫穷,而来访的客人却很多,一定要千方百计地备礼款送。他曾对罗远游说:"别人贫穷都有底(尽头),只有我穷没有底。"罗说:"为什么?"潘说:"穷客天天来,哪里会有底?"罗说:"穷客天天来,正是穷的底(根底)。"

原文

潘景升家虽贫,而客来者甚众,必百计以款送之。常谓罗远游曰:"人穷皆有底,余穷独无底。"罗曰:"何也?"曰:"穷客日来,岂有底乎?"罗曰:"穷客日来,正是穷底。"

隋朝诗人卢思道曾经在宾门外的太阳下面站立,李德林对他说:"为什么不站在树荫下面?"卢思道说:"热是很热,但我不能在林下站立。"("林"字双关:明指树荫,暗指德林。)

原文

卢思道常在宾门日中立,德林谓之曰:"何不就树荫?"思道曰:"热则热矣,不能林下立。"

晚唐的汝南人袁德师,曾在东都洛阳买到娄师德当年的园林,建起了藏书楼。洛阳人都说:"过去是娄师德园,今日却是袁德师楼。"

原文

汝南袁德师,尝于东都买得娄师德故园地起书楼。洛人语曰:"昔日娄师德园,今日却是袁德师楼。"

北齐尚书王元景出使梁朝,刘孝绰来送他,流下了眼泪。王元景没有眼泪,道歉说:"你不要怪我,离别之后我会泪流满面的!"

原文

王元景使梁,刘孝绰送之泣下。元景无泪,谢曰:"卿勿怪我,别后当阑干耳!"

谑语第八

吴苑说:"诙谐"与"戏谑",是同一类的。一类而分为两部分,不是文字上的画蛇添足吗?文字出现蛇足,即使许、李(当指东汉许慎、元代李文仲)之辈,尚且不能分辨,何况我呢?请允许我以苏之(本书编者曹臣)所辑录的各种言谈来确定这两个字的含义。只是嘲戏而未达到"虐"的程度就归入"谐",达到了"虐"的程度就归入"谑",所以"谑"字右半边从"虐",由此可以小有区分,于是列"谑语"为第八类。

吴苑曰:"诙谐"、"戏谑",一类耳。一类而两之,非字之蛇足乎?字既蛇足,即许李辈,尚不能辨,况我耶?吾请以苏之所取诸语定二字耳。第戏不及"虐"为"谐",及"虐"为"谑",故"谑"字从"虐",于此可以小分,乃次"谑语"第八。

北宋王安国（字平甫）身材魁梧，而眉清目秀。他曾在盛夏的时候进入翰林院，刚刚下马，汗水湿透了衣服，刘攽看见了笑他说："你真是所谓汗淋（音同"翰林"）学士呀！"

原文

王平甫躯干魁硕，而眉宇秀朗。尝盛夏入馆中，方下马，流汗浃衣，刘攽见而笑之曰："君真所谓汗淋学士也！"

宋人段少连是陈州人，晚年因出官差顺便回到家乡，与乡亲父老一起喝酒。段少连通晓音律，酒兴正浓时，自己吹起了笛子。在座的人中有懂音乐的，也都拿起乐器伴奏。有一个老年儒生独自感叹说："我命中没有金星的帮助，所以不会音乐。"段少连笑着说："岂止是金星，水星也没怎么帮忙。"（乐器又称"金石"，所以老儒误以为金星主管音乐。其实，古人以金星对应于"义"，以水星对应于"智"，所以段说他也未得水星帮忙。）

原文

段少连，陈州人，晚年因官还里中，与乡老会饮。段通音律，酒酣，自吹笛，坐中有知音者，亦皆以乐器和之。有一老儒独叹曰："某命中无金星之助，是以不能乐艺。"段笑曰："岂唯金星，水星亦不甚得力也。"

唐人贾嘉隐七岁时，因为有神童的名声被皇帝召见。当时的太尉长孙（复姓）无忌、司空李勣正在朝堂上站着交谈，李勣与贾嘉隐开玩笑说："我背靠的是什么树？"嘉隐回答说："松树。"李勣说："这是槐树，怎么胡乱说是松树？"嘉隐说："以'公'配'木'，就是松树。"无忌连声问道："我背靠的是什么树？"嘉隐说："槐树。"无忌说："这次你不能再乱编了吧？"嘉隐说："何须乱编，只是取以'鬼'配'木'的意思罢了。"李勣说："这孩子脸面丑陋，怎么会这么聪明？"嘉隐又应声说道:"胡脸还能做宰相,丑脸怎么就不能聪明?"原来李勣的样子长得像胡人。

原文

贾嘉隐年七岁,以神童召见。时太尉长孙无忌、司空李勣于朝堂立语,李戏之曰:"吾所倚者何树?"嘉隐对曰:"松树。"李曰:"此槐也,何忽言松?"嘉隐曰:"以公配木,则为松树。"忌连声问曰:"吾所倚者何树?"曰:"槐树。"无忌曰:"不能复矫对耶?"嘉隐:"何须矫对,但取其以鬼配木耳!"勣曰:"此小儿作獠面,何得如此聪明?"嘉隐又应曰:"胡面尚为宰相,獠面何废聪明?"勣状貌胡也。

苏东坡进入翰林院,凭着高超的才华戏弄列位公卿,各有评点,几乎说遍了,唯独对司马温公(司马光,死后封温国公)不敢加以褒贬。有一天与他一起讨论免役法、差役法的利弊,偶尔意见不合。回家后,正在摘掉头巾、解下衣带时,便连声呼叫:"司马牛!司马牛!"

原文

东坡登禁林,以高才狎侮诸公卿,率有标目,殆遍,独于司马温公不敢有所轻重。一日与共论免役、差役利害,偶不合,及归舍,方卸巾弛带,乃连呼曰:"司马牛!司马牛!"

苏轼(字子瞻)与姜制之一块儿喝酒,姜制之规定酒令说:"在座各位都说出一件物品,必须是药名。"于是就指着子瞻说:"你就是药名,子苏子(双关义:你是苏子)。"子瞻答道:"你也是药名,你如果不是半夏,就是厚朴。"大家问是什么理由,子瞻说:"如果不是半夏,不是厚朴,为什么说是姜制之(双关义:用姜炮制的)?"大家都笑得不能自持。

原文

苏子瞻与姜制之饮,姜举令云:"坐中各要一物,是药名。"乃指子瞻曰:"药名也,子苏子。"子瞻答曰:"君亦药名也,君若非半夏,定是厚朴。"众请其故,曰:"非半夏,非厚朴,何故曰'姜制之'?"众皆绝倒。

秦少章说,郭功甫(北宋郭祥正,字功甫)曾经路过杭州,拿出一卷诗来给东坡看,首先自己吟诵,声震林木。结束后,对东坡说:"祥正的这首诗能打几分?"东坡说:"十分。"祥正非常高兴。东坡说"七分是读,三分是诗。"郭听了很不愉快。

原文

秦少章云:郭功甫尝过杭州,出诗一轴示东坡,先自吟诵,声震林木。既罢,谓东坡曰:"祥正此诗几分?"坡曰:"十分。"祥正喜之。坡曰:"七分来是读,三分是诗。"郭不怿。

无锡人孙南公身材矮小,郝公琰开玩笑把他抱起来。孙南公说:"当年张江陵(明相张居正)抱着皇上即位,正是这个样子。"郝公琰说:"你不就是孙子(一语双关:一为孙先生,一为小孙儿)吗?"

原文

无锡孙南公躯干小,郝公琰戏抱之。孙曰:"当日张江陵抱主登位,正是如此。"郝曰:"汝非孙子耶?"

北宋书法家米芾(字元章)住在京城,服装怪异,戴着一个高檐帽,不肯让随从拿着,怕被他们弄脏了;坐轿时,因为轿的顶盖碍事,于是便把它撤掉,露着帽子坐在轿里。有一天,他从保康门出来,遇见了晁以道(晁说之,字以道),以道大笑。米芾下轿握住以道的手,问他说:"你说我像什么?"晁答道:"我说你像鬼章。"两人拍手大笑。当时西部边境上抓获了敌寨的首领鬼章,是用囚车押解进京的,所以晁以道把这事拿来调笑米芾。

原文

米元章居京师,被服怪异,戴高檐帽,不欲置从事之手,恐为所浣。即坐轿,为顶盖所碍,遂撤去,露帽而坐。一日出保康门,遇晁以道,以道大笑。下轿握手,问晁曰:"你道似甚底?"晁云:"我道你似鬼章。"二人抚掌绝倒。时西边获贼寨首领鬼章,槛车入京,故以道为戏。

隋朝的京兆尹杜公瞻,是卫尉杜台卿的侄子。杜公瞻曾经邀请阳玠到家里做客,酒兴正浓时,便开始调笑嘲弄他。公瞻说:"老兄既然姓阳,阳货确实侮辱过孔子。"阳玠说:"老弟既然姓杜,杜伯的确射杀过宣王。"

原文

隋京兆杜公瞻,卫尉台卿犹子也。尝邀阳玠过宅,酒酣,因而嘲戏。公瞻谓兄既姓阳,阳货实辱孔子。玠曰:"弟既姓杜,杜伯实射宣王。"

殿内将军、陇西人牛子充曾经对阳玠说:"你的羊有疥,恐怕不能烹饪食用。"阳玠说:"你的牛既已充盈,正好宰杀烹煮。"他又见阳玠吃芥菜,便说:"你名字叫玠,怎么还要吃芥菜?"阳玠回答说:"你既然姓牛,怎么还不忌牛肉?"("玠"、"芥"同音。)

原文

殿内将军陇西牛子充尝谓阳玠曰:"君羊有疥,恐不任厨。"玠曰:"君牛既充,正可烹宰。"又见玠食芥葅,曰:"君身名玠,何得复啖芥蕴?"对曰:"君既姓牛,何得不断牛肉?"

太仓县令张策,在云龙门与阳玠争论,被驳倒,他对阳玠说:"你本没有什么德行声望,居然与叔宝(晋人卫玠,字叔宝)名字相同。"阳玠高声说道:"你既然不是英雄,怎么敢与伯符(三国吴人孙策,字伯符)名字一样!"

原文

太仓令张策,在云龙门与阳玠议,理屈,谓玠曰:"卿本无德量,忽共叔宝同名。"玠抗声曰:"尔既非英雄,敢与伯符连讳。"

太子洗马、兰陵人萧翙,神情俊爽,富有辩才,他曾对阳玠说:"当年虞舜将共工流放到幽州,易北恐怕不是乐土。"阳玠回答说:"当年虞舜流放驩兜到崇山,江南哪里能算胜地!"(阳玠是幽州人,萧翙是江南人。)

原文

太子洗马兰陵萧翙,爽俊有才辩,尝谓阳玠曰:"流共工于幽州,易北恐非乐土。"玠曰:"放驩兜于崇山,江南岂是胜地。"

南朝宋人王彧的儿子王绚,只有五六岁,聪颖敏悟,外祖父何尚之极为欣赏,认为他是一个奇才。曾教他读《论语》,当读到"郁郁乎文哉"时,便与他开玩笑说:"可改为'耶耶乎文哉'。"("郁"、彧同音,又吴越人叫爹作"爷",也作"耶"。同音避讳,所以改"郁郁"为"耶耶")王绚回答说:"难道可以读作'草翁之风则舅'吗?"(《论语》:"草上之风必偃。""上"与外翁何尚之的"尚"同音,所以改"上"作"翁"。王绚舅舅叫何偃,所以改"偃"作"舅"。)

原文

宋王彧之子绚,年五六岁,警悟,外祖何尚之赏异焉。尝教读《论语》,至"郁郁乎文哉",因戏之曰:"可改'耶耶乎文哉'。"绚应曰："便可道'草翁之风则舅'乎？"

汉武帝时，郭舍人与东方朔比赛猜东西，比输了，皇上命令歌舞人的监管者捶打郭舍人。舍人痛得受不了，大声呼叫。东方朔说："咄！口上无毛，声音謷謷，屁股翘高。"舍人怨恨道："东方朔辱骂天子的侍从官，应当弃市（在闹市执行死刑，并暴尸街头示众）。"皇上问东方朔为什么骂他，东方朔回答说："臣不敢骂他，不过是为他作个隐语罢了。"皇上问："隐语是什么？"东方朔说："所谓口上无毛，说的是狗洞；声音謷謷，是乌鸦在喂雏鸟；屁股翘高，是鹤在低头啄食。"

原文
汉武帝时，郭舍人与东方朔校射覆不胜，上令倡监榜舍人。舍人不胜痛，呼暴。朔笑曰："咄！口无毛，声謷謷，尻益高。"舍人恚曰："朔擅诋欺天子从官，当弃市。"上问朔何故诋之，对曰："臣非敢诋之，乃与为隐耳。"上曰："隐云何？"朔曰："夫口无毛者，狗窦也；声謷謷者，乌哺彀也，尻益高者，鹤俯啄也。"

孙权曾设宴款待西蜀官员费祎，预先下令群臣只管低头吃饭，不要起身迎接。费祎到后，孙权暂停用餐，而群臣们都不起来。费祎说："凤凰来翔，麒麟吐哺（吐出口中食物）；骡驴无知，伏食如故（依旧低头吃食）。"

原文
孙权尝飨蜀士费祎，逆敕群臣伏食勿起。祎至，权为辍食，而群下不起。祎云："凤凰来翔，麒麟吐哺；骡驴无知，伏食如故。"

三国时人邓艾口吃，常常自称说："艾、艾……"晋文司马昭王调笑他说："你说的艾、艾，到底是几个艾？"邓艾回答："'凤兮凤兮'（出自《论语》），原本就一只凤。"

原文

邓艾口吃，语称艾艾。晋文王戏之曰："艾艾为是几艾？"对曰："凤兮凤兮，故是一凤。"

西晋的吴郡人蔡洪到了京城洛阳，洛阳人问他说："朝廷刚刚建立，中央官署招聘，从偏僻贫困之地寻找英才，从山林荒野之间征求贤士。吴楚地区的士子，败亡国家的遗民，能有什么奇异才干，前来接受此次荐举？"蔡洪回答说："夜光之珠，不一定出于孟津河；大型玉璧，不一定采自昆仑山。大禹生于东夷，文王生于西羌，圣贤的出现地点，未必在常规地区。从前武王伐纣，迁徙殷的顽民到洛邑，诸位莫非是他们的后代吗？"

原文

晋蔡洪赴洛，洛中人问曰："幕府初开，群公辟命，求英才于仄陋，采贤俊于岩穴。吴楚之士，亡国之余，有何异才，而应斯举？"答曰："夜光之珠，不必出于孟津；盈握之璧，不必采于昆仑。大禹生于东夷，文王生于西羌，圣贤所出，何必常处。昔武王伐纣，迁顽民于洛邑，诸君得无是其苗裔乎？"

西晋文人陆机在王武子家里坐着谈话，赶巧潘岳（字安仁）来到，陆机便站了起来。安仁说："清风吹到，乱物起来。"陆机应声说道："众鸟集聚。"

原文

陆机在王武子坐，偶潘岳至，陆便起。安仁曰："清风至，乱物起。"陆应曰："众鸟集。"

东晋大臣王导的妻子性情嫉妒。王导有多个妾住在别处的馆舍，妻子知道了，拿着菜刀就要前往。王导立即命人驾车去安排防范，他嫌牛走得太慢，手倒拿拂尘，用柄帮助打牛。蔡谟听说了此事，有一天，他到了王导那里，对他说："朝廷打算赐给你九锡大礼。"王导自谦一番，蔡谟说："没听说赐别的东西，只听说有短辕的牛车和长柄的拂尘。"

原文

王导妻妒。导有众妾在别馆，妻知之，持食刀将往。公遽命驾，患牛迟，手捉麈尾，以柄助打牛。蔡谟闻之，后诣王，谓曰："朝廷欲加公九锡。"王自叙谦，蔡曰："不闻余物，唯闻短辕犊车、长柄麈尾耳！"

东晋大臣诸葛恢与丞相王导，争讲他们家族姓氏的高低先后。王导说："人们为什么不说'葛王'？"诸葛恢回答说："譬如人们说'驴马'，驴怎么能胜过马呢？"

原文

诸葛恢与丞相王导，共争族姓先后。王曰："何以不言葛王？"答曰："譬如言驴马，驴安能胜马也？"

晋朝张天锡的从事中郎韩博，来江东进献表文并呈送盟约。韩博口才很好，东晋大司马桓温十分称赞。有一次大会宾客，桓温让司马刁彝对韩博说："你是韩卢（战国时韩国的名犬）的后代吗？"韩博说："你才是韩卢的后代。"桓温笑着说："刁彝是因为您姓韩，所以才这样问的。他自己姓刁，怎么会是韩卢的后代呢？"韩博说："先生只是欠考虑罢了。短尾巴的就是刁（与"貂"谐音，貂状似犬而尾短）。"满座的人全都大笑起来。

原文

晋张天锡从事中郎韩博，奉表并送盟文。博有口才，桓温甚称之。尝大会，温使司马刁彝谓博曰："卿是韩卢后？"博

曰："卿是韩卢后。"温笑曰："刁以君姓韩，故相问耳。他人自姓刁，哪得是韩卢后？"博曰："明公未之思耳，短尾者则为刁。"阖坐哄然。

前秦苻坚攻克襄阳，得到了习凿齿和高僧道安。当时习凿齿脚有病，苻坚接见了他，跟他谈话，非常高兴，慨叹说："当年晋朝平定吴国，收获是二陆（陆机、陆云），今天攻破南方，只获得了一个半杰出士人。"（戏称习凿齿跛脚，只算半个人物。）

原文

秦苻坚克襄阳，获习凿齿、释道安。时凿齿足疾，坚见之，与语，大悦，叹曰："昔晋平吴，利在二陆，今破南土，获士一人有半耳。"

西晋"竹林七贤"之一的王戎，二十岁左右时去拜访阮籍，当时刘公荣在座。阮籍对王戎说："碰巧我这里有两斗美酒，应当和您一块儿喝，他刘公荣没有份。"两人举杯劝饮，公荣一杯也没得着，但言谈嬉笑，三人没有区别。有人问阮籍这是为什么。阮籍回答说："胜过公荣的，不得不跟他饮酒；不如公荣的，不可不跟他饮酒。唯独公荣本人，可以不跟他饮酒。"

原文

王戎弱冠，诣阮籍，时刘公荣在坐。阮谓王曰："偶有二斗美酒，当与公共饮，彼公荣者无预焉。"二人交觞酬酢，公荣遂不得一杯，而言语谈戏，三人无异。或有问之者，阮答曰："胜公荣者，不得不与饮酒；不如公荣者，不可不与饮酒。唯公荣可不与饮酒。"

南朝齐时仆射徐孝嗣是东海人，他曾修缮高座寺，常常在那里闲居,这个时候,法云法师也在萧寺闲居。两人白天晚上各游二寺,却不相往来。徐孝嗣后来对法云说:"法师常常在高座上说法,却不游高座寺。"法云回答道:"施主既然侍奉萧门(指萧姓的南齐皇帝),为何不到萧寺来?"

原文

齐仆射东海徐孝嗣,修辑高座寺,多在彼宴息,法云师亦萧寺,日夕各游二寺,而不相往来。孝嗣尝谓法云曰:"法师常在高座,而不游高座寺。"答曰:"檀越既事萧门,何不至萧寺?"

梁朝的安成王萧侟,以擅长文词著名,可以与他相比的,只有河东人柳信言。然而柳信言内心虽然不服气,却无法与他抗衡。后来听说萧侟死了,柳信言当时担任吏部尚书,有些宾客在等他,只见他蜷着一条腿跳着走,连声说道:"独步来!独步来!"大家一片哄然大笑。

原文

梁安城王萧侟,以文词擅名,所敌拟者,唯河东柳信言。然柳内虽不服,而莫与抗。及闻侟卒,时为吏部尚书,宾客候之,见其屈一足跳,连称曰:"独步来!独步来!"众哄然大笑。

梁朝的陆晏子出访北魏,北魏派李谐到郊外迎接。在路过朝歌城的时候,陆晏子说:"殷朝的遗民,应该就在这里。"李谐说:"永嘉(西晋怀帝年号)时南渡,都去了江南。"

原文

梁陆晏子聘魏,魏遣李谐郊劳。过朝歌城,晏子曰:"殷之余人,正应在此。"谐曰:"永嘉南渡,尽在江外。"

梁朝时汝南人周舍,对僧人法云说:"孔子不喝盗泉的水，法师为什么手拿输石香炉（黄铜香炉。"输"、"偷"谐音）？"法云答道："施主既然可以成纛（军中大旗，代指将官。"纛"、"盗"谐音），贫僧为什么不能持输？"

原文

梁汝南周舍，谓沙门法云曰："孔子不饮盗泉之水，师何以捉输石香炉？"答曰："檀越既能成纛，贫道何为不执输？"

齐王元景担任尚书，性格虽然柔弱迟缓，但做起事来却很机敏。他有一小奴婢名叫典琴，有一次元景早晨起来，让她给找些吃的，称这为"解斋"。典琴说："您又没有斋戒，为什么说解斋？"元景笑着说："你取名叫典琴，哪里有琴可典（抵押）？"

原文

齐王元景为尚书，性虽懦缓，而每事机敏。有一奴名典琴，尝旦起，令索食，谓之解斋。典琴曰："公不作斋，何故云解斋？"元景笑曰："汝作字典琴，何处有琴可典？"

北齐的李庶没有胡须，当时的人都叫他"天阉"。崔谌对他说："我教给老弟一个种胡须的方法，用锥子尖到处刺成小孔，再把马尾巴插进去。"李庶说："把这个办法拿回去，先给您家族的人种眉毛，如果有效，然后再来种胡须。"崔家世代有难治的疾病，所以他这么说。

原文

北齐李庶无须，时人呼为天阉。崔谌谓之曰："教弟种须法，以锥锥遍刺作孔，插以马尾。"庶曰："持此还施贵族艺眉，有验，然后树须。"崔氏世有恶疾，故云。

北齐时，北海人王晞，字叔朗，担任大丞相府的司马，曾经与丞相府的祭酒卢思道一块儿参加修禊祭典的酒宴。王晞写诗说："日暮应归去，鱼鸟见留连。"当时有宦官传旨召见王晞，王晞骑马奔驰而去。第二天，卢思道问王晞说："昨天脸色红艳时被皇上召见，是否因为鱼鸟的留连而得了富贵？"王晞说："昨天晚上十分快活，却因为喝多了酒受到责罚，你们也是我留连的东西之一，哪里仅只是鱼鸟。"

原文

北海王晞，字叔朗，为大丞相府司马。尝共相府祭酒卢思道禊饮，晞赋诗曰："日暮应归去，鱼鸟见留连。"时有中使召晞，驰马而去。明旦思道问晞："昨被召以朱颜，得无以鱼鸟致贵？"晞曰："昨晚陶然，颇以酒浆被责，卿等亦是留连之一物，何独鱼鸟而已。"

范阳人卢叔虎，有十个儿子，老大叫畜生，最有才情。卢思道对别人说："我堂叔有十个儿子，都不如畜生。"

原文

范阳卢叔虎，有子十人，大者字畜生，最有才思。卢思道谓人曰："从叔有子十人，皆不及畜生。"

北齐时，高平人徐之才的父亲徐雄、祖父徐成伯，都以方术见长，世代传承这一专业。纳言（官名）祖孝征戏弄徐之才，叫他作"师公"（巫师等的称呼）。徐之才说："既是你的老师，又是你的亲公，在父、师、君三种尊贵者中，一下子就占了两种。"

原文

高平徐之才，父雄，祖成伯，并善方术，世传其业。纳言祖孝征戏之，呼为师公。之才曰："既为汝师，又为汝公，在王之义，顿居其两。"

北齐徐之才曾用嬉戏的言谈调侃仆射魏收，魏收注目细看徐之才，说："你的脸像小家方相。"之才答道："如果是这样的话，那就是埋葬你时的用具。"

原文

徐之才常以剧谈调仆射魏收，收熟视之曰："面似小家方相。"之才答曰："若尔，便是卿之葬具。"

唐人韦庆本的两个耳朵向前卷曲，朝廷官员多称他为"卷耳"，他有一个女儿被选入宫中做妃子，长安公松寿见到后祝贺他说："我原本就知道您的女儿会做妃子的。"韦庆本说："你怎么知道？"松寿于是便摸着他的耳朵把它卷起来说："卷耳，后妃之德。"（语出《诗序》，原意是说，《诗经》中的《卷耳》这首诗，讲的是皇后与妃子的品德。）

原文

唐韦庆本两耳前卷，朝上多呼之为"卷耳"。有女选入为妃，长安公松寿见而贺之曰："仆固知足下女得为妃。"庆本曰："何知之？"松寿乃自摸其耳而卷之曰："卷耳，后妃之德。"

唐代秋官侍郎狄仁杰，曾跟同僚侍郎官卢献开玩笑说："您（卢）配马便成为驴。"卢献说："把您（狄）从中间劈开，便成为两只犬。"狄仁杰说："狄，犬字旁加个火字。"卢献说："犬旁边有火，那是煮狗。"

原文

秋官侍郎狄仁杰戏同官郎卢献曰："足下配马乃作驴。"献曰："中劈明公，乃成二犬。"杰曰："狄字，像火也。"献曰："犬边有火，乃是煮狗。"

初唐诗人张昌龄对苏味道说："我的诗之所以比不上您，是因为没有'银花合'。"（苏诗《正月十五夜》有"火树银花合"之句）苏味道说："您的诗虽然没有'银花合'，却有'金铜钉'。"昌龄诗中有"今同丁令威"的句子。

原文

张昌龄谓苏味道曰："某诗所以不及公者，为无'银花合'也。"苏曰："子诗虽无'银花合'，有'金铜钉'。"昌龄有"今同丁令威"之句。

唐人窦晓身材矮小，眼睛大，眼珠凸出；乐彦玮身材高大，露着牙齿。乐彦玮嘲弄窦晓说："您很有功德。"旁边的人很奇怪地问是什么意思，乐彦玮说："既缺少肉（暗指其身材矮小。肉字双义），又是精进（精心上进，暗指其眼珠凸出。"精"、"睛"谐音），岂不是大有功德？"窦晓回答说："您自己大有功德，为什么还要说我窦晓？"别人问是什么缘故，窦晓说："乐公从小就是长斋（可解为长期吃斋，又与"长哉"谐音）。"又问他"长斋"的意思，窦晓说："身材这么高，牙齿像山崖，难道还不是长斋？"众人听了大笑。

原文

窦晓形容短小，眼大露睛；乐彦玮身长露齿。彦玮弄窦云："足下甚有功德。"旁人怪问，彦玮曰："既复短肉，又复精进，岂不大有功德？"窦应曰："公自大有功德，因何道晓？"人问其故，窦曰："乐公小来长斋。"又问长斋之意，窦云："身长如许，口齿齐崖，岂不是长斋？"众大笑。

唐代裴度（封晋国公）还在宰相职位的时候，曾有人寄来了一枝槐瘿（槐树上的赘生物），裴公想把它削成一个枕头。当时的郎中庾威，世人都说他知识广博，裴公就把他召来，请他辨别一下。庾威拿在手里观察了好久，告诉裴公说："这槐瘿是雌树上的，恐怕不能用。"裴度说："郎中的年龄多大了？"庾威说："我和您都是甲辰年生。"裴公笑着说："郎中便是雌甲辰。"

原文

裴晋公度在相位日，有人寄槐瘿一枚，欲削为枕。时郎中庾威，世称博物，召请别之。庾捧玩良久，白曰："此槐瘿是雌树生者，恐不堪用。"裴曰："郎中甲子多少？"庾曰："某与令公同是甲辰生。"公笑曰："郎中便是雌甲辰。"

唐代大诗人白居易与张祜初次相见，对他说："久仰您的大名，我还记得您的款头诗。"张祜吃惊地说："白舍人说的是什么？"白居易说："'鸳鸯钿带抛何处，孔雀罗衫属阿谁？'（《感王将军柘枝妓殁》）这不是款头诗是什么？"张祜笑着回答道："张祜也记得舍人的《目连变》（变文名）。"白居易说："是什么？"张祜说："'上穷碧落下黄泉，两处茫茫皆不见。'（《长恨歌》）这不是《目连变》是什么？"

原文

白居易与张祜初相见，谓曰："久钦藉甚，记得款头诗。"祜愕然曰："舍人何所谓？"白曰："'鸳鸯钿带抛何处，孔雀罗衫属阿谁？'非款头诗何耶？"张笑而答曰："祜亦记得舍人《目连变》。"白曰："何也？"曰："'上穷碧落下黄泉，两处茫茫皆不见。'非《目连变》何耶？"

晋朝人张湛，喜在房前种松柏；袁山松出游，喜叫随从唱挽歌。时人议论说，张是屋下陈放尸体，袁是路上送葬。

原文

晋张湛好于斋前种松柏；袁山松出游，好令左右挽歌。时人谓张屋下陈尸，袁道上送殡。

西晋人陆云（字士龙）与荀隐（字鸣鹤）两人还未相识时，一次在张华（字茂先）家里相逢了。茂先让他们自我介绍，因为两人都有超凡的才华，可以不作那些通常的话语。陆云高声说道："云间陆士龙。"荀隐说："日下荀鸣鹤。"陆云说："既然青天开阔，看见了白色野鸡（暗指鸣鹤），为何不张开你的弓，搭上你的箭？"荀隐说："本来以为是云龙矫健，原来却是山鹿野麋（暗指士龙）。兽小弓强，所以发箭迟缓。"张华拍掌大笑。

原文

陆士龙、荀鸣鹤二人未相识，俱会张茂先所。茂先令接语，以并有大才，可勿常谈。陆抗声曰："云间陆士龙。"荀曰："日下荀鸣鹤。"陆曰："既开青天，睹白雉，何不张尔弓，布尔矢？"荀曰："本谓云龙骙骙，乃是山鹿野麋，兽微弩强，是以发迟！"张抚掌大笑。

晋朝刘道真遭遇兵乱，在河边替人拉纤。看见一个老妇人摇橹，道真嘲笑说："女子为何不调机弄杼织布，为什么要来到河里摇橹？"妇人说："大丈夫为何不跨马挥鞭出征，为什么要泡在河边拉纤？"

原文

晋刘道真遭乱，于河侧与人牵船，见一老妪操橹，道真嘲之曰："女子何不调机弄杼，因甚傍河操橹？"女曰："丈夫何不跨马挥鞭，因甚傍河牵船？"

唐人刘文树的胡须长在下巴的下面，貌似猴子。他生怕黄幡绰嘲笑自己，就暗中地贿赂他。幡绰说道："文树并不像猢狲，猢狲十分像文树。"

原文

刘文树髭生颔下，貌类猴，恐黄幡绰见嘲，乃密赂之。幡绰言曰："文树不似猢狲，猢狲强似文树。"

苏东坡任湖州知州时，曾经与客人一起游览道场山。他让随从退下，然后走了进去。见到有个和尚倚着房门睡觉，东坡开玩笑说："髡阃上困。（和尚在门上睡觉）"有个客人回答道："为什么不用钉顶上钉（用钉在头顶上钉）？"

原文

东坡知湖州，尝与宾客游道场山，屏退从者而入。有僧冯门熟睡，坡戏曰："髡阃上困。"有客即答曰："何不用钉顶上钉？"

唐朝的进士曹唐的《游仙》诗，才情飘逸。岳阳太守李远每当吟起这首诗，就想见到他这个人。有一天，曹唐去拜访他，李远急忙出来迎接。曹唐仪表身材伟岸高大，李远开玩笑地说："以前没有见到尊容，以为可以乘坐鸾鸟白鹤，现在看到，才知道强壮的水牛也拉不动啊！"

原文

唐进士曹唐《游仙》诗，才情飘缈。岳阳守李远每吟其诗，而思其人。一日曹往谒之，李倒屣而迎。曹仪质充伟，李戏之曰："昔者未见标仪，将谓可乘鸾鹤；此时拜见，安知壮水牛不胜其载矣！"

唐朝时，营丘有个姓陈的富豪，染上了麻风病，大家都称他为"陈癞子"。听到别人这样称呼，他都很不高兴。遇到有人奉承，说他苦恼的病有所减轻，他就会拿丰盛的酒饭来款待。有的游客为了沾到这方面的好处，就对他说："您的病近些日子特别见轻。"陈氏高兴地设酒招待，并赠送钱财。客人要离开的时候，又对他说："你这病还是个有添有减的症。"陈氏问："怎么回事？"客人说："添就是添些肉泡，减就是减小鼻孔。"陈氏很不高兴。

原文

唐营丘有豪民姓陈者，染大风疾，众称之为"陈癞子"，闻人称之，皆不欲。人有诛其所苦减退，则酒食延待优丰。有游客心利所沾，谓曰："足下之疾近日尤减。"陈欣然命酒赠资。客将去，又谓曰："此疾还是添减症。"曰："何也？"客曰："添者添上肉泡，减者减却鼻孔。"陈不悦。

晋代人许询（字玄度）带着他的弟弟出了都城去结婚，恭候的人们无不十分敬仰。等到达以后，见他的弟弟竟非常呆痴，众人都想嘲弄他，玄度就替他出面应对。刘惔（字真长）笑着说："玄度为弟弟结婚设了十层铁屏幕。"

原文

许玄度将弟出都婚，诸人无不钦迟。既至，见其弟乃甚痴，都欲嘲弄之，玄度为作宾主相对。刘真长笑曰："玄度为弟婚施十重铁步障。"

东汉末年，司马防曾经荐举曹操做比部尉，后来，曹操做了魏王，召司马防到邺都，和他一起欢畅地饮酒，对他说："我今天还可以再去做法部尉吗？"司马防说："当初举荐大王时，恰好只适合做法部尉。"

原文

司马防尝举曹公为比部尉，后曹公进爵为王，召防到邺，与欢饮，语之曰："孤今日可复作尉不？"防曰："昔举大王时，适可作尉耳。"

南朝时，刘谅与湘东王萧绎友好。萧绎的一只眼瞎了，一天和刘谅同游江滨，感叹秋景之美。刘谅说：今天可说是'帝子降于北渚'。"萧绎道："你是说'目眇眇而愁予'吗？"（屈原《九歌》："帝子降兮北渚，目眇眇兮愁予。"）从此便厌恶刘谅了。

原文

刘谅为湘东王所善,湘东一目眇,一日与谅共游江滨,叹秋望之美。谅曰:"今日可谓'帝子降于北渚'。"湘东曰:"卿言'目眇眇而愁予'耶?"由此嫌之。

隋朝人侯白喜欢乱开玩笑。有一天杨素与牛弘一起退朝回家,侯白对他们说:"日之夕矣。"杨素说:"你要说我们是'牛羊下来'吗?"(《诗经·王风·君子于役》:"日之夕矣,牛羊下来。"意思是,天色已晚,牛羊归来。此处戏指牛、杨二人。)

原文

侯白好俳谑,一日杨素与牛弘退朝,白语之曰:"日之夕矣。"素曰:"以我为'牛羊下来'耶?"

柳机、柳昂在北周都担任朝廷要职,宰相杨里废周立隋后,他们都做了地方官。当时杨素正在当权,借着隋文帝设宴的机会,杨素开玩笑地对柳机说:"二柳(指柳机、柳昂)一并倒掉。"柳机回答道:"不如孤杨(指杨素)独耸。"

原文

柳机、柳昂,在周朝俱历要任,隋文帝受禅,并为外职。时杨素方用事,因文帝赐宴,素戏语机云:"二柳俱摧。"机答曰:"不若孤杨独耸。"

西晋大将王浑与妻子钟氏共同坐在堂上,见儿子武子(晋代王济,字武子)从庭前走过,王浑高兴地对妻子说:"生了这样的儿子,足以使人感到快慰。"妻子笑着说:"如果让我这个新媳妇能嫁给参军(王浑的弟弟王伦),生出的儿子,还不只是这样哩。"

原文

王浑与妇钟氏共坐,见武子从庭过,浑欣然谓妇曰:"生儿如此,足慰人意。"妇笑曰:"若使新妇得配参军,生儿故可不啻如此。"

晋代吴兴太守张玄之八岁时,乳牙掉了,前辈贤达知道他不同寻常,故意挑逗他说:"你的嘴里为什么开了个狗洞?"张吴兴应答道:"正是为了使你们这些人从当中出入。"

原文

张吴兴年八岁,亏齿,先达知其不常,故戏之曰:"君口中何为开狗窦?"张应曰:"正使君辈从此中出入。"

晋人庾园客前去拜访秘书监孙盛(字安国),正巧孙盛出去了,见到他的儿子孙齐庄在门外,年纪还小,却很有神采。庾园客试探他说:"孙安国在哪里?"齐庄随即回答说:"在庾稚恭(庾园客的父亲庾翼,字稚恭)家。"庾园客笑着说:"诸孙大盛(兴盛义,音同齐庄父名),有这样的儿子。"齐庄又回答说:"不如诸庾之翼翼(繁盛貌,音同园客父名)。"回来后他又对别人说:"结果我胜利了,能两次叫出他父亲的名字。"

原文

庾园客诣孙监,值行,见齐庄在外,尚幼而有神意。庾试之曰:"孙安国何在?"即答曰:"庾稚恭家。"庾笑曰:"诸孙大盛,有如此儿。"又答曰:"未若诸庾之翼翼。"还语人曰:"我故胜,得重唤奴父名。"

东晋时,习凿齿、孙兴公两人互相不认识,他们同在重臣桓温那里相见。桓公对孙兴公说:"可以与习参军一块儿谈谈。"孙兴公说:"蠢尔荆蛮,敢与大邦为仇。"(语出《诗经·小雅·采芑》，意思是，愚蠢的楚国蛮子，竟敢与大国结仇。习凿齿为楚地襄阳人）习凿齿说："薄伐猃狁，至于太原。"（语出《诗经·小雅·六月》，意为，讨伐猃狁，直至太原。孙兴公为太原人。）

原文

习凿齿、孙兴公未相识，同在桓公坐。桓语孙："可与习参军共语。"孙云："蠢尔蛮荆，敢与大邦为仇。"习云："薄伐猃狁，至于太原。"

东晋桓嗣奴（字桓豹）是丹阳尹王混的外甥，长相很像他舅舅，桓豹奴非常忌讳。其伯父桓温说："不是经常相像，只是时而相像罢了。经常相像的是形体，时而相像的是神采。"桓豹奴更加不高兴。

原文

桓豹奴是王丹阳混外甥，形似其舅，桓甚讳之。宣武云："不恒相似，时似耳。恒似是形，时似是神。"桓愈不悦。

南宋诗人（杨万里，号诚斋）擅长开玩笑，曾对好色的人说："阎罗王并没叫你去，自己却请求押到，这是为什么？"

原文

杨诚斋善谑，尝谓好色者曰："阎罗王未曾唤，自求押到，何也？"

东晋时，王文度、范荣期都受到了简文帝司马昱的邀请，范的年龄大而职位小，王的年龄小而职位大。准备去的时候，两个人互相推让对方走在前面。推让了好久，结果是王走在范的后面。王对范说："簸箕簸扬，秕糠飘在前面。"范说："流水淘汰，沙砾落在后头。"

原文

文度、范荣期俱为简文所要，范年大而位小，王年小而位大。将前，更相推在前，既移久，王遂在范后。王因谓曰："簸之扬之，糠秕在前。"范曰："洮之汰之，沙砾在后。"

东晋人祖广走路时经常缩着头。有一天他去探望桓玄（袭爵南郡公），刚刚下车，桓南郡说："天气十分晴朗，祖参军却好像是从滴水的屋檐下走过来的。"

原文

祖广行恒缩头。诣桓南郡，始下车，桓曰："天甚晴朗，祖参军如从屋漏中来。"

唐臣姜师度喜欢修渠引水，每到一地，必定要征调群众开凿，虽然有时并不顺利，而做成的事情却越来越多。在此之前，太史令傅忠孝善于根据天象变化预测吉凶，有人为他们编了两句话："傅忠孝两眼看天，姜师度一心穿地。"

原文

姜师度好沟洫，所在必发众穿凿，虽时有不利，而成功益多。是先，太史令傅忠孝善占星纬，人为之语曰："傅忠孝两眼看天，姜师度一心穿地。"

唐宋，御史大夫高骈以西川节度副史镇守成都，让酒佐薛涛制个一字酒令，说："必须是一个象形字，又要后面押韵。"高公说："口，好似没底儿的斗。"薛涛说："川，好似三条椽。"高公说："为什么有一条是弯的？"薛涛说："大人任西川节度使，尚且使用没底儿的斗，我做酒佐的，三条椽中只有一条弯的，有什么可奇怪的？"

原文

高骈镇成都，命酒佐薛涛为一字令，曰："须是一字象形,又须逐韵。"公曰:"口,有似没量斗。"涛曰:"川,有似三条椽。"公曰:"奈何一条曲?"涛曰:"相公为西川节度,尚使没量斗,酒佐三条椽,内唯一条曲,何足怪?"

桓温自认为与晋宣帝司马懿、司空刘琨为同样出色的人物。因出征回到北方,得到了一个奴婢,一问,原来是刘琨的歌妓。有一天,他问道:"我像刘司空吗?"女子回答说:"像得很。"桓温说:"哪里像?"女子说:"脸很像,遗憾的是薄了一些;眼很像,遗憾的是小了一些;胡须很像,遗憾的是红了一些;身材很像,遗憾的是矮了一些;声音很像,遗憾的是有些女人腔。"桓温于是摘下帽子,解了衣带,迷迷糊糊地睡下了,一连几天都不高兴。

原文

桓温自比宣帝、刘琨之俦,征还北方,得一婢,问之,乃刘琨妓女也。一日问曰:"吾似刘司空不?"曰:"似甚。"曰:"何似?"曰:"面甚似,恨薄;眼甚似,恨小;须甚似,恨赤;形甚似,恨短;声甚似,恨雌。"温于是褫冠解带,昏然而睡,不怡者累日。

齐地气候比较寒冷,往往入春很久,种子还不发芽。这一年刚刚立春,有个乡村老人带着一筐苜蓿,去送给艾子,并且说:"这是刚长起来的,还没敢尝,先送给您享用。"艾子高兴地说:"麻烦您送来新鲜菜。我享用以后,下面该是哪个?"老人说:"献给您以后,就割去喂驴了。"

原文

齐地多寒,春深未荐甲。方立春,有村老挈苜蓿一筐,以馈艾子,且曰:"初生未敢尝,谨先以荐。"艾子喜曰:"烦汝致新。我享之后,次及何人?"曰:"献公罢,即刈以喂驴也。"

明代翰林学士吴宽退休还家,去拜访隐士邢量。邢量正在自己做羹汤,吴公问道:"你也会调羹吗?"邢量说:"这就像您敲我的柴门一样,终究是勉强支应啊。"

原文

吴阁老宽致仕到家,访山人邢量。邢方自炊羹,公曰:"卿亦知调羹耶?"邢曰:"如公之扣蓬门,终是勉强从事!"

明代大文人王世贞(号凤洲)有一位门客喜欢下棋,可棋艺并不高。他看见王公过来,就站起来说:"我的棋不值得看。"王公说:"你的棋很好,只会进步,不会退步。"

原文

王凤洲门有客着棋者,甚劣。见公至,起曰:"某棋不足观。"公曰:"君棋甚佳,但长不落。"

明代丞相严讷是苏州人,脸上有麻子,苏州俗语嘲讽这叫"盐豆"。丞相高拱是河南人,作文章经常打腹稿,河南俗语嘲讽这叫"盗草"。有一次两人相遇,高拱讥笑严讷说:"您的豆在脸上。"严讷说:"您的草在肚子里。"

原文

苏州严相公讷,面麻,俚语于苏州有盐豆之诮。河南高相公拱,作文常用腹稿,俚语于河南有盗草之诮。二公相遇,高诮严曰:"公豆在面上。"严曰:"公草在腹中。"

明代时,苏州的妓女张好儿,虽然已经是徐娘半老,但风韵婉丽,十分漂亮,年轻人都争着与她结好交欢。有个太医院的吏目杜君拉着她去游虎丘,他眼盯着张好儿说:"老是老,毕竟也是个小娘(妓女别称)。"张好儿回答说:"你小是小,毕竟也是个老爹(称做官者)。"同游的人无不捧腹大笑。

原文

吴门妓张好儿,虽是徐娘老景,然婉丽而美,少年争交欢之。有太医院目杜君拉游虎丘,觑张曰:"老便老,终是小娘。"张答曰:"小便小,终是老爹。"同游者无不捧腹。

明代诗僧克文,才华出众。刚开始学作诗时,曾经请郝公琰来做评点,郝公琰说:"法师一定要好好请我吃一顿,不然的话,必定要拿法师的诗颠倒黑白胡乱评点。"罗远游笑着对克文说:"法师不要受郝瘦子的欺骗,您的诗毕竟没有什么可涂抹的地方。"

原文

诗僧克文,有俊才。初学诗,常质于郝公琰,郝曰:"师必大作斋啖我,不然,必以师诗颠倒点抹。"罗远游笑谓克文曰:"师毋受郝瘦儿欺,尊诗总无抹处。"

东汉人黄琬(字子琰)自幼聪慧,凭借祖父黄琼做太尉,得到了童子郎的职务。当时司徒盛允有病,黄琼就派子琰前去问候,正赶上黄琬故乡江夏郡关于蛮贼情况的报告送到。盛允打开报告看过一遍,戏弄子琰说:"江夏是个大地方,却是蛮人多士人少。"子琰拱手回答道:"蛮夷乱我华夏,责任在于司徒。"

原文

黄琬少敏慧,以祖太尉琼得拜童子郎。时司徒盛允有疾,琼遣子琰候问,会江夏上蛮贼事副府。允发书视毕,戏子琰曰:"江夏大邦,而蛮多士少。"子琰奉手对曰:"蛮夷滑夏,责在司徒。"

蔡君谟调侃陈亚说:"陈亚有心终是恶。"("亚"下加"心"则为"恶"字。此为拆字游戏,兼作调侃)陈亚回应道:"蔡襄无口便似衰。"("襄"字去掉两个"口"则近似"衰"字。)

原文

蔡君谟戏陈亚曰:"陈亚有心终是恶。"陈应曰:"蔡襄无口便成衰。"

三国时,魏宣王司马懿征召周泰做宣城太守,尚书钟毓调侃周泰说:"你刚脱去布衣到大将军府做官,短短三十六天,仪仗盛大,镇守兵马郡,这就好比乞丐坐小车,何等快哟!"周泰说:"您是名公的后代,少年时就富有文采,却固守着一个职位,这就好比猴子坐牛车,何等慢啊!"

原文

司马宣王辟周泰为宣城太守,尚书钟毓调泰曰:"君释褐登宰府三十六日,拥麾盖守兵马郡,乞儿乘小车,一何驶!"泰曰:"君名公之子,少有文采,固守吏职,猕猴乘土牛,一何迟也!"

隋诗人卢思道曾对通直郎渤海人封孝骞说:"你既然姓封,该是封豕(古籍所载大猪)的后代。"封孝骞说:"你既然姓卢,该是卢令(古籍所载猎狗)的后代。"

原文

卢思道尝谓通直郎渤海封孝骞曰:"卿既姓封,是封豕之后。"曰:"卿既姓卢,是卢令之后。"

北宋沈括(字存中)正在洗澡,刘攽(字贡父)突然哭他说:"可怜存中死掉了。"大家惊异地问他是怎么回事。他说:"已经是'盆成括'了。"(《孟子·尽心下》:"死矣盆成括也。""盆成括"是人名。这里洗澡盆里盛了沈括,谐音便是"盆盛括"。)

原文

沈存中方就浴,刘贡父遽哭之曰:"存中可怜已矣。"众愕问之,曰:"盆成括矣。"

北宋殿中丞丘浚,曾在杭州拜见释珊和尚。释珊在会见时十分傲慢。不一会儿,有太守的子弟来拜访他,释珊走下台阶迎接,非常恭敬。丘浚对此愤愤不平。等子弟退走后,丘浚问道:"和尚接待我丘浚十分傲慢,而接待太守的子弟为什么却如此恭敬呢?"释珊说:"接是不接,不接是接。"丘浚生气地站起身来,用手杖连打了释珊几下子,说道:"打是不打,不打是打。"

原文

殿中丞丘浚,尝在杭州谒释珊,见之殊傲。顷之,有州将子弟来谒,珊降阶接之甚恭,丘不能平。伺子弟退,乃问珊曰:"和尚接浚甚傲,而接州将子弟乃尔恭耶?"珊曰:"接是不接,不接是接。"浚勃然起,杖珊数下,曰:"打是不打,不打是打。"

曹娥秀,是元代京城的名妓,生性聪慧,容貌、技艺都极为出色。有一天,书画家元代鲜于枢(字伯机)举行宴会,座上宾客都是名士。鲜于因为有事进了房内,就让曹娥秀给大家斟酒。刚斟了一遍,鲜于从房内出来。一个客人说:"伯机没喝。"曹娥秀也说:"伯机没喝。"客人笑着说:"你拿伯机的名字称呼他,可以说是亲爱之极。"鲜于假装生气地说:"小鬼头竟敢这样无礼!"曹娥秀说:"我叫伯机就不行了,只许你叫'王羲之'吗(鲜于枢崇仰王羲之书法,所以拿来比并)?"满座的人都大笑起来。

原文

曹娥秀,京师名妓也。赋性聪慧,色艺俱绝。一日鲜于伯机开宴,坐客皆名士,鲜于因事入内,命曹行酒。适遍,公自内出,客曰:"伯机未饮。"曹亦曰:"伯机未饮。"客笑曰:"汝以伯机相呼,可谓亲爱之至。"鲜于佯怒曰:"小鬼头敢如此无礼!"曹曰:"我呼伯机便不可,只许尔叫'王羲之'也?"一坐大笑。

宋人程师孟做洪州知州,建造了一座静堂,自己十分喜爱,没有一天不来这儿。他写诗说:"每日更忙须一到,夜深常是点灯来。"李元规笑着说:"这是咏上厕所的诗。"

原文

程师孟知洪州,作静堂,自爱之,无日不到。作诗曰:"每日更忙须一到,夜深常是点灯来。"李元规笑曰:"此登溷诗也。"

北宋王文穆的夫人妒忌而又凶悍,王想娶侍妾,终于没能实现。他的后宅中建有一座房,名叫"三畏堂"。杨亿(卒谥文)调侃他说:"堂名可以改作'四畏'。"文穆问他怎么讲,文公说:"兼畏夫人。"

原文

王文穆夫人悍妒,欲置左右,竟不可得。后宅圃中作堂名"三畏"。杨文公戏之曰:"可改作'四畏'。"公问其说,曰:"兼畏夫人。"

北宋王巩(字定国)给东坡寄了一封信。东坡回信说:"您的新诗每一篇都很新奇,老拙这次真的赶不上了。用来使人困窘的器具(指诗艺),现在就打算移交给你了。"魏道辅见了笑道:"定国也很难办理移交手续,只是暂时代理而已。"

原文

王定国寄书于东坡,答书云:"新诗篇篇皆奇,老拙此回真不及矣。穷人之具,辄欲交割与君。"魏道辅见而笑曰:"定国亦难作交代,只是权摄已耳!"

顾临,字子敬,任翰林学士,他常常说:"赵广汉做京兆尹,很有治政声誉。假如让我来做,不难在他之上。"苏轼(字子瞻)笑着说道:"你做京兆尹,必须改姓。"顾临说:"姓什么?"子瞻说:"姓茅(与"冒"谐音,嫉妒之意),叫做茅广汉。"

原文

顾临子敬,为翰苑,每言:"赵广汉尹京,有治声。使我为之,不难当出其上。"子瞻笑曰:"君作尹,须改姓。"顾曰:"何姓?"曰:"姓茅,唤作茅广汉。"

宋人李居仁与郑辉是朋友,居仁年龄已过六旬,胡须全都白了。郑辉年轻轻率,竟称他为"李公",居仁便把胡须全部拔掉了。有一天,郑辉装作吃惊的样子说:"几天不见,丰采大大不同,为什么?"居仁脸上显出高兴的样子说:"怎么样?"郑辉说:"昔日皤然(白头的样子。"皤"音同"婆")一公,今日公然一婆。"

原文

李居仁与郑辉为友,居仁年逾耳顺,须尽白。辉少年轻侮,乃呼之为李公,居仁于是尽摘其须去之。一日,辉乃阳惊曰:"数日不见,而丰采顿异,何也?"居仁整容喜曰:"如何?"曰:"昔日皤然一公,今日公然一婆。"

东晋时,桓温年轻时与殷浩是好朋友,殷浩曾经作诗给桓温看。桓温调侃他说:"你以后千万小心,不要触犯了我,否则我就把你的诗拿出来给别人看。"

原文

桓温少与殷浩友善，殷尝作诗示温。温玩之曰："汝慎勿犯我，当出汝诗示人。"

三国时，曹操把祢衡送到刘表那里去，朝臣们都来参加告别宴会，并且互相叮嘱说："祢衡乖戾无礼，今天趁他还没到，我们大家都不起来，以此羞辱他一回。"等祢衡来到时，众人没一个起身，祢衡坐下放声哭叫起来。大家问他这是为什么，祢衡说："坐着的是坟墓，躺着的是尸体。处在尸体和坟墓中间，能不悲痛吗？"

原文

曹公送祢衡于刘表，众咸祖之，且相戒曰："祢衡勃虐无礼，今因其后至，当以不起折之也。"及衡至，众人莫肯兴，衡坐而大号。众问其故，衡曰："坐者为冢，卧者为尸，尸冢之间，能不悲乎？"

明代书画家陈继儒（号眉公）喜欢欣赏雪景，常常对客人说："古今有两大笨汉：袁安闭门，子猷回舟。明明是躲避寒冷，却找出那么多遮掩来。"

原文

陈眉公好赏雪，每谓客曰："古今二钝汉，袁安闭门，子猷返棹。明是避寒，作许题目。"

明太祖朱元璋问陈君佐说："我像从前的哪一位君王？"陈君佐说："陛下极像神农氏。"皇上问是什么原因，回答说："如果不是神农，怎么能尝百草？"皇上会悟了，大笑起来。原来是部队曾经缺粮，士卒多用草根、树皮做食物，当时皇上也与大家同甘共苦。

原文

我太祖问陈君佐曰:"朕似前代何君?"对曰:"陛下酷似神农。"上问其故,曰:"若非神农,何以得尝百草?"上悟,大笑。盖军中乏粮,士卒多以草根木皮为食,上亦同之。

南朝齐书法家王僧虔的儿子王慈,十岁时曾与蔡兴宗的儿子蔡约一起,到寺院里去拜佛。看见和尚们正在忏悔,蔡约调侃说:"众僧今日何等乾乾!"(暗谐王父"僧虔"之名。)王慈回应道:"你如此不懂礼节,何以振兴蔡氏之宗?"(暗谐蔡父"兴宗"之名。)

原文

王僧虔子慈,年十岁,同蔡兴宗子约,入寺礼佛。正见沙门等忏悔,约戏之曰:"众僧今日何乾乾?"慈应曰:"卿如此不知礼,何以兴蔡氏之宗?"

南朝齐人谢超宗看到王慈在学习书法,便问他说:"你的书法比起虔公(指王慈的父亲王僧虔)来怎么样?"王慈答道:"王慈的书法与父亲大人相比,就像用鸡来比凤。"超宗,就是谢凤的儿子。

原文

谢超宗见王慈学书,谓之曰:"叩即书何如虔公?"答曰:"慈书与大人,如鸡之比凤。"超宗,凤子也。

明朝时,北方有个妓女张莲英,非常聪明。篆刻家何震(号雪渔)和她十分亲密。一次同寝共枕,何抚摸着张的下部调戏她说:"这儿是朝天莲(暗含莲英之名)。"张说:"不,这是夜舒荷(暗含雪渔之姓)。"

原文

北妓张莲英慧甚,何雪渔与之密。因同寝,抚张私处戏之曰："此是朝天莲。"张曰："非也,是夜舒荷。"

苏东坡被贬官到黄州时,在山坡下面种了稻子,共有田五十亩,自己养了一头牛。有一天牛病了,东坡叫了牛医来治。牛医说弄不清病情。东坡夫人王氏智慧多,阅历多,她对东坡说:"这条牛是在发痘斑。治疗方法是用青蒿做成粥喂它。"照这个办法做了,果然见效。后来,苏轼把这件事讲给章子厚说:"我自从贬谪到这里以后,便成了老农,再没有快乐的事。谁知老妻仍能照料黑牡丹(牛的别名)呢!"子厚说:"我本想留下跟你谈谈话,恐怕人们又说我是来找牛医儿(东汉名士黄宪的父亲是牛医。这里戏指王夫人)的,姑且走开吧。"东坡听了大笑。

原文

东坡在黄,即坡之下种稻,为田五十亩,自牧一牛。一日牛病,呼牛医疗之,云不识症状。王夫人多智,多经涉,谓坡曰:"此牛发豆斑,疗法当以青蒿作粥啖之。"如言而效。后举似章子厚云:"我自谪居后,便作老农,更无乐事,岂知老妻犹能接黑牡丹也。"子厚曰:"我更欲留与君语,恐人又谓从牛医儿来,姑且去。"坡大笑。

清语第九

吴苑说：晋朝人喜尚清谈。清谈的话语，除了世俗事务以外，大凡风流、豪爽、放达、高傲之类，都属于清的范畴。这说明前人所取的语义很广。我现在既然以此来分类别，那么清的含义，就不得不较为狭窄了。经过反复淘汰之后，大概就在山林隐士之间了吧！于是列"清语"为第九类。

吴苑曰：晋人尚清谈。清谈之语，除世务之外，凡风流、豪爽、放达、高傲之类，皆清也，是前人所取之义广。吾既以此区分类别，则清之义，不得不隘矣。淘之汰之，则在山林之士乎！乃次"清语"第九。

南宋人戴颙,字仲若。春天里,他带着两个柑子、一壶酒在路上漫步。有人问他到哪里去。戴颙回答说:"去听黄鹂的叫声。这是对俗耳的救治良药,是对诗情的鼓荡激发。"

原文

戴仲若颙,春日携双柑斗酒。人问何之。颙答曰:"往听黄鹂声。此俗耳针砭,诗肠鼓吹。"

潘师正隐居在嵩山逍遥谷,唐高宗召见他,问他需要些什么。潘师正回答说:"臣所需要的东西,是茂松清泉。山中并不缺少。"

原文

潘师正居嵩山逍遥谷,唐高宗召问所须。师正对曰:"臣所须者,茂松清泉。山中不乏。"

田游岩频频受到朝廷征召,却并不出来应聘。唐高宗驾临嵩山,亲自来到他门前。游岩穿着山野人的衣服出来拜见,举止恭敬淳朴。高宗问道:"先生近来好吗?"游岩回答说:"臣就是人们说的那种偏爱泉石烟霞如同病入膏肓、不可救药的人。"

原文

田游岩频召不出。唐高宗幸嵩山,亲至其门。游岩野服出拜,仪止谨朴。帝问:"先生比佳不?"游岩对曰:"臣所谓泉石膏肓,烟霞痼疾。"

晋代右军将军王羲之离职以后,与东部的人士一起享受山水弋钓的快乐;又与道士许迈共同研习服食,不远千里,采摘各种名药。他们游览东部各郡的名山,泛舟于无边无际的大海,慨叹说:"我最终会因快乐而死。"

原文

王右军既去官，与东土人士营山水弋钓之娱；又与道士许迈共修服食，遍采名药，不远千里。游东中诸郡名山，泛沧海，叹曰："我卒当以乐死。"

东晋陶潜（字渊明，谥靖节征士）曾经说："五六月间，闲躺在朝北的窗户下面，凉风偶然吹来时，会自以为是上古伏羲时代的人。"

原文

陶征士尝言："五六月北窗下卧，遇凉风暂至，自谓是羲皇上人。"

明代时，有位客人造访书画家陈继儒（字眉公）的岩栖草堂，问他是出于什么样的感慨而甘心隐居。陈眉公拈出古人的句子回答说："得闲多事外，知足少年中。"问他平日都做些什么，他说："种花春扫雪，看篆夜焚香。"问他都有些什么生活来源，他说："砚田无恶岁，酒谷有长春。"问他与些什么人来往，他说："有客来相访，通名是伏羲。"

原文

有客过陈眉公岩栖草堂，问是何感慨而甘栖遁，陈拈古句答曰："得闲多事外，知足少年中。"问是何功课，曰："种花春扫雪，看篆夜焚香。"问是何利养，曰："砚田无恶岁，酒谷有长春。"问是何往还，曰："有客来相访，通名是伏羲。"

南朝宋人宗少文喜爱山水，把看到的景观都画成画卷，悬挂在房间里。他对别人说："抚琴奏曲，想让众山都发出回响。"

原文

宗少文好山水，所至皆图之，以张于室。谓人曰："抚琴动操，欲令众山皆响。"

南朝齐文学家孔稚圭风度翩翩，韵致清远、疏淡，任凭庭院里面杂草丛生，不加剪除。里面有青蛙鸣叫，稚圭说："这声音可以抵得上两个吹奏乐队。"

原文

孔稚圭风韵清疏，门庭之内，草莱不剪。中有鸣蛙，稚圭曰："以此当两部鼓吹。"

南朝宋文学家谢惠连不随便与别人交往，家中没有杂乱的客人，有时独自饮酒醉卧。他曾说："进我房间的，唯有清风；和我饮酒的，只限明月。"

原文

谢惠连不妄交接，门无杂宾，有时独醉。尝曰："入吾室者，但有清风；对吾饮者，唯许明月。"

我的歙县老乡汪曼容，擅长古篆刻，年老后技艺更加精湛，即便是文彭（号三桥）、何震（号雪渔），也比不上他。他在黄萝山下建了房屋，取名"一树庵"，每天在屋里念诵佛经。偶尔有事临时到了集市，襟袖之间断断续续有白云飘出，办完事立即返回。有人问他说："为什么这么快就回去？"他回答说："白云陪伴我出来办事，怎么可以不送白云回到山中？"

原文

吾乡汪曼容，工古篆刻，老而愈精，即文三桥、何雪渔不及也。结室黄萝山下，曰"一树庵"，日诵呗其中。偶有事暂至市，裾袖间冉冉有白云时出，事毕即返。人或问曰："何返之速也？"答曰："白云伴我出市，安可不送白云入山？"

北齐时，孙腾、司马子如两人曾经一同去拜访李元忠，碰见他正坐在树下，裹着被子对着酒壶，庭院房屋荒凉空旷。李让婢女卷了两条褥子去换酒，然后慢慢地对两人说："没想到你们今天光临草舍。"

原文

孙腾、司马子如尝共诣李元忠，逢其方坐树下，拥被对壶，庭室芜旷。使婢卷两褥以质酒，徐谓二人曰："不意今日披藜藿也。"

罗远游家住在呈坎山中，家里有很多古书旧帖。我常常去探望他，往往是一去几天不回家。有一天我急着要回去，罗远游挽留，不让我走。当时天将要下雨，近旁的青山刚被云雾笼罩，松树的身影，只有上半截露在云外。他指着对我说："你纵然不留恋老朋友，难道忍心丢开这巨幅的米芾父子的水墨山水画吗？"于是我又住了好几天。

原文

罗远游家呈坎山中，多古书旧帖。曹臣常过之，数日不归。一日臣欲急归，罗留之，不允。时天欲雨，邻山初合，松树之颠，半露云表。指谓臣曰："汝纵不恋故人，忍舍此米家笔耶？"复留累日。

梅岭高耸陡峭，登上去的人如同千仞高峰上的一颗弹丸，心神骨髓都感到极其恐惧。从这里过去之后，又略微好些，使人马得到暂时的休息。熊际华从这里经过，眼睛与内心都很舒服，十分羡慕地说："山往往不先把平易的地方给人看，这是山神着意的安排。"

原文

梅岭悬峭，登者如弹珠千仞，神骨俱悚。过此复又小康，人骑使得暂息。熊际华度之，心目契领，羡曰："山不先示人以易,此山灵着意处也。"

晋简文帝司马昱走进华林园,回头对随从说:"能令人有会心之喜的地方不一定在远处,看到葱郁的树林、淙淙的流水,便自然会有置身于濠濮之间的逸情雅兴,觉得鸟兽禽鱼会自己来亲近游人。"

原文

晋简文入华林园,顾谓左右曰:"会心处不必在远,翳然林水,便自有濠濮间想也,觉鸟兽禽鱼自来亲人。"

东晋雅士顾恺之(字长康)从会稽回来,有人问他那里山川美景,顾长康说:"千岩竞秀,万壑争流,青草绿树葱茏茂密,上面好似浓云升起,彩霞斑斓。"

原文

顾长康从会稽还,人问其山川之美,顾云:"千岩竞秀,万壑争流,草木蒙茏,其上若云兴霞蔚。"

东晋王献之(字子敬,王羲之第七子)说:"在山阴的路上行走,山光水色交互辉映,让人目不暇接,如果是在秋冬时节,更是令人难以忘怀。"

原文

王子敬云:"从山阴道上行,山川自相映发,使人应接不暇,若秋冬之际,犹难为怀。"

晋明帝司马绍问谢鲲说:"你自己认为跟庾亮相比怎么样?"谢鲲回答说:"端端正正地立身在朝廷,给百官做出楷模,我不如庾亮;而寄情于丘壑之间,赏玩山水,自认为要超过他。"

原文

晋明帝问谢鲲:"君自谓何如庾亮?"答曰:"端委庙堂,

使百官整则，臣不如亮；一丘一壑，自谓过之。"

晋代王徽之（字子猷，王羲之之子）曾经借住在别人的一座空宅子里，一去便让人种竹子。有人问："暂时住一住，何必这么麻烦？"王子猷沉吟了好一阵，直指着竹子说道："怎么可以一天没有这位朋友呢！"

原文

王子猷尝寄人空宅住，便令种竹。或问："暂住何烦尔？"王啸咏良久，直指竹曰："何可一日无此君。"

刘野亭回到故乡，有权贵前来探望，他都不见。有人劝他不能这样，他回答说："刚刚与虎狼（比喻官场的凶险）隔开，怎忍心立刻就与鸡犬（象征隐居的安逸）离别？"

原文

刘野亭归乡，有权贵来访，皆不见。或风之，答曰："才与狼虎隔途，何忍遽与鸡犬相别？"

苏州的隐士王宾，隐居在西山中。太子少师姚广孝，以旧友的身份到山里去访问他，对他说："寂寞一座空山，怎么能够长住呢？"王宾回答道："花鸟多情，不肯放人啊。"

原文

苏郡隐士王宾，遁迹西山中，姚少师广孝以旧好访之山中，谓曰："寂寂空山，何堪久住？"答曰："多情花鸟，不肯放人。"

熊际华到吉水去造访邹元标（号南皋）的家乡，很喜欢那里的清幽寂静，常常忘记回家。每次回去后，都要对他的亲朋好友说："一走进邹元标的故乡，水石清凉，便使人有廉洁自勉的想法；等到与人交谈后，水石又退居了下风。"

原文

熊际华过吉水邹南皋里，乐其幽寂，常忘归。每归，谓所亲曰："一入邹里，水石泠泠，便使人有廉励之想；及与人语，水石又逊下风。"

李永和关起门来，也不扫地，垂下窗帘，决不外出，抛弃了财产，一心整理书籍，亲自动手删削。他常常感叹说："大丈夫拥有万卷藏书，哪里还有空闲去南面称王统治天下！"

原文

李永和杜门却扫，绝迹下帷，弃产营书，手自删削。每叹曰："丈夫拥书万卷，何暇南面百城！"

东晋隐士陶渊明曾经听到田间的流水声，倚着手杖细听，于是感叹道："稻谷吐花，翠色染人，不时敞开内心，一洗荆棘杂物，这是水超过我老师和前辈的地方。"

原文

渊明尝闻田间水声，倚杖听之，叹曰："秋稻已秀，翠色染人，时剖胸襟，一洗荆棘，此水过吾师丈人矣。"

晋人郗诜在山中走了几个月，喜欢听樵夫的说话和牧人的歌声，他说："完全洗净了五年来的尘俗肠胃。"高兴地倚在车上临水欣赏，待了好久才离开。

原文

郗诜数月山行，喜闻樵语牧唱，曰："洗尽五年尘土肠胃。"欣然倚骖临水，久之乃去。

南朝宋人关文衍做散骑常侍时，把九华山画在一件白绫半臂（短袖或无袖的单上衣）上，称为"九华半臂"。自己说："让我经常置身于云泉之内。"

原文

关文衍为散骑常侍，画九华山图于白绫半臂，号"九华半臂"。自云："令吾身常自在云泉之内。"

晋丹阳尹刘惔（字其长，曾任丹阳尹，世称"刘尹"）说："每当见到清风明月，自然就会想起玄度（晋代许询，字玄度）来。"

原文

刘尹云："清风朗月，辄思玄度。"

有个南安翁的故事。漳州陈元忠客居南海时，曾经到京城去参加省试，路过南安，天色已晚，便到一个山野人家投宿。那家有茅屋数间，竹子树木茂密可爱。主人是个老翁，虽然穿的是麻衣草鞋，而举止谈话，却像个读书人。桌案上书籍散乱，元忠问他说："您教儿子读书吗？"老翁说："我只是种田为生。""也到城市里去吗？"他说："已经十五年不出去了。"问他藏书有什么用，他说："只是偶尔得到的。"

原文

南安翁者，漳州陈元忠客居南海日，尝赴省试，过南安，会日暮，投宿野人家，茅茨数椽，竹树茂密可爱。主翁虽麻衣草履，而举止谈对，宛若士人，几案间有文籍散乱。陈扣之曰："翁训子读书乎？"曰："种园为生耳。""亦入城市乎？"曰："一十五年不出矣。"问藏书何用，曰："偶有之耳。"

明代陈继儒（字仲醇）住在山中，有个客人问山中什么景象最奇妙，陈说："下过雨之后，没降露之前；有花的早晨，月明的夜晚。"又问他什么事情最奇妙，陈说："钓鱼时与白鹤一同守候，果熟了让猿猴过去摘收。"

原文

陈仲醇居山中，有客问山中何景最奇，陈曰："雨后露前，花朝月夜。"又问何事最奇，曰："钓同鹤守，果遣猿收。"

晋司州刺史王胡之，前往吴兴的印渚游览，感叹道："这里不仅使人的心情得到涤洗，更加开阔，也觉得太阳月亮都更加清洁明朗。"

原文

王司州至吴兴印渚中看，叹曰："非唯使人情开涤，亦觉日月清朗。"

明代天游子仿效马文升（人称负图先生），足迹踏遍了天下名山。有人问他："山有什么不同吗？"回答说："是的。春天的山淡雅如同微笑，夏天的山苍翠欲滴，秋天的山明净如同淡妆，冬天的山空寥寂静如同安睡。海中的山茫远而隐约，江中的山高峻而峭拔，溪边的山窈窕而幽深，塞上的山光秃如土岗。桂林的山，玲珑剔透；巴蜀的山，险要低伏；河北的山，绵延雄浑；江南的山，峻峭巧丽。山的形势景观，就是如此的不同。"

原文

天游子效负图先生，履迹遍名山。或问曰："山不同乎？"曰："然。春山淡冶而如笑，夏山苍翠而如滴，秋山明净而如妆，冬山惨淡而如睡，海山微茫而隐见，江山严厉而峭卓，溪山窈窕而幽深，塞山童颓而堆阜。桂林之山，玲珑剔透；巴蜀之山，峻嵯窳空；河北之山，绵衍庞博；江南之山，峻峭巧丽：山之形色不同如此。"

明代屠隆（字长卿）说："如同雪白的皮肤透出红润，那是鲜花上刚下过微雨；如同淡淡的眉睫敷匀了翠黛，那是绿柳边才吹过轻风。向妻子要酒，瓮里盛有新熟的佳酿；叫小童煮茶，门前来了想见的好客。先生这时兴致如何？"吴苑笑着说："长卿的这些话，还应当加上注解：应当像卢仝那样不超过七碗，像邵雍那样只喝个半醉，这便是调和的办法。"

原文

屠长卿曰："红润凝脂，花上才过微雨；翠匀浅黛，柳边乍拂轻风。问妇索酿，瓮有新篘；呼童煮茶，门临好客。先生此时情兴何如也？"吴苑笑曰："长卿此语，犹当注疏：当止卢仝七碗，效康节半醺，便是调和手段。"

东晋顾恺之（字长康）把谢鲲（字幼舆）的像画在岩石中间。有人问他为什么这样做，顾说："谢幼舆说：'一丘一壑，自谓过之。'这位先生就该放在丘壑中。"

原文

顾长康画谢幼舆在岩石里。人问其所以，顾曰："谢云一丘一壑，自谓过之。此子当置丘壑中。"

明代屠隆（又字纬真）说："茶已煮熟，气味清香，有客人到来，令人欣喜；鸟在啼鸣，花瓣飘落，无人来时，依旧悠然。"

原文

屠纬真曰："茶熟香清，有客到门可喜；鸟啼花落，无人亦自悠然。"

萧恭对梁元帝萧绎说："下官长期观察，如今人大多不喜欢快活，却仰面躺在床上，眼盯着屋梁去著书。千万年后，谁来看它，劳神苦思，最终也不能成名。哪能比得上沐浴清风，面对明月，登山玩水，放情欢畅呢？"

原文

萧恭谓梁元帝曰:"下官历观时人多不好欢,乃仰眠床上,看屋梁而著书。千秋万岁,谁传此者,劳神苦思,竟不成名。岂如临清风,对明月,登山访水,肆意酣畅也?"

唐肃宗曾经赏赐给高士玄真子(张志和之号)奴仆、丫鬟各一人。玄真子将他们配为夫妇,分别取名为"渔童"、"樵青"。有人问他为什么这样做,他回答说:"渔童是让他去钓鱼拉线,在芦苇中摇桨;樵青是让她去割兰伐桂,在竹林中煮茶。"

原文

唐肃宗尝赐高士玄真子张志和奴婢各一人。玄真配为夫妇,名为渔童樵青。人问其故,答曰:"渔童使奉钓收纶,芦中鼓柜;樵青使苏兰薪桂,竹里烹茶。"

明代陈继儒(号眉公)对客人说:"我常常希望藏万卷书用异锦作套,用异香来熏,茅草屋芦苇帘,纸窗户泥土墙,一辈子不做官,就在里面啸歌吟咏。"客人笑着说:"果然如此,这也是天地之间的一个奇人啊。"

原文

陈眉公语客曰:"余每欲藏万卷书,袭以异锦,薰以异香,茅屋芦帘,纸窗土壁,而终身布衣啸咏其中。"客笑曰:"果尔,此亦天壤闻一异人。"

陈眉公说:"烧上香,倚着枕头,人间的事务都已完毕,梦中情境还没到来,我现在的状况,可以称为'卧隐',就觉得到山里去凿洞隐居还嫌麻烦。"

原文

陈眉公曰:"焚香倚枕,人事都尽,梦境未来。仆于此时，可名'卧隐'，便觉凿坏住山为烦。"

南宋倪文节公（名倪思，谥文节）说："松风声，溪水声，山鸟声，野虫声，鹤声，琴声，棋子下落声，雨滴石阶声，雪洒窗户声，煮茶声，都是极为清雅的声音，而以读书声最为清雅。听到别人读书，已经极为喜欢；听到子弟读书，那喜欢劲更无法言说了。"

原文

倪文公曰："松声，涧声，山禽声，野虫声，鹤声，琴声，棋子落，雨阶声，雪洒窗声，煎茶声，皆声之至清者也，而读书声为最。闻他人读书，已极喜；闻子弟读书，喜又不可言矣。"

陈继儒（号眉公）说："在宽阔浓密的绿荫之中，坐在小亭里避暑，小亭四周窗户开敞，视野通达，茶几竹席全都泛出绿色，这时忽然听到雨后的蝉声，风吹来花香，不知不觉中就令人深深陶醉了。"

原文

陈眉公曰："万绿阴中，小亭避暑，洞开八达，几簟皆绿。忽闻雨过蝉声，风来花气，不觉令人自醉。"

南朝人傅昭性情淡泊，宁静自守，不随便与人交往。袁粲每次经过他的家门，就感叹说："经过他的家门，一片寂静好像没有人；拉开帷帐，才知道人在屋子里。这难道不是贤德的名士吗？"

原文

傅昭泊然静处，不妄交游。袁粲每经其户，辄叹曰："经其户，寂若无人，披其帷，其人斯在。岂得非名贤乎？"

屠隆（字纬真）说："深山僧人到来，衲衣上全部浸染了松树间的云气；斗室念诵残卷，石磬声一半消失在芭蕉上的雨中。"

原文

屠纬真曰："翠微僧至，衲衣全染松云；斗室残经，石磬半沉蕉雨。"

唐人茶神陆羽问张志和平时跟谁来往。志和说："天空作房间，明月作蜡烛，与四海的各位先生同住在一起，从未片刻离别过，还说什么往与来！"

原文

陆羽问张志和孰与往来，志和曰："太虚为室，明月为烛，与四海诸公共处，未见少别，何有往来！"

屠纬真说："篱笆边持杖着履送别僧人，花须缠住了头巾一角；石头上置杯设酒招待来客，松子落在了我的衣襟。"

原文

屠纬真曰："篱边杖履送僧，花须胃于巾角；石上壶觞坐客，松子落我衣裾。"

黄玄龙家住在黄萝山脚下，那里有梨花数千枝。每当梨花开放的时候，他便天天徘徊在花丛中间，直到花朵落尽，还要三番五次地前往观看。有人问他为什么这样，他回答说："白地（指满地梨花）生绿苔，实在是太可爱了。"

原文

黄玄龙家黄萝山麓，有梨数千枝，每花开时，日盘礴其间，至落尽犹数往观之。人问其故，答曰："白地生绿苔，可爱也。"

陈眉公说:"山中的鸟,每天夜里五更,群起鸣叫五次,叫做报更。这是山中真率自然的钟漏之声。"

原文

陈眉公曰:"山鸟,每夜五更,喧起五次,谓之报更。盖山间真率漏声也。"

陈继儒(字仲醇)说:"住在山里胜过城市,大概具有八种好处:不苛求礼节,见不到生客,不乱吃酒肉,不争夺田产,不听世态炎凉,不去纠缠是非,不必逃避文债,不谈官员名簿。与此相反的,便是卖牛的店铺、贩马的驿站。"

原文

陈仲醇曰:"山居胜于城市,盖有八德:不责苛礼,不见生客,不混酒肉,不竞田产,不闻炎凉,不闹曲直,不征文逋,不谈仕籍。反此者,是侩牛店、贩马驿也。"

韵语第十

　　吴苑说：风流之士有情韵，就好比美玉有赤斑，犀角有晕痕，妙处同时也就是它的缺点。然而缺点、妙处并没有固定的名称，沉溺其中的认为是妙处，指斥批评的人则认为是缺点。我们这些人正好陷落在这情韵的大海之中，丝毫不能挣脱，怎么肯以一个尚未确定的名称，甘心当作自己的缺点呢？这就必然会以有情韵为妙处了。于是将"韵语"列为第十类。

　　吴苑曰：风流之士有韵，如玉之有瑕，犀之有晕，美处既其病处耳。然病美无定名，溺之者为美，指之者为病。吾辈正堕此情韵海中，不能有所振脱，安肯以未定之名，而恬作已病乎？是必以韵为美矣。乃次"韵语"第十。

西晋"竹林七贤"之一王戎的儿子万子死了，山涛的儿子山简前去探望他。王戎悲伤得不能自控。山简说："孩子还是个怀抱中的幼儿，您为什么悲伤到这种地步？"王戎说："圣人能够忘情，愚莽的人不懂得感情；情感专注而丰沛的，正是我们这些人啊。"

原文

王戎丧儿万子，山简往省之。王悲之不胜，简曰："孩抱中物，何至于此？"王曰："圣人忘情，最下不及情；情之所钟，正在吾辈。"

明人袁宏道做吴县县令时，曾经和方子公一起登览虎丘山，看见年轻妇女都避开他们，便对方子公说："乌纱帽（代指官员）带着红袖（代指青楼女子）登山，前人历来多有风致，如今不能兼有（明朝禁止士大夫狎妓），便觉得乌纱对人很有妨碍啊。"

原文

袁中郎作吴令，常同方子公登虎丘，见红袖皆避去，语方曰："乌纱帽挟红袖登山，前人自多风致，今时不能并，便觉乌纱碍人。"

晋朝的光禄大夫王蕴说："酒可以让人自然地远离尘俗。"

原文

王光禄云："酒正使人自远。"

晚明金陵女郎沙宛在，刚刚十六岁，她在人群中偶然遇见了吴苑（字鹿长），心里很喜欢他，就向他眉目传情。鹿长心领神会，两人渐渐地远离众人。同游的人想去搅乱他们的好事，有一个客人说："不要惊醒了沉湎于恋情的人。"

原文

金陵女郎沙苑［宛］在，破瓜未久，于群人中遇吴鹿长，心悦之，抛发眉语，鹿长袖解，两人渐相远引。同游者欲乱之，有一客曰："无得惊醒情禅也。"

西晋太尉王衍说："见裴令公（中书令裴楷），精明开朗，独步于世人之上，具有非凡的见识。如果死后可以复活，应当和他在一起。"

原文

王太尉曰："见裴令公，精明朗然，笼盖人世，非凡识也。若死而可作，当与之同归。"

东晋王羲之之子王徽之、王献之兄弟，一起欣赏《高士传》中的人物及作者评语。王献之赞赏东汉人井丹的风调高洁，王徽之说："他比不上西汉司马相如的洒脱舒放。"

原文

王子猷、子敬兄弟，共赏《高士传》人及赞，子敬赏井丹高洁，子猷曰："未若长卿慢世。"

东晋太尉庾亮驻守武昌时，一个秋天的夜里气候宜人，景色清丽，他的下属殷浩、王胡之一帮人，登上南楼谈论名理、吟咏诗歌。正当音调高昂的时候，忽然听到楼梯上有木屐的声音，非常响亮，大家肯定是庾公。不一会儿，果然是他率领身边的十几个人步行而来。诸位贤士想站起来回避，庾公慢慢地说："诸君稍停一下，我老头子对这件事，也很有兴致啊！"便坐上交椅，和大家一起吟咏调笑。

原文

庾太尉在武昌，秋夜气佳景清，使吏殷浩、王胡之之徒，登南楼理咏。音调始遒，闻函道中有屐声甚厉，定是庾公，俄而率左右十许人步来。诸贤欲起避之，公徐云："诸君少住，老子于此，兴复不浅。"因便据胡床，与诸人咏谑。

北宋的大通禅师，奉行戒律十分严谨、高洁，人如果没有斋戒沐浴就不敢登堂。苏东坡带着歌妓去拜访他，大通怒形于色。东坡于是便作了一首《南柯子》词，让歌妓来演唱，结果大通也不禁笑了起来。东坡公说："今天参破了老禅。"那首词中是这样说的："师唱谁家曲？宗风嗣阿谁？借君拍板与门槌，我也逢场作戏，莫相疑。溪女方偷眼，山僧莫睐眉。却愁弥勒下生迟，不见老婆三五少年时。"

原文

大通禅师操律高洁，人非斋沐不敢登堂。东坡挟妓谒之，大通愠形于色。坡乃作《南柯子》一首，令妓歌之，大通亦为解颐。公曰："今日参破老禅矣！"其词云："师唱谁家曲？宗风嗣阿谁？借君拍板与门槌，我也逢场作戏，莫相疑。溪女方偷眼，山僧莫睐眉。却愁弥勒下生迟，不见老婆三五少年时。"

宋代僧人道潜（号参寥子）谈论杜甫（世称"老杜"）的诗说："'楚江巫峡半云雨，清簟疏帘看弈棋。'这诗句可以入画，只是恐怕画不出其中的韵致。"东坡问道："您是僧人，也喜欢这样的句子？"参寥子说："这就像不贪口好食的人，见了江瑶柱（俗名干贝）这样的美食，难道能不品尝一番吗？"

原文

参寥子言老杜诗云："'楚江巫峡半云雨，清簟疏帘看弈棋。'此句可画，但恐画不就耳。"东坡问："公禅人亦复爱此语耶？"寥云："譬如不事口腹人，见江瑶柱，岂免一朵颐！"

被贬官至湖北黄州的苏轼,又到了岭南的惠州。每天早晨起来,他不是邀请客人前来说话,就是出去寻访客人。对与之来往的人也不加选择,总是顺着客人的品位高低交谈,幽默诙谐,无拘无束,没有隔阂,不分彼此。如果有人不善于聊天,他就逼人家说些神鬼故事。如果人家推辞说没有,他就说:"你只管胡乱讲,我只管胡乱听。"

原文

苏子瞻去黄州,及岭外,每旦起,不招客与语,必出访客。所与游亦不尽择,各随其人高下,诙谐放荡,不复为畦畛。有不能谈者,则强之使说鬼。或辞无有,则曰:"汝妄言之,吾妄听之。"

晋代画家吴逵说:"世上如果没有鲜花、明月、美女,我就不愿生在这个世界上。"

原文

吴逵曰:"世无花月美人,不愿生此世界。"

明代书画家陈继儒(号眉公)说:"名妓翻看经书,老僧动手酿酒,将军在文坛上出入,书生在战场上转战,虽然不是本色,却也别有情趣。"

原文

陈眉公曰:"名妓翻经,老僧酿酒,将军翔文章之府,书生践戎马之场,虽乏本色,亦是有致。"

益州向朝廷进献了蜀地的柳树数棵,枝条特别长,形状像丝缕。南朝齐武帝萧赜把它们种植在太昌云和殿前面,曾经十分赞赏地说:"杨柳风流可爱,恰好似张绪(南朝齐人,风姿清雅,官至国子祭酒)当年啊。"

原文

益州献蜀柳数株,枝条甚长,状若丝缕。武帝植于太昌云和殿前,尝嗟赏之曰:"杨柳风流可爱,似张绪当年。"

明代金陵歌姬马某,排行第二,擅长饮酒,其他客人都已经委靡昏晕,马姬却仍然神态平静。太史李维桢(字本宁)看到后,羡慕地说:"我经常遗憾阮步兵(三国人阮籍,曾任步兵校尉)虽然善饮,但仍是个男子,今天轮换为女郎了。"

原文

金陵马姬,行二,善饮,众客颓废,姬神寂然。李太史本宁寓目羡曰:"吾每恨步兵犹是男子,今转女郎。"

唐代天宝年间的翰林学士许慎选,性情旷放,不拘小节。他与亲友在花园中举行宴会,没有搭帐篷、设座位,只让仆人聚集落花铺在座下,坐下,说:"我自有花坐垫。"

原文

许慎选放旷不拘小节,与亲友结宴花圃中,未尝张幄设坐,只使童仆聚落花铺坐下,曰:"吾自有花捆。"

南朝宋代的丹阳尹袁粲闲散放达,喜欢饮酒。他在长着白杨树的郊外田野间散步时,遇到了一个读书人,便叫他一起饮酒。第二天,这个人以为是受到赏识,来到袁家的门前,请门房通报。袁粲回话说:"昨天只因喝酒没人做伴,姑且相邀罢了。"

原文

袁尹疏放好酒,尝步屟白杨郊野间,道遇一士人,便呼与酣饮。明日此人谓被知遇,诣门求通,袁曰:"昨日饮酒无偶,聊相邀耳!"

唐初诗人王绩（字无功）担任门下省待诏，按照成例，官府每天给供酒三升。有人问他说："做待诏有什么快乐吗？"无功回答道："只是那份酒的温暖让人留恋而已。"

原文

王无功待诏门下省，故事：官给酒日三升。或谓："待诏何乐耶？"无功答曰："良温可恋耳。"

晚明人张卿子与邓林宗、闵子善、钟瑞先、刘叔任等人，半夜的时候在佑圣观散步，残缺的月亮照在眉梢，凉气逼人。几个人想要回去，张卿子说："落花残月，如此有情致。我等正是这种人，不能硬着心肠违背情性。"继续漫步玩赏，天快亮时才散去。

原文

张卿子同邓林宗、闵子善、钟瑞先、刘叔任诸子夜步佑圣观，缺月当眉际，凉楚逼人。诸子欲归，张曰："落花残月，唯若有情。吾侪正属其人，不得以硬肠愆性。"复步玩将晓而散。

明代钱福（号鹤滩）请假还乡。他有个门生正做扬州知州，就派人去迎接钱公，而钱公超过了约定的期限仍未到达。后来刚一到达，各大商巨富争先迎接拜见，准备请他帮助办事。钱公说："老夫这次是带病来看看广陵的浪涛，同时了解一下琼花的盛况，不要把我当作跨鹤人（指大捞一把的人。古代故事中某人有"腰缠十万贯，骑鹤上扬州"之语，表示他欲将扬州刺史、众多资财、骑鹤上升三者兼而得之）来猜测哟。"

原文

钱鹤滩请告归，门生某守扬州，遣使迎公，越期不赴。后始一至，诸大贾争先迎谒，将有请属。公曰："老夫扶来看广陵，并问琼花消息耳，无作跨人猜也。"

明人陈眉公说："有的人一个字不识却很有诗意，一篇偈文不参却很有禅意，一杯酒不沾却很有酒意，一片石不晓却很有画意，原因就在于心志疏淡、清远。"
原文
陈眉公曰："人有一字不识而多诗意，一偈不参而多禅意，一勺不濡而多酒意，一石不晓而多画意，淡宕故也。"

玄墓山寺，门口有棵巨大的松树，长得极为茂盛。风水先生说，这棵树对着门，不吉利，劝寺里除掉它。天全翁来到山中，僧人们拿这件事征求他的意见。他看着松树，很喜爱，不忍心除去，慢慢对僧人说："木在门中，成为一个'闲'字，你们不喜欢吗？"
原文
玄墓山寺，门有巨松甚郁茂。堪舆家言，当门不利，劝去之。天全翁至山中，僧以是请。公视松，爱之，不忍舍，徐谓僧曰："木在门，成'闲'字，不爱耶？"

晋代书僧支遁（字道林）曾经养了几匹马，有人说和尚养马不太风雅。支遁说："贫僧就是喜欢它的风神俊朗。"
原文
支道林常养数匹马，或言道人畜马不韵。支曰："贫道爱其神骏。"

明人郝公琰说："我常常见到一些俗人的面孔，内心十分厌恶，经常拿出张卿子的神色笑语回想一番，不但可以免除俗气，更会觉得世界一片清凉。"

原文

郝公琰曰："吾常遇俗儿面孔，内自作恶，每举张卿子神色笑语一思，不但免俗，更觉世界清凉。"

东晋王献之（字子敬）告诉王恭（字孝伯）说："西晋羊祜（字叔子）只是洁身自好，但与别人有什么相干。所以，还不如铜雀台的歌妓。"（曹操死前，曾下令安置妾与歌妓于铜雀台，接时奏乐致祭。此言铜雀妓尚可娱人耳目。）

原文

王子敬语王孝伯曰："羊叔子自复佳耳，然何与人事，故不如铜雀台上妓。"

东晋太傅司马道子夜里坐在书斋中，这时天空明净，月光皎洁，没有一丝阴云。太傅认为很好，长史谢景重当时在座，回答说："我觉得还不如有少许云彩点缀一下。"太傅开玩笑说："你居心不净，难道还要把干干净净的天空硬给弄脏了吗？"

原文

司马太傅斋中夜坐，于时天月明净，都无纤巩，太傅叹以为佳。谢景重在坐答曰："意谓不如微云点缀。"太傅因戏曰："卿居心不净，乃复强欲滓秽太清耶？"

西晋刘昶（字公荣）和别人一起喝酒，不择对象，贤愚混杂。有人因此而讥笑他，他回答说："胜过公荣的人，不可不与他共饮；不如公荣的人，也不可不与共饮；属于公荣一类的人，又不可不与他共饮。所以整天地与别人一起喝得大醉。"

原文

刘公荣与人饮酒，杂秽非类，人或讥之，答曰："胜公荣者，不可不与饮。不如公荣者，亦不可不与饮。是公荣辈者，又不可不与饮，故终日共饮而醉。"

魏晋之际的"竹林七贤"之一阮籍，他的嫂子有一次要回娘家，阮籍出来与她告别。有人为此讥笑他触犯了礼法。阮籍说："礼法难道是为我们这些人制定的吗？"

原文
阮籍嫂常还家，籍见与别。或讥之，籍曰："礼岂为我辈设耶？"

西晋阮咸（字仲容，阮籍的侄子）与步兵校尉阮籍住在路南，其他阮姓的人住在路北。路北的阮姓都很富有，路南的阮姓都很贫穷。七月七日那天，路北的阮家大晒衣服，都是绫罗绸缎。阮咸用竹竿挑着一条粗布做的短裤晒在院子当中。有人感到很奇怪，他回答说："我不能免俗，姑且也跟着这样应应景吧！"

原文
阮仲容、步兵居道南，诸阮居道北。北阮皆富，南阮贫。七月七日北阮盛晒衣，皆纱罗锦绮；仲容以竿挂大布犊鼻裈于中庭。人或怪之，答曰："未能免俗，聊复尔耳！"

在午桥庄的小儿坂，茂密的野草长满了山坡。唐代晋国公裴度常常让人赶着羊群分散在山坡上，说："芳草多情，用这来作个点缀。"

原文
午桥庄小儿坂，茂草盈原，裴晋公每使驱群羊散于坂上，曰："芳草多情，赖此点缀。"

皇甫嵩说：各种醉酒，都有与之相适宜的环境条件。醉在花间，适宜于白天，这样可以承受明亮的阳光；醉在雪里，适宜于夜晚，这样可使思绪更显得清幽；醉在得意之时，适宜于唱歌，这样可以抒发融和的心情；醉在离别之际，适宜于敲钵，这样可以改善忧郁的心境；醉在文人群里，适宜于谨慎言行，害怕受到别人的侮慢；醉在俊杰当中，适宜于换大碗增旗帜，这样可以彰显他们的刚烈；醉在高楼，适宜于选择盛夏，这样可以感受高处的清气；醉在水上，适宜选在秋天，这样可以体验泛舟的凉爽。这些都是细究它们的协调配合，考察它们四周的风景。与此相反的，就是不会喝酒的人了。

原文

皇甫嵩曰：凡醉各有所宜，醉花宜昼，袭其光也；醉雪宜夜，清其思也；醉得意宜唱，宣其和也；醉将离宜击钵，壮其神也；醉文人宜谨节奏，畏其侮也；醉俊人宜益觥盂加旗帜，助其烈也；醉楼宜暑，资其清也；醉水宜秋，泛其爽也。此皆审其宜，考其景，反此则失饮之人矣！

西晋张翰（字季鹰）是江东人，任情放纵，无拘无束，当时人称"江东步兵"（意即"江东阮籍"。阮籍曾任步兵校尉，人称"阮步兵"）。有人对他说："您可纵情快意于一时，难道就不为身后的名声着想吗？"季鹰回答说："与其使我有身后之名，不如眼前有一杯美酒。"

原文

张季鹰纵任不拘，时人号为江东步兵。或谓之曰："卿乃可纵适一时，独不为身后名耶？"答曰："使我有身后名，不如即时一杯酒。"

晋代毕卓（字茂世）说："一只手拿着螃蟹的大螯，一只手端着酒杯，浮游在酒池里面，这样便足以了结一生。"

原文

毕茂世云:"一手持蟹螯,一手持酒杯,拍浮酒池中,便足了一生。"

晚明人潘景升曾说:"年轻妓女眼睛火辣辣地看着别人,当事人就会发怒,这也是一种呆痴的表现。"心胸狭隘的人说:"难道就听任她这样去做吗?"潘景升回答道:"那些喜欢我们的女子,不也是这样子吗?"

原文

潘景升尝谓:"小妓眼中生火,当境者怒之,亦痴也。"隘胸者曰:"听之耶?"潘曰:"我之悦者,彼亦不如是耶?"

有人讥讽晋代尚书左仆射周觊和亲友乱开玩笑,杂乱低俗没有分寸。周仆射说:"万里长江,怎么能奔流千里而不出现一段弯曲?"

原文

人讥周仆射与亲友戏言,杂秽无节度。周曰:"万里长江,何能不千里一屈?"

唐朝的苏晋,是苏颋的儿子。他学习佛经,曾得到胡地僧人慧澄所绣的弥勒佛像一卷,视为珍宝。他曾经说:"这位佛喜欢喝米汤,正好与我的性情投合,我愿意事奉他。其他的佛我不喜欢。"

原文

唐苏晋,颋之子也,学浮屠术,尝得胡僧慧澄绣弥勒佛一轴,宝之。尝曰:"是佛好饮米汁,正与吾性合,吾愿事之。他佛不爱也。"

东晋王坦之之子王忱看见王恭有一条六尺长的竹席,以为他还会有多余的，就求他给自己送一条，王恭马上就送给他了。后来，王忱见王恭再没有竹席了，就问王恭，王恭说："我平生没有什么多余的东西。"

原文

王忱见王恭六尺簟，谓有余，求之，恭即送。后忱见恭更无簟，问之，恭曰："平生无长物。"

袁丰的住宅后面有六棵梅，他赞叹说："烟姿玉骨，世外佳人，只可惜没有倾城的一笑！"（唐人李延年《佳人歌》："北方有佳人，绝世而独立。一顾倾人城，再顾倾人国。宁不知倾城与倾国，佳人难再得。"）

原文

袁丰居宅后有六株梅，叹曰："烟姿玉骨，世外佳人，恨无倾城笑耳！"

唐代御苑中里新添了一种千叶桃花，唐明皇李隆基亲手折下了一枝，插在了贵妃的头上，说："这枝花能使你更加娇艳。"

原文

唐御苑新有千叶桃花，明皇亲折一枝，插于妃子头上，曰："此个花犹能助娇也。"

赵飞燕把妹妹赵合德进献给汉成帝，成帝非常高兴，用脸颊贴在合德的肌肤上，感到没有一处不细腻，称之为"温柔乡"。他说："看来我将终老在这温柔乡里，不能效法武帝的白云乡（即仙乡，武帝热衷于求仙）了。"

原文

飞燕进合德，帝大悦，以辅属体，无所不靡，谓为温柔乡。曰："吾老是乡矣。不能效武皇帝白云乡也。"

唐明皇时，有一年秋天的八月，太液池中有几枝千叶莲开得很盛，明皇与贵戚们一起宴饮观赏。身边的人都赞叹不绝，过了好一阵，明皇指着杨贵妃对身边的人说："怎么比得上我这通解语言的花！"

原文

唐明皇秋八月，太液池有千叶白莲数枝盛开，帝与贵戚宴赏焉。左右皆叹羡久之，帝指贵妃示左右曰："争如我解语花。"

东晋人孟万年好喝酒，喝得超量也不糊涂。重臣桓温曾经问他说："酒有什么好？你这么喜欢它。"孟万年回答道："您只是不知道酒中的乐趣罢了。"

原文

孟万年好饮，愈多不乱。桓宣武尝问："酒有何好，而卿嗜之？"孟答曰："公但未知酒中趣耳。"

北齐人皇甫亮一连三天不到内阁官署上班，文宣帝高欢亲自问他是什么缘故。皇甫亮回答说："一天喝酒了，一天喝醉了，一天是酒后难受。"

原文

皇甫亮三日不上省，文宣亲诘其故，亮曰："一日饮，一日醉，一日病酒。"

晚明时，谢耳伯、宋献孺在潘景升家里同坐，有三个妓女陪酒，谢耳伯信奉佛教，不饮酒，不近女色，在席上免不了会自我约束。宋献孺告诉他说："冲过了娇艳美女这一关，就到了圆通境界，能够成佛成仙的，正是我们这一类人。"

原文

谢耳伯、宋献孺在潘景升坐，有三妓佐酒，谢奉佛不饮酒近色，在坐不无少自检持。宋语之曰："打过艳冶，即是圆通，成佛成仙，正在吾辈。"

东汉末，北海相孔融（世称孔北海）闲居在家，失去了权势，宾客每天都到他家来探望，而他爱惜人才，乐见贤士，还总感到不够。他经常感叹说："座上客常满，杯中酒不空，这样我就没有什么可忧虑的了。"

原文

孔北海失势，宾客日满其门，爱才乐士，常若不足。每叹曰："坐上客常满，尊中酒不空，吾无忧矣。"

琅玡人王肃在南朝做官，喜欢喝茶和莼菜汤。后来回到北方，又喜欢羊肉乳酪。有人问他："茶和乳酪相比如何？"王肃说："茶连给乳酪做奴仆也配不上。"

原文

琅玡王肃仕南朝，好茗饮莼羹，及还北地，又好羊肉酪浆。人或问之："茗何如酪？"肃曰："茗不堪与酪为奴。"

元大都的名妓郭顺卿排行第二，人称"郭二姐"，她与翰林学士王元鼎关系密切。阿鲁温在中书省任参政，特别留意郭顺卿，有一天他开玩笑说："我和王元鼎相比怎么样？"郭顺卿说："参政您是重臣，元鼎他是文士。掌管朝政，效忠皇上，造福百姓，元鼎比不上参政；而嘲风弄月，怜香惜玉，参政就不能和元鼎比了。"阿鲁温笑着走了。

原文

郭顺卿行二，称之曰郭二姐，与王元鼎密。阿鲁温参政在中书，尤属意于郭，一日戏曰："我何如王元鼎？"郭曰："参政宰臣也，元鼎文士也。经纶朝政，致君泽民，则元鼎不及参政；嘲风弄月，惜玉怜香，则参政不敢望元鼎。"温一笑而别。

北齐时，中心人郎基做县令，廉洁谨慎，无所谋求。他曾说："在做官的地方，木枕也不要做，何况是比这更贵的东西呢！"只是他喜欢让人抄书，樊宗孟对他说："在官位上组织抄书也是一种风雅的过失。"郎基说："观察一个人的过失，就知道他的贤愚，这也就可以了。"（《论语·里仁》："观过斯知仁矣。"）

原文

郎基为县令，清慎无所营。尝曰："任官之所，木枕亦不须作，况重于此乎！"唯颇令人写书，樊宗孟谓曰："在官写书亦是风流罪过。"基曰："观过知仁，斯亦可矣！"

东晋人任瞻（字育长）曾经从棺材店前走过，眼泪直流，十分悲哀。丞相王导说："这是一个感情执著的人啊。"

原文

任育长尝从棺邸下度，流涕悲哀。王丞相曰："此是有情痴。"

东晋音乐家桓伊（字子野）每当听到清雅的歌唱，就呼喊"怎么办"。宰相谢安（字安石）听到后说："子野可说是一往情深啊。"

原文

桓子野每闻清歌，辄唤"奈何"。谢公闻之曰："子野可谓一往有深情。"

晋代王恭（字孝伯）说："名士不一定必须是奇才，只要是经常能够闲暇无事，痛快地饮酒，熟读《离骚》，便可以称为名士。"

原文

王孝伯云："名士不必须奇才，但使常得无事，痛饮酒，熟读《离骚》，便可称名士。"

东晋司徒长史王廞（字伯舆）登上茅山，放声痛哭，说："琅玡王伯舆终究会为情而死！"

原文

王长史登茅山，大恸哭曰："琅玡王伯舆终当为情死。"

唐明皇坐在沉香亭，召见贵妃杨玉环。妃子当时因为早晨喝醉酒，还没有醒过来，就传令高力士，让侍女扶她前来。妃子面带醉容，妆粉残损，鬓发散乱，玉钗倾斜，不能跪拜。皇上笑着说道："这哪里是妃子醉酒，真个是海棠花没有睡够呀！"

原文

明皇坐沉香亭，诏妃子，妃子时卯酒未醒，命力士使侍儿扶掖而至。妃子醉颜残妆，鬓乱钗横，不能再拜。上皇笑曰："是岂妃子醉，真海棠睡未足耳！"

北宋蒲传正做杭州知府，有个方术之士前来求见，年龄大概已过九十，而脸色仍像婴儿一样红润。传正跟他谈得非常高兴，问他长寿的技巧。方士回答说："这技巧非常简单易行，其他都没有什么禁忌，只是需要戒绝女色。"传正低头思索了好久，然后说道："如果是这样，那么即使活上一千年，又有什么益处！"

原文

蒲传正知杭州，有术士请谒，盖年逾九十，而犹有婴儿之色。传正接之甚欢，因访以长年之术，答曰："其术甚简而易行，他无所忌，唯当绝色耳！"传正俯思良久曰："若然，则寿虽千岁何益!"

唐臣李舟被任命为昌州刺史,很不乐意。彭渊材前去抚慰他说:"昌州是个好郡,为什么要放弃呢?"李舟说:"供给丰厚吗?"渊材说:"不是。"李舟说:"诉讼稀少吗?"渊材说:"不少。"李舟说:"那么,怎么知道它好呢?"渊材说:"天下的海棠花都没有香气,唯独昌州的有香气。"

原文

李舟除昌州,不乐。渊材往问之曰:"昌州佳郡也,奈何弃之?"李曰:"供给丰乎?"曰:"非也。""民讼简乎?"曰:"非也。""然则何以知其佳?"渊材曰:"天下海棠无香,唯昌州有香耳。"

明代书画家陈继儒(字眉公)说:"香令人幽雅,酒令人高远,石令人隽逸,琴令人平静,茶令人舒爽,竹令人清凉,月令人孤寂,棋令人闲适,杖令人轻松,水令人空灵,雪令人旷放,剑令人悲慨,蒲团令人枯索,美人令人爱怜,僧人令人淡泊,花令人风流,金石彝鼎令人高古。"

原文

陈眉公曰:"香令人幽,酒令人远,石令人隽,琴令人寂,茶令人爽,竹令人冷,月令人孤,棋令人闲,杖令人轻,水令人空,雪令人旷,剑令人悲,蒲团令人枯,美人令人怜,僧令人淡,花令人韵,金石彝鼎令人古。"

杜陵的杜先生擅长下棋,是天下第一。有人讥讽他这样做浪费时日,先生说:"精通了其中的道理,足以对圣人的教义大有补益。"

原文

杜陵杜夫子善弈棋,为天下第一。人或讥其费日,夫子曰："精其理者，足以大裨圣教。"

北齐的文宣帝高洋性情凶暴，贵嫔薛氏犯了点小错，马上把她杀掉了，并且将四肢分解。尔后，抱着用她的大腿骨做成的琵琶弹奏，又叹息道："佳人难再得！"

原文

北齐高洋凶暴，贵嫔薛氏有小过，遽杀，支解之。抱其股为琵琶弹之，复叹曰："佳人难再得！"

有洁癖的北宋书法家米芾正在挑选女婿，恰好建康有个人叫段拂，字去尘，米芾就选中了他，说："已经拂拭过了，又去掉灰尘，真正是我的女婿呀。"便将女儿嫁给他为妻。

原文

米芾方择婿，会建康段拂字去尘，芾择之，曰："既拂矣，又去尘，真婿也。"以女妻之。

明代文学家屠隆（字长卿）说："坐在椅子上谈话应该静气沉默，好好地听豪杰之士的慷慨议论。端着酒杯喝酒时，应该头脑清醒，细细地看喝酒时人们的各种醉态。"

原文

屠长卿曰："据床嗒尔，听豪士之谈锋；把盏醒然，看酒人之醉态。"

陈眉公说："天上的风月，地上的花柳，人间的歌舞，没有这些，不能构成所谓'三才'。"玩笑话也自有道理。

原文

陈眉公曰："天之风月，地之花柳，人之歌舞，无此不成三才。"戏语亦自有理。

唐玄宗性情豪迈，极不喜欢琴。有一次听人弹奏，正在进行，一曲还没弹完，他就呵斥宦官说："快叫花奴把羯鼓拿来，给我解解秽气。"

原文

唐玄宗性俊迈，酷不好琴，曾听弹，正弄未及毕，叱内官曰："速召花奴将羯鼓来为我解秽！"

南朝梁武帝萧衍非常推重陈郡谢朓的诗，曾经说："不读谢诗，三天便觉得口中有异味。"

原文

梁高祖重陈郡谢朓诗，常曰："不读谢诗，三日觉口臭。"

西晋"竹林七贤"之一的刘伶以嗜酒著称，常常坐着一辆小车，带着一壶酒，让人扛着铁锹在后边跟着，说："死了就把我埋掉。"

原文

刘伶常乘鹿车，携一壶酒，使人荷锸随之，曰："死便埋我。"

汉朝的平恩侯许广汉，搬进了新宅院，丞相、御史、郡守都来祝贺。盖宽饶后到，许广汉亲自给他斟酒，说："盖君来晚了。"宽饶说："不要给我倒多了，我是个酒狂。"丞相魏侯笑着说："这位先生醒着时就很狂了，不一定非要喝酒啊！"

原文

汉平恩侯许伯入第，丞相御史将军中二千石皆贺。盖宽饶后至，许伯自酌曰："盖君后至。"宽饶曰："无多酌我，我乃酒狂。"丞相魏侯笑曰："此公醒而狂，何必酒也。"

汉人尚方禁年轻时曾经与别人的妻子私通，被人砍了一刀，伤在面颊上。左冯翊朱博任命他为都尉，问他说："怎么伤着的？"尚方禁知道朱博已经了解实情，于是叩头认罪。朱博笑着说："大丈夫嘛，当然有时会发生这种事情。"

原文

尚方禁少时尝盗人妻见砍，创著其颊。左冯翊朱博用为守尉，问禁曰："是何等创？"禁自知情得，叩头服状。博笑曰："大丈夫固时有是。"

刘伶喜欢喝酒。有一次他口渴得厉害，就向妻子要酒。妻子把酒藏了起来，并且扔掉了酒器，劝他说："这不是养生之道，应该戒掉。"刘伶说："很好！应当祭祀鬼神，立下誓言，现在你就备好祭祀的酒肉吧。"妻子就照他的话办了。刘伶便跪在鬼神面前祷告说："天生我刘伶，饮酒出了名。一次饮一石，五斗除酒病。妇女说的话，千万不可听。"随即喝了酒，吃了肉，然后醉倒在地上。

原文

刘伶好酒，渴甚，求酒于妻。妻藏酒弃器，谏曰："非养生之道，宜断之。"伶曰："善！当祀鬼神自誓，便可具酒肉。"妻从之。伶跪祝曰："天生刘伶，以酒为名。一饮一石，五斗解酲。妇人之言，必不可听。"于是饮酒衔肉，块然复醉。

东汉大将马援打败贼寇后，被封为新息侯，食租税三千户。马援杀牛摆酒，犒劳军士，从容地对下属说："我的堂弟马少游，经常怜悯我激昂慷慨，胸怀大志，说：'读书人活一辈子，只需做到衣食够用，乘个简易的车，骑个慢行的马，做个郡中属官，守住先人坟墓，乡里称你是个好人，这样也就可以了。至于追求此外更多的东西，只是自讨苦吃罢了。'当初我转战在浪泊、西里一带，敌寇未被消灭的时候，下面是积水，上面是迷雾，毒气蒸腾，仰看飞鹰，跌落水中，躺下后想起少游当初所说的那些话，哪里可以做到呢！"

原文

马援破贼后，封新息侯，命邑三千户。援乃击牛酾酒，劳飨军士，从容谓官属曰："吾从弟少游，常哀吾忧慨多大志，曰士生一世，但取衣食裁足，乘下泽车，御款段马，为郡掾史，守坟墓，乡里称善人，斯可矣。至求盈馀，但自苦耳。当吾在浪泊、西里间，虏未灭之时，下潦上雾，毒气重蒸，仰视飞鸢，跕跕堕水，卧念少游平生时语，何可得也！"

郝之玺说："跟在男子后面看花时，应该做个女人；跟在女人后面寻花时，应该做个男子。"

原文

郝之玺曰："看花步男子，当作女人；寻花步女人，当作男子。"

明人江之生刚刚做僧人的时候，因刻苦修行很为人称道，曾在石岭山房探望过黄玄龙。分别后，蓄发还俗，又到金陵去看黄，黄已经认不出他了。江说："黄先生忘记了吗？我是江某人呀。"稍微寒暄了几句，江马上叫道："我疼得很！我疼得很！"黄问他什么地方疼，他说："大腿间的便毒（一种与性有关的病），已经整整三个月了，还没有好。"

原文

江之生初为僧，颇称苦行，过黄玄龙于石岭山房。别后蓄发，复过于金陵，玄龙不知也。江曰："黄先生忘耶？我乃某也。"稍及寒温，江遽曰："我苦极！我苦极！"黄问何苦？江曰："跨间便毒，已三月未愈也。"

唐代大司徒杜佑在扬州时，曾经召来幕僚聊天，说："我辞官后，准备花八九千买一匹小马，吃饱饭后就骑上它，身穿粗布衣服，到集市上去看铃盘傀儡戏，这样就够了。"后来辞了官，他果然照他想的做了。谏官向皇帝上书，批评他身为三公，不应当到集市上去。杜公说："这事在我的意料之中。"

原文

大司徒杜公佑在维扬也，尝召幕宾闲语曰："我致政后，买一小驷八九千者，饱食讫而跨之，着粗布衫，入市看铃盘傀儡足矣。"后致仕，果行其志。谏官上疏，言三公不合入市，公曰："在吾计中矣。"

明人陈惟允，收藏有元末画家王蒙（字叔明）的《泰山密雪图》。张廷采听说后前去观看，在画的下面躺了两天，还不离开。家里派的人过来催他，廷采临走的时候，又回过头来说："王先生啊，你哪里知道百年之后，有个张廷采在深深地爱慕着你呢？"

原文

陈惟允家有王叔明《泰山密雪图》。张廷采闻知，往借观之，卧其下两日不去。使者促之，廷采临去顾曰："王先生，尔岂知百岁后，有张廷采恋尔耶？"

南宋赵孟坚（字子固）曾经得到一幅完好的定武本《禊帖》（即王羲之的《兰亭集序》），便乘船夜行回家。当行至浙江吴兴霅溪岸边的升山附近时，忽然吹起了大风，船被打翻，行李衣被，都沉到了水中，毫无剩余。子固披着湿透的衣服，站在浅水中，手里拿着《禊帖》，对别人说："《兰亭集序》还在这里，其余的都不用管它。"

原文

赵子固常得定武不损本禊帖，乘舟夜泛而归，行至霅之升山，风起舟覆，行李幞被，皆浮溺无余。子固方披湿衣，立浅

水中,手持禊帖语人曰:"兰亭在此,余不足问。"

唐代晋国公裴度性情宽弘通达,不喜欢服食丹药,他常常对别人说:"鸡猪鱼蒜,遇着就吃;生老病死,顺应天时。"

原文

裴晋公性弘达,不好服食,每语人曰:"鸡猪鱼蒜,逢着则吃;生老病死,时至则行。"

唐臣李宗闵经常与客人一块儿谈笑,他喜欢喝酒。盛夏时有一天,他来到池塘边,用荷叶做酒杯,把酒斟满,然后紧紧地系住,拿到嘴边,用筷子戳一个口接住喝。喝不完,再来一次。酒会散了以后,有人说昨天喝得特别高兴。李宗闵说:"今天的高兴,表明了昨天的不高兴。从此以后,好坏都不能说。"

原文

李宗闵多宾客谈笑,喜饮酒。暑月临池,以荷为杯,满酌酒,密系持近口,以箸刺之而饮。不尽,再举。既散,有人言昨饮大欢也。李曰:"今日之欢,明昨日之不欢,自今好恶一不得言。"

明代文学家袁宏道(字中郎)说:"如果有人隔着帘子听到了玉钗落地的声音而不动念头,这个人不是傻瓜就是智者,我幸好处在不是傻瓜也不是智者的当中位置。"

原文

袁中郎曰:"有人隔帘闻堕钗声而不动念者,此人不痴则慧,我幸在不痴不慧中。"

晚明人吴巽之坐在畸庄亭内看桃花,忽然风起花落,不禁感叹道:"万点落花,令人忧愁。"叹息不止。郝公琰对我说:

巽之怜惜这种惨淡的景象，简直就是花的心思呀。"

原文

吴巽之坐畸庄亭看桃花，忽风起花落，辄叹曰："万点愁人。"呐呐不已。郝公琰语臣曰："巽之可怜惨淡，不啻花心。"

唐开元年间的巨富王元宝有钱财而没有学识。他曾经与宾客聚会，第二天亲友对他说："昨天必定有些高妙的言谈吧。"元宝说："不过是拿了些锦缎赏给歌妓罢了。"

原文

王元宝富而无学识。尝会宾客，次日亲友谓之曰："昨日必有佳论。"元宝曰："但赍锦缠头耳。"

晋代阮咸（字仲容）曾经与姑母家的一个鲜卑族的丫鬟有过床笫之事，很快，他母亲死了，他在家守孝。此时，姑母要迁居外地。起初说要将那个丫鬟留下，待到出发时，却又决定把她带走。仲容听说后，马上借了客人一头驴，穿着孝服，独自去追赶。最后两人一块儿骑着那头驴子返回家来。他说："子嗣不能丢啊！"

原文

阮仲容先幸姑家鲜卑婢，及居母丧，姑当远移。初云当留婢，既发，定将去。仲容借客驴，着重服，自追之。累骑而返，曰："人种不可失。"

唐玄宗开元年间，朝廷赏赐给边地将士的衣装，都是宫女缝制的。有个军校从战袍中发现有一首诗，写道："留意多添线，含情更着绵。今生已过了，重结后生缘。"这个军校就拿了去给主帅看，主帅又把这事上报给了明皇。明皇一查问，查到确实出自一个宫女，那宫女自称"罪该万死"。明皇就下令让她嫁给那个得诗的军校,说:"给你缔结今生缘。"

原文

开元中赐边衣,制自宫中。有军校于袍中得一诗云:"留意多添线,含情更着绵。今生已过了,重结后生缘。"持以白帅,帅以闻明皇。问之,有一宫人,自言"万死"。即命嫁得诗者,曰:"与汝结今生缘。"

晋代书法家王献之夜晚躺在书房里,有一个小偷进了房里,献之告诉他说:"那件青毡,是我家祖传的旧物,最好把它留下。"

原文

王献之夜卧斋中,有盗入屋,献之语云:"青毡,我家旧物,可特置之。"

俊语第十一

吴苑说：鸟长得漂亮，它的羽毛就被人作为帽饰；野兽生长得漂亮，就被人驯化用来做坐骑；人长得漂亮，就会被许多眼睛盯住看；话说得漂亮，就有许多耳朵竖着听。人如果不缺少一副耳目，没有不喜爱漂亮而厌恶丑陋的。大概是只有俊人才能说出俊语，这不是与文墨的睿词妙语异曲同工的口语英华吗？于是列"俊语"为第十一类。

吴苑曰：鸟俊则以为冠，兽俊则以为骑；人俊则逐睛，语俊则竦耳。人苟未能了一耳目，未有不爱俊而厌恶者。盖唯俊人能道俊语，岂墨香之口花乎？乃次"俊语"第十一。

东晋褚裒（字季野）对孙盛（字安国）说："北方人的学问，学理渊深而又广博。"孙安国答道："南方人的学问，玄妙通达而又简要。"支遁（字道林）听到后说："圣贤当然不必去说了，就一般人而言，北方人看书好比是在开阔处远望月亮，南方人求学好比是从窗户里窥视太阳。"

原文

褚季野语孙安国云："北人学问，渊综广博。"孙答曰："南人学问，玄通简要。"支道林闻之曰："圣贤固所忘言，自中人以还，北人看书如显处视月，南人学问如牖中窥日。"

唐代的宰相毕诚，家境一向贫贱，李中丞家族的各房子弟都与毕诚很熟悉。有一次毕诚来到李家儿子的书房中，几个儿子正在写诗，毕诚也跟着写起来。不一会儿，中丞过来了，看了几个儿子写的诗，又见到了毕诚写的诗，称赞这是最美的一首，问道："这一首是谁写的？"儿子们不敢隐瞒，回答说："是好朋友毕秀才作的。"李中丞说："让他出来见见。"毕诚出来后，李中丞故意叫来身边的人斥责说："为什么让马跑到池子里，踏得浮萍都聚集在一起，芦苇都倾倒了？"他非常生气，身边的人都不敢回答。毕诚说："萍聚只因今日浪，荻斜都为夜来风。"李中丞十分高兴，于是就把他当成了友好的客人。

原文

唐毕相诚，家素贱，李中丞有诸院子弟与诚熟。诚至李氏子书室中，诸子赋诗，诚亦为之；顷李至，观诸子诗，又见所作，称其最美，问曰："此谁作也？"诸子不敢隐，乃曰："所知毕秀才作也。"李曰："出见。"既而李呼左右责曰："何令马入池中，践浮萍皆聚，芦荻斜倒。"怒甚，左右莫敢对。诚曰："萍聚只因今日浪，荻斜都为夜来风。"李大悦，遂客之。

东汉人贾逵精通经义,收授门徒,肃宗(东汉章帝刘炟)对他十分重视。贾逵的母亲生了病,肃宗拿出了二十万钱,让颖阳侯马防交给他,对马防说:"贾逵的母亲病了,而他在外面并没有可以利用的人事关系,如果常常贫困,那么就要饿死了。"(商末,孤竹君之子伯夷、叔齐因不肯事周而遁入首阳山,最终饿死山中。)

原文

贾逵通经授徒,肃宗重之。逵母病,帝以钱二十万使颖阳侯马防与之,谓防曰:"贾逵母病,此子无人事于外,屡空,则从孤竹之子于首阳山矣!"

西汉太守孙宝任命侯文做东部督邮,侯文进来见他。孙宝吩咐说:"现在鹰隼开始搏击,应当根据天气对那些奸邪之徒像秋霜一样给予严厉诛杀。你的辖区有没有这样的坏人呢?"侯文说:"如果没有这种人,我就不敢白白接受这一职务。"孙宝说:"是谁呢?"侯文说:"霸陵杜稚季。"孙宝说:"其次呢?"侯文说:"豺狼当道的时节,哪儿还管狐狸!"

原文

孙宝署侯文为东部督邮,入见,敕曰:"今日鹰隼始击,当顺天气取奸恶以成严霜之诛,掾部岂有其人乎?"文曰:"无其人,不敢空受职。"宝曰:"谁也?"文曰:"霸陵杜稚季。"宝曰:"其次?"文曰:"豺狼当道,安问狐狸!"

南朝刘宋时的大诗人谢灵运,喜欢戴有着曲柄的斗笠。隐士孔彦深问他说:"您既然向慕高远,胸襟超脱,怎么却丢不下一个曲柄华盖呢?"谢灵运说:"一个不怕自己影子的人,怎么却对此事不能忘怀呢?"

原文

谢灵运好戴曲柄笠,孔隐士谓之曰:"卿欲希心高远,何不能遗曲盖之貌?"谢曰:"将不畏影者,未能忘怀?"

明代书画家文徵明(别号衡山)历来不到河下拜访客人。权相严嵩(一字介溪)路过苏州时,等了两天,文还是没来,严怒形于色,对顾东桥说:"不拜别人还可以,他也敢这样把我与其他人一样对待吗?"东桥说:"如果不是衡山有恒,哪能让介溪有芥?"("衡"、"恒"谐音;"介"、"芥"谐音。芥,芥蒂,不快)严的怒气稍有收敛。

原文

文衡山素不至河下拜客。严介溪过吴门,候二日不至,忿然见色,谓顾东桥曰:"不拜他人犹可,渠亦敢尔以我概人耶?"东桥曰:"若非衡山有恒,那得介溪有芥。"严稍敛。

北齐时,东郡人商鉴,给儿子取名叫外臣。外臣长大后被任命为廷尉评。商鉴入朝谢恩,北周武帝宇文邕问道:"你给儿子取名为外臣,为什么又让他到朝内做官?"商鉴回答说:"外臣生于齐朝末年,所以人们都希望隐避不出;现在遇到了圣明的时代,民间再也没有被遗弃的贤人了。"

原文

东郡商鉴,名子为外臣。外臣任为廷尉评。鉴入谢恩,武帝问:"卿名子为外臣,何为令其入仕?"鉴答曰:"外臣生于齐季,故人思匿迹;今幸遭圣代,草泽无复遗人。"

晋要臣庾亮拜访周𫖮,周𫖮问:"您有什么高兴的事而忽然发胖?"庾亮反问:"您有什么忧愁的事而忽然消瘦?"周𫖮说:"我没有什么忧虑,只不过纯洁空灵一天天增加,渣滓污秽一天天减少罢了。"

原文

晋庾亮造周𫖮,𫖮曰:"君何忻悦而忽肥?"庾曰:"君何忧惨而忽瘦？"周曰："吾无所忧，直是清虚日来，滓秽日去。"

唐人卢肇初次应试，有先辈问他从何处来。卢肇回答说："我是袁州人。"有人说："袁州能出举人吗？"卢肇说："袁州能出举人，也就像沅江能出九肋甲鱼一样，是十分稀少的。"
原文
唐卢肇初举，先达或问所来。肇曰："某袁民也。"或曰："袁州出举人耶？"肇曰："袁州出举人，亦犹沅江出鳖甲九肋者，盖稀也。"

唐诗人苏味道的才学和识见，为众望所归。王方庆体貌丑陋，言辞迟钝，智力不超凡，才华不出众。两人都做凤阁侍郎。有人问张元一说："苏、王两人谁更贤能？"张说："苏是九月里经秋霜磨砺的苍鹰，王是十月里被寒气冻蔫的苍蝇。"
原文
苏味道才学识度，物望攸归。王方庆体质鄙陋，言词鲁钝，智不逾俗，才不出凡，俱为凤阁侍郎。或问张元一曰："苏、王孰贤？"答曰："苏九月得霜鹰，王十月被冻蝇。"

唐人裴廷裕字膺余，唐昭宗乾宁年间做宫廷近臣，起草文书，才思敏捷。同僚们说："裴廷裕就像是一只顺水而行的船。"
原文
裴廷裕字膺余，乾宁中在内庭，文书敏捷。同官者曰："裴廷裕如下水船。"

前蜀韩昭在王氏朝廷里任礼部尚书，粗略会些文章，其他如琴、棋、书、算、射、法，都有涉猎，但都不是很精通。朝臣李台瑕说:"韩尚书的技艺,好像拆袜子(古代袜子由裁布做成)的线,没有一条是长的。"

原文

伪蜀韩昭仕王氏为礼部尚书,粗有文章,至于琴、棋、书、算、射、法,悉皆涉猎,不能专精。朝士李台瑕曰:"韩八座之艺,如拆袜线,无一条长。"

南朝陈人萧引的书法遒劲飘逸,陈宣帝陈顼曾经指着他的署名,对在场的人说:"这字笔势翩翩,就像鸟要飞起的样子。"萧引回答道:"这是因为陛下给了它羽毛。"

原文

萧引书法遒逸,陈宣帝常指其署名,语诸人曰:"此字笔势翩翩,似鸟之欲飞。答曰:"此乃陛下假其羽毛。"

唐宰相宋璟(封广平郡公,世称"宋广平")关心民众,爱惜物力,朝野上下都很赞扬,称他是"有脚阳春"(比喻所到之处,如阳春给万物常来温暖。)

原文

宋广平爱民惜物,朝野归美,人皆谓之曰"有脚阳春"。

南朝刘宋时的文人颜延之(字延年)曾经对鲍照(字明远)说:"我的诗与谢康乐(谢灵运,袭封康乐公)的比,优劣如何?"鲍照说:"谢的五言诗如初开的荷花,自然可爱;你的诗像铺开的锦绣,也彩绘满眼。"

原文

颜延之尝谓鲍明远曰:"己诗与谢康乐优劣?"鲍曰:"谢五言如初发芙蓉,自然可爱;君诗若铺锦列绣,亦雕缋满眼。"

南朝梁时文学家刘峻（字孝标）认为，刘彦度超越世俗，像是天空中的红霞；刘士光凌驾凡尘，像是云中的白鹤：他们都是荒年中的米粮，寒冷时的绵丝。

原文

刘孝标目刘彦度超然越俗，如天半朱霞；刘士光矫矫出尘，如云中白鹤：皆俭岁之粱稷，寒年之纤纩。

三国蜀汉国王刘备忌恨张裕不恭顺，又恼火他泄露机密，便将他关进了监狱，准备杀掉。诸葛亮（封武乡侯）上表请求赦免他的罪过。先主答道："即便是香草兰花，生在门口，也不能不铲除。"

原文

蜀先主衔张裕不逊，兼忿其漏言。下狱将诛之。诸葛武侯表请其罪，先主答曰："芳兰当门，不得不锄。"

东晋宰相谢安（死后赠太傅衔）非常看重褚裒（字季野），曾经说："褚季野虽然不露声色，但一年四季之气都已具备（指做事胸有成竹）。"

原文

谢太傅绝重褚公，常曰："褚季野虽不言，而四时之气亦备。"

晋人满奋怕风。有一次在武帝司马炎旁边坐着，北面的窗户是琉璃屏风，实际细密，却看似疏松。满奋脸上露出为难的表情。武帝取笑他，满奋答道："臣就像吴地的水牛，见了月亮也会发喘。"（吴地水牛怕热，误认月亮为太阳，所以喘气。）

原文

满奋畏风，在晋武帝坐，北窗作琉璃屏，实密似疏。奋有难色。帝笑之，奋答曰："臣犹吴牛，见月而喘。"

东晋人顾悦与简文帝司马昱同年出生,而头发白得很早。简文帝说:"你的头发为什么先白?"顾悦回答说:"蒲柳的体格,一到秋天就纷纷凋零;松柏的躯干,经了霜冻却更加茂盛。"

原文

顾悦与简文同年,而发早白。简文曰:"卿何以先白?"对曰:"蒲柳之姿,望秋而落;松柏之质,经霜弥茂。"

晋代丹阳尹刘恢说:"人们想象王徽(小字荆产)很优秀,这就好比是想象高大的松树下必定会有清风一样。"

原文

刘尹云:"人想王荆产佳,此想长松下当有清风耳。"

东汉时,任城人何休喜欢公羊学(关于公羊高《春秋公羊传》的学问),于是写成了《公羊墨守》、《左氏膏肓》、《穀梁废疾》三部著作。郑玄(字康成)则揭发《墨守》的错误,针砭《膏肓》的病患,治疗《废疾》的症结。何休见到后叹息道:"郑康成这是跑进我的房中,拿了我的武器,来讨伐我啊!"

原文

任城何休好公羊学,遂著《公羊墨守》、《左氏膏肓》、《穀梁废疾》。郑玄乃发墨守,针膏肓,起废疾。休见而叹曰:"康成人吾室,操吾戈,以伐我乎!"

唐代诗人宋之问在武则天当朝时,请求做北门学士,未获批准,他就作了一首《明河篇》来展现自己的心志。武则天见了他的诗,对崔融说:"我不是不知道之问有才华,只是因为他有口臭。"之问终身惭愧愤恨。

宋之问天后朝求为北门学士,不许,作《明河篇》以见意。则天见其诗,谓崔融曰:"吾非不知之问有才,但以其口过。"之问终身惭愤。

唐人裴子余做鄂县尉,同僚李隐朝、程谌,都以文章法度著称,只有子余以词学知名。有人问雍州长史陈崇业:"三个人优劣次序如何?"崇业说:"譬如春兰秋菊,都不可少。"

原文

裴子余为鄂县尉,同列李隐朝、程谌皆以文法著称,子余独以词学知名。或问雍州长史陈崇业:"三人优劣孰先?"崇业曰:"譬之春兰秋菊,俱不可废。"

明初,苏州知府姚善去拜访韩奕,韩奕躲进了太湖。姚善叹息道:"我与韩先生只有耳交的缘分啊!"(指仅闻其名,无法见面。)

原文

苏州守姚善访韩奕,奕避入太湖。善叹曰:"予于韩先生分当耳交矣。"

东坡性子急,忍不住事情,曾经说过:"就像食物中有个苍蝇,吐出来才能罢休。"

原文

东坡性不忍事,尝曰:"如食中有蝇,吐之乃已。"

北宋人唐庚(字子西)说:"笔的寿命以日计算,墨的寿命以月计算,砚的寿命以代计算。"

原文

唐子西曰:"笔之寿日,墨之寿月,砚之寿世。"

明初京师妓院的妓女马湘兰，很有声价。有一个举人前去寻访，她不出来。过了十几年，举人成了进士，做了南京御史台御史。湘兰偶然受到一桩案件牵连，受到审讯。御史见了她说："看你这样一副面孔，空有往日的虚名。"湘兰答道："只因为曾经有往日的虚名，所以才遭到今日的实祸。"御史同情她，便把她放了。

原文

平康姬马湘兰，甚有声价。一孝廉往造之，不出。积十余年，孝廉成进士，为南御史。偶湘兰坐株连，当审。御史见之曰："尔如此面孔，徒负往日虚名。"湘兰答曰："惟往日之虚名，受今日之实祸。"御史怜而释之。

丰城龙头山，旧名叫鸡头山。叶御史在风景优美的地方建了一座江天阁。熊神阿说："假如山不改称龙，使鸡头上有角（方音同'阁'），会更显得雄伟之极。"

原文

丰城龙头山，旧名鸡头。叶御史据胜作江天阁。熊神阿曰："山不名龙，使鸡有角，更自雄绝。"

晋人周颛（字伯仁）以宽宏的肚量获得了海内的盛名，后来因为多次醉酒而损害了形象。庾亮说："周侯可以说是'凤德之衰'呀。"（《论语·微子》："凤兮，凤兮，何德之衰！"旧以"凤德"指士大夫德行名望。）

原文

周伯仁以雅度获海内盛名，后屡以酒失。庾亮曰："周侯可谓凤德之衰也。"

明代汪道昆（号南溟）问王十岳说："我的文章与王弇州（王世贞，号弇州山人）相比怎么样？"王十岳回答说："开凿大海，志向在于容纳众多河流；修补苍天，志向在于不留任何漏洞。虽然志向有所不同，但各自都达到了最高境界。"

原文

汪南溟谓王十岳曰："文吾与弇州何似？"答曰："凿海志在容流，补天志在无漏。用志不同，各归其极。"

唐代侍郎刘伯刍（字素芝）居住的巷子里，有一个卖饼的，每天早晨从他门前经过，必定会听到他在酒垆前唱歌。于是，刘伯刍便把他叫过来，给了他一万钱，让他增加本钱，每天取他的胡饼来抵债。此后经过他的门前，绝对不再听到歌声。刘又把他叫来，问道："为什么这么快就停止歌唱了？"卖饼的说："本钱多了以后，想法就多了，顾不上再来唱《渭城》了。"（唐有《渭城曲》天下传唱，"唱《渭城》"即指唱歌。）

原文

刘伯刍侍郎所居巷有鬻饼者，每早过户，必闻讴歌当垆。召与万钱，令多其本，日取胡饼偿之。复过其户，绝不闻歌声，呼至问曰："何辍歌之速也？"曰："本领既大，心计转粗，不暇唱《渭城》矣。"

东晋李充（字弘度）常常叹息得不到赏识，扬州刺史殷浩知道他家里贫穷，问他说："您能委屈自己来做一个县令么？"弘度回答道："先前在北门的感叹，很早就已被大人听说了。处境急迫的猿猴奔向树林，哪还顾得上挑选树木？"

原文

李弘度常叹不被遇，殷扬州知其家贫，问："君能屈志百里不？"答曰："北门之叹久已上闻，穷猿奔林，岂暇择木？"

西晋文学家潘岳与富豪石崇一同在东市被执行死刑。石崇对潘岳说:"天下杀英雄,你来做什么?"潘岳说:"俊士填沟壑,余波涉及我。"(意思是杰出人士被杀,我也被牵连上了。)

原文

潘、石同刑东市,石谓潘曰:"天下杀英雄,卿复何为?"潘曰:"俊士填沟壑,余波来及人。"

齐高帝萧道成有个老下属叫竺景秀,曾经因犯过错被抓进监狱。高帝问荀伯玉(字弄璋)说:"你近来看望景秀了吗?"回答说:"去看过多次了,对他作了严厉的批评。景秀说:'如果允许我改过自新,我就吞刀刮肠,饮灰洗胃。'"高帝认为他说得很好,就放了他。

原文

齐高帝有故吏竺景秀,尝以过系狱。高帝语荀伯玉:"卿比看景秀不?"答曰:"数往候之,备加责诮,景秀言:'若许某自新,则吞刀刮肠,饮灰洗胃。'"帝善其言,乃释之。

北齐人魏恺多年来仕途沉沦,被废弃不用。有一天,他在路上遇到杨愔,就稍稍说了自己的情况。杨愔说:"发诏令任命官职,都是皇上的意旨。"魏恺说:"虽然说雨是从天上落下来的,但是终究要先由四岳聚集阴云啊。"

原文

魏恺积年沉废,遇杨愔于道,微自陈。愔曰:"发诏授官,咸由中旨。"恺应曰:"虽复零雨自天,终待云兴四岳。"

东晋太尉庾亮(字元规)夜里登上武昌南楼,殷浩、王胡之等名士都在那里。后来,王羲之(字逸少)东下建康,丞相王导对他说:"元规那时的风范,难免有所消减了。"羲之说:"但是那种幽深情致仍然存在。"

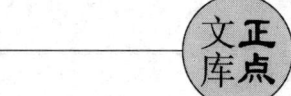

原文

庾太尉夜登南楼，殷、王诸贤在焉。后王逸少下，王丞相谓曰："元规尔时风范，不得不小颓。"右军曰："唯丘壑独存。"

鉴湖，是东汉时的会稽太守马臻主持开凿的，东西二十里，南北数里，郊野环绕在四周，清澈的湖水，翠绿的山石，互相映照，有如图画。王羲之（字逸少）说："从山阴道上行走，像是在明镜之中游玩。"

原文

鉴湖，会稽太守马臻所开，东西二十里，南北数里，萦带郊野，白水翠岩，互相映发，有若图画。王逸少云："从山阴道上行，如在镜中游。"

汉末"建安七子"之一的孔融与书法家蔡邕十分友好。蔡邕死后，有个虎贲军士容貌很像蔡邕，孔融每当酒兴浓郁时，就把他拉来一块儿就座，说："虽然没有老臣在，却有遗典在身边。"（《诗经·大雅·荡》："虽无老成人，尚有典刑。"意即虽然没有了德高望重的老臣，但他们修订实施的旧法常规还在。）

原文

孔融与蔡邕友善。邕卒后有虎贲士貌类邕，融每酒酣，引与坐曰："虽无老成，尚有典刑。"

东晋简文帝司马昱在大殿上走着，王羲之（曾做右军将军，世称"王右军"）与孙绰跟在后面。王羲之指着简文帝对孙绰说："这是一位爱吃名声的先生。"简文帝回头看着他说："天下自有牙齿尖利（指说话尖刻）的小子。"后来，王蕴（字叔仁，曾任光禄大夫）做会稽内史，谢玄（东晋名将，曾

任车骑将军,世称"谢车骑")到曲阿为他饯行,王蕴的儿子王孝伯当时已被罢去了秘书丞之职,也在座。谢玄说到了这件事,于是看着孝伯说:"您的牙齿似乎就不钝。"王说:"是不钝,已经一再证明过了。"

原文

简文在殿上行,王右军与孙公在后。右军指简文语孙曰:"此啖名客。"简文顾曰:"天下自有利齿儿。"后王光禄作会稽,谢车骑出曲阿祖之,王孝伯罢秘书丞,在坐。谢言及此事,因视孝伯曰:"王丞齿似不钝?"王曰:"不钝颇亦验。"

东晋王坦之(字文度)在扬州,与林法师(支遁,字道林)讲论经典义理,韩伯(字康伯)、孙绰(字兴公)等人都在座。林公每当稍有理屈时,孙兴公就说:"法师今天好像是穿着破绵絮走在荆棘中,到处牵牵扯扯。"

原文

王文度在西州,与林法师讲,韩、孙诸人并在坐。林公理每小屈,孙兴公曰:"法师今日如着敝絮在荆棘中,触地挂阂。"

东晋车骑将军谢玄说:"谢公(丞相谢安)尽情游玩时,不需要放声歌唱;只要一安安稳稳坐下来揉着鼻子左右顾盼,便自然有一种隐居山泽之间的悠闲仪态。"

原文

谢车骑道:"谢公游肆,复无乃高唱,但恭坐捻鼻顾眜,便自有寝处山泽闲仪。"

晋人王濛(字仲祖,官至左长史,世称"王长史")说:"丹阳尹刘惔了解我,胜过我对自己的了解。"

原文
王长史云："刘尹知我，胜我自知。"

东晋重臣桓玄问太常卿刘瑾说："我和谢太傅（谢安，死后赠太傅衔）相比怎样？"刘瑾回答道："您高，谢太傅深。"又问："我和你舅舅子敬（王献之，字子敬）相比怎样？"刘瑾回答道："山楂、梨子、橘子、柚子，各有各的味道。"

原文
桓玄问刘太常曰："我何如谢太傅？"刘答曰："公高太傅深。"又曰："何如贤舅子敬？"答曰："楂梨桔柚，各有其美。"

东晋时，有人随便议论谢仁祖（谢尚，字仁祖），不够尊重，大司马桓温说："诸位不要小瞧仁祖。他在北窗下踮起脚来弹琵琶的样子，实在令人想到天边的仙人。"

原文
或以方谢仁祖不乃重者，桓大司马曰："诸君莫轻道仁祖，企脚北窗下弹琵琶，故自有天际真人想。"

东晋苏峻叛乱时孔群在横塘，曾受到叛将匡术围攻。后来丞相王导想要保护匡术，便趁众人坐在宴席欢乐取笑的时候，让匡术给孔群敬酒，以化解当初横塘的仇恨。孔群回答道："我的德行比不上孔子，但同样都曾受到匡人的围攻。现在虽然春意融融，鹰变成了鸠，但认识它的人，仍会讨厌它那双凶恶的眼睛。"

原文
苏峻乱，孔群在横塘，为匡术所逼。王丞相保存术，因众坐戏语，令术劝群酒，以释横塘之恨。群答曰："德非孔子，厄匡人。虽阳和布气，鹰化为鸠，至于识者，犹憎其眼。"

东晋孙绰（字兴公）说："曹毗（字辅佐）的才华，就像是用白底光亮的锦缎裁成了做苦力的人穿的裤子，不是没有文采，只是缺乏剪裁的本领。"

原文

孙兴公道："曹辅佐之才，如门地明光锦裁为负版绔，非无文彩，酷乏剪裁。"

东晋桓温见到谢安（字安石）所作的《简文谥议》，看完以后，扔给了在座的客人，说："这是安石文章的散碎珍品。"

原文

桓公见谢安石作《简文谥议》，看竟，掷与坐上诸客，曰："此是安石碎金。"

东晋孙绰（字兴公）说："潘岳的诗文灿烂如同展开的锦缎，无处不美丽动人；陆机的诗文如同沙石中淘金，往往能见到珍宝。"

原文

孙兴公云："潘文烂若披锦，无处不善；陆文若排沙简金，往往见宝。"

东晋王坦之非常喜爱张天锡，问他说："你看渡江南来的这些人，治理江东的方略有什么大的不同？后起之秀，比起中原来又怎么样？"张天锡说："自从王导、何充以来，研讨深层的道理，按照时局的需要制定政策，颇有西晋荀勖、乐广的作风。"王中郎说："您的识见绰绰有余，为什么却被苻坚击败？"张回答说："阳气减弱，阴气增长，所以天命不好，卦数太坏就会形成物象（意思是导致人间灾祸），何必多加讥讽！"

原文

王中郎甚受张天锡，问之曰："卿观过江诸人，经纬江左右，轨辙有何伟异？后来之彦，复何如中原？"张曰："研求幽邃，自王、何以还，因时修制，荀、乐之风。"王曰："卿知见有余，何故为苻坚所制？"答曰："阳消阴息，故天步屯蹇，否剥成象，岂足多讥！"

讽语第十二

　　吴苑说：讽是一种精妙的讥刺。讽字以言从风，这是什么含义呢？回答说：草上有风吹过，必然就会倒伏。(《论语·颜渊》："君子之德风，小人之德草，草上之风必偃。")让那有形状的草，顺从无形迹的风，这不是精妙是什么？所以说：讽是一种精妙的讥刺。于是列"讽语"为第十二类。

　　吴苑曰：讽者讥之微也。以言从风，何义焉？曰：草上之风必偃。以有形之草，从无朕之风，非微而何？故曰：讽者讥之微也。乃次"讽语"第十二。

唐代的刘晏，因为有神童的名声而担任了秘书省正字这个职务。玄宗皇帝把他召到楼中的帘下，贵妃把他放在自己膝上，为他涂脂抹粉，梳洗打扮。玄宗对刘晏说："你做正字，校正了几个字呢？"刘晏回答："天下的字都校正过了，只有'朋'字没有校正。"（古时"朋"字两个"月"都可以斜着写。这里暗指当时朝中的朋党之争。）

原文

唐刘晏以神童为秘书正字，玄帝召于楼中帘下，贵妃置于膝上，为施粉黛，与之巾栉。玄宗谓晏曰："卿为正字，正得几字？"晏曰："天下字皆正，唯'朋'字未正。"

晋朝的罗友家境贫寒，就去到大司马桓温那里谋一个挣钱的差使。桓温虽然把他当作有才学的人对待，但是却认为他不受约束，任意妄为，不是治理民众的人才，对他只是答应下来却未予重用。后来，同府的人中有一个被任命为郡守，桓温为他设酒宴叙别，罗友也被指定参加，但他到得很晚。桓温问他是怎么回事。罗友答道："我昨天接到了命令，出门以后，在中途遇到一个鬼戏弄我，说：'我只见你送别人到郡城赴任，却不见别人送你去郡城赴任。'我听了非常惭愧，勉强回答辩解，不知不觉中造成了迟到的罪过。"桓温听罢脸上笑着，但心里却感到惭愧。

原文

晋罗友家贫，乞禄于桓温，虽以才学遇之，而谓其肆诞，非治民才，许而不用。后同府人有得郡者，温为坐饮叙别，友亦被命，至尤迟晚。温问之，答曰："臣昨奉教旨出门，于中途见鬼揶揄，云：'我只见汝送人上郡，不见人送汝上郡。'惭回强解，不觉成淹缓之罪。"温面笑而内愧焉。

郝隆做了南蛮的参军，三月三日这天，他作诗说："娵隅跃青池。"东晋重臣桓温问娖隅是什么东西，郝隆回答说："蛮族称鱼为娖隅。"桓温问他："为什么要用蛮语？"郝隆说："我千里迢迢来投奔您，才得了个蛮府参军，哪能不用蛮语呢？"

原文

郝隆为南蛮参军，三月三日作诗曰："鱜隅跃青池。"桓温问何物？答曰："蛮名鱼为'娖隅'。"桓曰："何为作蛮语？"隆曰："千里投公，始得蛮府参军，那得不作蛮语？"

宋太祖（指南朝宋文帝刘义隆。此处有误，实应为"齐太祖"，即南齐萧道成）曾经当面许诺让张融做司徒长史，而诏书一直没有发出。张融骑着一匹马，非常瘦，太祖问："你的马怎么这么瘦？喂它多少粮食？"张融说："每天给它一石。"太祖说："那还为什么这样瘦？"张融说："我口头许诺，却并不给它。"第二天，即任命张融为长史。

原文

宋太祖尝面许张融为司徒长史，敕竟不出。融乘一马甚瘦，上曰："卿马何瘦，给粟多少？"融曰："日给一石。"上曰："何瘦如此？"融曰："臣许而不与。"明日即除长史。

后魏的孙绍，历任中央和地方的许多职务，年老时才被任命为太府少卿。谢恩那天，灵太后说："您年纪似乎太老了些。"孙绍郑重叩拜说："我的年纪虽老，我的卿位最少。"太后笑着说："很快就要让你做正卿的。"

原文

后魏孙绍，历职内外，垂老始拜太府少卿。谢曰，灵太后曰："公年似太老。"绍重拜曰："臣年虽老，臣卿最少。"后笑曰："是将正卿。"

唐朝的民间艺人高崔嵬，太宗让给使令把他的头按在水里，过了好大一阵，高崔嵬抬出头来，却面带着笑容。太宗问他："在水里看到了什么东西？"回答说："见到了三闾大夫屈原，他对我说：'我生逢楚怀王，是个无道的昏君，这才自沉汨罗江中。你生逢圣明君主，为什么也来到这里？'"

原文

唐散乐高崔嵬，太宗命给使捺头向水下良久，出而笑之。帝问曰："水中见何物？"对曰："见三闾大夫屈原，向臣云：'我逢楚怀王无道，乃沉汨罗水。汝逢圣主，何为来？'"

唐玄宗喜欢打马球，宫内马棚里所养的马，都不太合他的意。一次他与黄幡绰谈话，便说："我盼望良马已经很久了，却没有通晓马经的人。"幡绰回奏道："我知道谁能通晓。"又说："当今的三个丞相都精通相马经。"玄宗说："我与三个丞相在谈论政治事务以外，都询问过他们的其他学问，没听说过能通马经。"幡绰说："我在沙堤上，天天都看到丞相们骑着良马。"

原文

唐玄宗好击毬，内厩所饲者，意未甚适。会与黄幡绰语，因曰："吾欲良马久之，而无人通于马经者。"幡绰奏曰："臣能知之。"曰："今三丞相悉善相马经。"上曰："吾与三丞相语政事外，悉究其傍学，不闻能通马经。"绰曰："臣卜于沙堤上，日日见丞相乘良马。"

秦始皇和大臣们议论，打算扩大苑囿，东至函谷关，西至陈仓关。优旃说："很好！要多放些禽兽在里面，贼寇如果从东方攻来，让麋鹿用角去抵他们就可以了。"

原文

始皇议欲大苑囿，东至函谷，西至陈仓。优旃曰："善！

多纵禽兽于其中，贼寇从东方来，令麋鹿触之足矣。"

优旃侍奉秦始皇，站在大殿上。秦朝的法律很严厉，没有皇帝的命令，谁也不能移动位置。当时天气寒冷，又下着大雨，武士背着盾牌站在庭院中，优旃想帮助他们，就开玩笑说："披盾郎，你虽身材长，却在雨中站；我虽身材短（优旃为侏儒），殿上衣服干。"始皇听到后，便让武士移到走廊下面去。

原文

优旃侍始皇，立其殿上。秦法重，非有诏不移足。时天寒雨甚，武士被楯立庭中，优旃欲救之，戏曰："被楯郎，汝虽长，雨中立；我虽短，殿上幸无湿。"始皇闻之，乃令徙于庑下。

汉武帝要处死他的乳母，乳母急忙向东方朔求救。东方朔说："皇帝发怒了，如果身旁的人再劝说，会死得更快。你在临去时，要频频地回头看着武帝，我会想出奇招来激他醒悟。"乳母就照他说的那样办了。东方朔当时就站在武帝旁边，说道："你赶快走吧，皇上现在已经长大了，难道还想让你再来喂奶吗？"武帝听了很悲伤，就赦免了她。

原文

汉武帝欲杀乳母，母告急于东方朔。曰："帝怒而傍人言，益死之速。而汝临去，但屡顾，我当设奇以激之。"乳母如其言。朔在帝侧，曰："汝宜速去，帝今已大，岂念汝乳哺耶？"帝怆然赦之。

蜀国的简雍年轻时曾经与先主刘备有交情，跟随奔走，做了昭德将军。当时天气大旱，朝廷禁酒，酿酒者要受到严厉处罚。官吏从一户人家搜出了酿酒的器具，下令要与造酒者同罪。有一次,简雍跟随先主出游,看见有个男子在路上行走,就问先主说:"那个人想要奸淫,为什么不把他抓起来?"先主问道:"你怎么知道?"简雍回答说:"他有奸淫的器具,与想要酿酒的人有什么区别?"先主不禁大笑,于是放宽了禁令。

原文

蜀简雍少与先主有旧,随从周旋,为昭德将军。时大旱,禁酒,酿者刑。吏于人家索得酿具者,令与造酒者同罪。雍从先主游,观见一男子路中行,问先主曰:"彼人欲淫,何以不缚?"先主曰:"卿何以知之?"雍对曰:"彼有淫具,与欲酿者何异?"先主大笑,弛禁。

唐玄宗问伶人黄幡绰:"什么样的小孩最让人喜爱?"黄幡绰回答说:"自家的小孩最让人喜爱。"玄宗低头思量了好久。

原文

唐玄宗问黄幡绰:"是何儿得怜?"对曰:"自家儿得人怜。"玄宗俯首久之。

魏文帝曹丕任五官中郎将时,临淄侯曹植的才名很盛,几乎有夺嫡(夺取嫡长子的太子地位)的议论。有一天,曹操咨询贾诩的意见,贾诩沉默不语。曹公问道:"为什么不回答呢?"贾诩说:"我有些想法。"又问道:"有什么想法?"回答说:"我在想袁绍(字本初)、刘表(字景升)父子的事情(两人都把偏爱的少子立为太子,引起祸乱)。"于是太子便确定了下来。

原文

魏文为五官将,时临淄侯才名甚盛,几有夺嫡之议。曹公一日谘于贾诩,诩默默不对。曹公问:"不对何也?"诩曰:

"属有所思。"问:"何思?"答曰:"思袁本初、刘景升父子也。"于是太子遂定。

南齐高宗萧鸾的堂弟季敞,性格豪迈放纵,皇上心里很不喜欢,曾经对他说:"你可以常到王思远那里走走。"因为王是个谨慎严肃的人。

原文

齐高宗从弟季敞,性颇豪纵,上心非之,尝语之曰:"卿可数诣王思远。"以王谨肃故也。

在侯景之乱时,湘东王萧绎率兵入京援救台城,军队却驻扎在武城,滞留不进。中记室参军萧贲见萧绎不肯及早东下,心里认为很不应该。有一天,他曾与萧绎下双陆棋,萧绎要吃对方却没有立即下子,萧贲停下手插话说:"陛下完全没有'下'的意思啊!"

原文

湘东绎入援台城,顿军武城,淹留不进。中记室参军萧贲以绎不早下,心甚非之。尝与绎双陆,食子未即下,贲敛手言曰:"陛下都无'下'意。"

祢衡被魏武帝曹操贬为鼓吏了。正月十五击鼓,祢衡扬起鼓槌,奏了一曲《渔阳参挝》,咚咚作响,有金石之声。四座的人听了,表情非常激动。孔融说:"祢衡的罪过和殷代服劳役的傅说相同,可是却没有像傅说一样出现在明君的梦中。"魏武帝感到惭愧,于是赦免了他。

原文

祢衡被魏武谪为鼓吏。正月半试鼓,衡扬桴为《渔阳参挝》,渊渊有金石声,四座为之改容。孔融曰:"祢衡罪同胥靡,不能发明王之梦。"魏武惭而赦之。

唐时，王方庆在朝廷做宰相，他的儿子做眉州司士参军。武则天曾经问他："你在宰相位置上，为什么儿子却离得这么远？"方庆回答说："庐陵王（即唐中宗李显）是陛下的爱子，现在尚在远方，我的儿子哪敢待在近处呢？"武后听了，好久都不高兴。

原文

王方庆在政府，其子为眉州司士参军。武后尝问："卿在相位，何子之远？"方庆答曰："庐陵是陛下爱子，今尚在远，臣之子庸敢相近？"武后拂然久之。

唐高宗外出打猎，遇到了下雨，就问谏议大夫谷那律说："油衣怎样才能不漏雨？"回答说："用瓦来做就不会漏了。"高宗听了这话，以后不再出外打猎。

原文

高宗出猎，遇雨，问谏议大夫谷那律曰："油衣若何不漏？"对曰："以瓦为之则不漏。"上因此不复出猎。

明世宗时，张彦颇真人的府宅遭到火灾，他请求皇帝赐钱重造一所。给谏黄臣说："东汉栾巴喷了一口酒，成都的一场大火就灭了（此事见于葛洪《神仙传》）。想来彦颇是缺酒，所以才有这次灾害。陛下赐钱给他重造府宅后，还应再赐给他一些酒（实则讽其并非"真人"）。"于是这事便被阻止了。

原文

张真人彦颇府第灾，请赐更造，给谏黄臣曰："栾巴酒，成都火灭，彦颇想乏酒，故有此灾。陛下赐造后，随当赐酒。"由是止。

翟永龄不信佛，他的母亲每天念佛不停口。一次，永龄故意叫了一声母亲，母亲答应了。接着他又连叫几声，母亲生气地说:"没事老叫我干什么?"永龄说:"我叫了母亲三四声,你便生气了;你天天叫佛千万遍,佛能不生气吗?"母亲这才渐渐不念了。

原文

翟永龄不信佛,其母日诵佛不辍声。永龄伴呼之,母应喏,又呼不已,母愠曰:"无事何频呼也?"永龄曰:"呼母三四便怒,呼佛千万不怒耶?"母稍止。

晋武帝司马炎没有觉察到太子的懦弱性格,有把帝位传给他的打算,众位名臣都多次进直言进谏。有一次,武帝坐在凌云台上的时候,卫瓘在他的身边,想说出自己的意思,他装出酒醉的样子跪在武帝前面,用手拍着龙椅说:"这个座位很值得珍惜呀!"武帝虽然悟到了,却笑着说:"你醉了吗?"

原文

晋武既不悟太子之懦,有传后意,诸名臣皆多献直言。帝尝在凌云台坐,卫瓘在侧,欲露其怀,因如醉,跪帝前,以手抚床曰:"此坐可惜!"帝虽悟,因笑曰:"公醉耶?"

晋代王衍(字夷甫)的妻子,是郭泰宁的女儿,才能拙劣而性格强蛮,搜刮钱财永不知足,经常干预行政事务。王夷甫非常忧虑却禁止不了她。当时他的同乡幽州刺史李阳,是京都的一个大侠,就像是汉朝的楼护,郭氏很怕他。王夷甫屡次劝诫她,并且说:"不但我说你这样做不行,李阳也说你这样做不行。"郭氏这才有所收敛。

原文

王夷甫妇,郭泰宁女,才拙而性刚,聚敛无厌,干豫人事。夷甫患之而不能禁。时其乡人幽州刺史李阳,京都大侠,犹汉之楼护,郭氏惮之。夷甫骤谏之,乃曰:"非但我言卿不可,李阳亦谓卿不可。"郭氏小为之损。

晋人陆玩被任命为司空，有人去看望他，向他索要美酒。得到后便站了起来，把酒倒在了梁柱旁边的空地上，祝祷说："当今缺乏人才，让你担负了柱石的重任，千万不要让人家的栋梁倒掉了。"陆玩笑着说："我一定牢记住你的重要叮嘱。"

原文

陆玩拜司空，有人诣之，索美酒。得便自起，写着梁柱间地，祝曰："当今乏才，尔为柱石之用，莫倾人栋梁。"玩笑曰："戬卿良箴。"

颜驷，在汉文帝时是侍从皇上的郎官。后来武帝的车驾经过郎官的衙署，见颜驷宽眉毛，白头发，问道："老人家什么时候开始做郎官，怎么这样老了？"颜驷回答说："臣是文帝时候做的郎官，文帝好文而臣好武，景帝好美而臣貌丑，陛下好少而臣已老，所以三代都没受到重用。"武帝听后，便把他提升为会稽都尉。

原文

颜驷，汉文帝时为郎。至武帝辇过郎署，见驷庞眉皓首，问曰："叟何时为郎，何其老也？"答曰："臣文帝时为郎，文帝好文而臣好武，景帝好美而臣貌丑，陛下好少而臣已老，是以三世不遇。"帝擢为会稽都尉。

五代后唐时期的李茂贞，自称岐王，成立府署，设置官员，驻在岐地，以宽仁爱民为宗旨。他曾因当地土地狭小赋税太少，下令实行油类专卖，于是便在城门设关卡，禁止带柴火入城，因为柴火可以做火炬。有个艺人对李茂贞说："臣请求连月光也一并禁了。"李茂贞听了只是一笑，并不生气。

原文

五代李茂贞，自称岐王，开府置官属，居岐，以宽仁爱物为务。尝以地狭赋薄，下令榷油，因禁城门无纳取薪者，以其可为炬也。有优者曰:"臣请并禁月明。"茂贞笑而不怒。

黄州解元黄麻,荆州状元张茂脩,两人相聚在蓟门。黄麻年轻相貌漂亮;而张茂脩则是明代权相张居正的儿子,张相当时正总揽朝廷大权。黄麻调侃张茂脩说:"思公子兮未敢言。"(语出屈原《湘夫人》。)张茂脩应声说道:"怀佳人兮不能忘。"(语出汉武帝《秋风赋》。)

原文

黄州黄解元麻,荆州张状元茂脩,相聚蓟门。黄年少有貌,而张乃权相之子,相正总朝柄。黄戏张曰:"思公子兮未敢言。"张应声曰:"怀佳人兮不能忘。"

明代邹元标曾经弹劾张江陵(万历首辅江陵人张居正),张一心要置之于死地。侍郎周思敬早晨上朝,与张在朝门外相遇。当时静场的朝鞭还没有响起,两头大象钩着鼻子不让人进入。周对张说:"两个畜牲挡住大人的去路,你为什么不劝皇上把它们杀死呢?"张说:"它们是为了朝廷,怎么能杀掉呢?"周说:"前几天邹元标弹劾大人,不知是为了谁呀?"张勉强接受了周思敬的劝说,使邹元标免于一死。

原文

邹元标论劾张江陵,张欲置之死。侍郎周思敬早朝,会张朝门外,朝鞭未鸣;二象钩鼻相拒。周谓张曰:"二畜拒公,胡不风上杀之也?"张曰:"彼为朝廷,安可杀?"周曰:"前日邹元标劾公不知为谁?"张勉强领意,贷元标死。

南宋高宗绍兴初年,杨存中在都城建康看到有的军队以双胜(指善胜、威胜二宝刀)交环作为军旗图案,称为"二胜环"。杨存中受到启发,便取谐音"二圣"赋予了两宫(指被金人掳去的徽宗、钦宗二帝)自北南还的含义。他得到了一块美玉，琢成了一种帽环，献给了高宗。高宗每天都把它戴在皇冠上。一次，偶然有一个伶人在身边，高宗指着帽环对他说："这环是杨太尉进献的，名叫二胜环。"伶人接着答话说："可惜二胜环（二圣还），被放在了脑后。"

原文

绍兴初，杨存中在建康，有双胜交环，谓之"二胜环"，取两宫北还之意。因得美玉，琢成帽环，进高庙，日尚御冕。偶有一伶人在傍，高宗指环示之："此环杨太尉所进，名二胜还。"伶人接奏云："可惜二胜环，且放在脑后。"

佛印禅师（宋代僧人了元）登上宝座，为军师王观文祈祷，说："这一瓣香，是为扫烟尘博士、护世界大王、杀人不眨眼上将军、立地成佛大居士供奉的。"

原文

佛印禅师为王观文升座云："此一瓣香，奉为扫烟尘博士、护世界大王、杀人不瞬眼上将军、立地成佛大居士。"

辛京杲为报私仇而杖杀了士兵，有关官署上书皇帝，说辛京杲的罪行应当处死，皇上准备采纳这种意见。李忠臣说："辛京杲很久就应该处死了。"皇上问是什么原因，李忠臣说："辛京杲的叔伯及兄弟们都已经战死，只有辛京杲现在还活着，所以我以为他早就该死了。"皇上感到很怜悯，结果只给了辛京杲一个降职处分。

原文

辛京杲以私杖杀部曲，有司奏京杲罪当死，上将从之。李忠臣曰："京杲当死久矣。"上问其故，忠臣曰："京杲诸父兄弟皆战死，独京杲今日尚存，故臣以为久当死。"上悯然，左迁京杲。

姚崇在便殿上面见皇上，假装跛脚。皇上说："你的脚上有病吗？"姚崇故意绕开正面的问题说："臣是腹心有病，脚上的病并不可怕呀。"

原文

姚崇对便殿，伴跛足。上曰："卿有足疾耶？"左曰："臣有腹心疾，足疾不足畏也。"

楚昭王与吴国作战失败，逃跑了大约四十步，忽然鞋子跑掉了，就过去捡。身边的人说："楚国虽然贫穷，难道还没有一双鞋子吗？"楚王说："我是可怜它与我一块儿出去却不能一块儿回来啊。"楚兵因而深受感动，彼此关照，没有遗弃的。

原文

楚昭王与吴战，败，走四十步，忽遗其履，取之。左右曰："楚国虽贫，而无一履哉？"王曰："吾悲其俱出而不得与其俱返也。"于是楚兵无相弃遗者。

晋文公出兵攻打卫国，公子仰面笑了起来。文公问道："你笑什么？"公子说："我是笑我的邻居。我的邻居中，有个人送他的妻子回家去，路上遇到了一个采桑的少妇，他很喜欢她，就和她聊起天来。但回头看看自己的妻子，也有人在勾引她。"文公听后醒悟了，于是停止了伐卫。

原文

晋文公出伐卫，公子仰而笑。公问："何笑？"公子曰："臣笑臣邻人也。臣之邻人，有送其妻适私家者，道逢桑妇而悦与之言，然顾视其妻亦有招之矣。"公悟乃止。

齐景公时，有个人犯了罪，景公大怒，下令将他肢解，并且宣告说："谁敢谏阻就杀死谁。"晏子左手抓住那个人的头，

右手握着刀,仰起脸问景公说:"自古以来的圣明君王,肢解人时是从哪个地方下刀的?"景公听了,马上就将那个人放了。

原文

齐景公时有一人犯罪,景公怒,令支解之。语曰:"敢谏者诛。"晏子左手持其头,右手执刀,仰问景公曰:"自古圣主明王,支解人从何而始?"景公遽舍之。

齐湣王亡了国,王孙贾追随着湣王,却找不到湣王所在的地方了。他的母亲说:"你早晨出去晚上回来,我都是倚门等着你;如果是晚上出去没有回来,那么我就在巷子的入口等着你;现在你事奉君王却不知道他在哪里。"王孙贾最后只好设法把王子立为国王。

原文

齐湣王失国,王孙贾从,失王之处。其母曰:"汝朝出而晚来,则吾倚门而望汝;暮出而不还,则吾倚间而望汝,今事王不知王处!"贾乃卒谋王子立焉。

齐景公酗酒,喝了七天七夜仍不停止。弦章进谏说:"君王饮酒七天七夜,我希望您停止饮酒,不然的话,我请求赐死。"晏子进见,景公说:"弦章劝谏我说:'希望您停止饮酒,不然的话,我请求赐死。'我如果听他的话这样去做,那我就是被臣下控制了;不听他的话,又舍不得让他死。"晏子说:"弦章很幸运啊,遇到了明君,假如让他遇到了桀纣那样的君王,早就被处死了。"景公就停止了饮酒。

原文

景公饮酒,七日七夜不止。弦章谏曰:"君饮酒七日七夜,章愿君废酒也。不然,章赐死。"晏子入见,公曰:"章谏吾曰:'愿君之废酒也,不然,章赐死。'如是而听之,则臣为制也，不听又爱其死。"晏子曰："幸矣章遇君也，令章遇桀纣者死久矣。"于是公遂废酒。

宋徽宗宣和年间，乐部（音乐官署）的焦德有一天跟随徽宗游览禁苑，皇上指着花竹草木询问它们的名字，焦德说："都叫芭蕉。"皇上诘问原因，焦德回答道："禁苑的花竹，都是从四面八方弄来的，路途遥远，一直巴望着，终于到了上林苑，都已经枯焦了。"

原文

宣和间乐部焦德，一日从幸禁苑，上指花竹草木以询其名，德曰："皆芭蕉也。"上诘之，对曰："禁苑花竹，皆取于四方，道里远涉，巴至上林，则已焦矣。"

常州人苏掖官至监司，家中很富但人很吝啬，每当购买家产时，他都舍不得按价格把钱给够，往往为了一文钱，争得面红耳赤。后来因为购买别墅，与卖主反复争讲，弄得很苦。他儿子在旁边劝告说："大人可以稍加一点钱，我们将来出卖时，也可以得个好价钱。"苏掖听了非常吃惊，从此脾气才稍微有了一些改变。

原文

常州苏掖仕至监司，家富甚啬，每置产，吝不与直，所争一文，必至变色。后因置别墅，与售者反复甚苦，子在旁劝曰："大人可增少金，我辈他日卖之，亦可得善价也。"掖愕然，自尔乃复少改。

晋代桓温任荆州刺史时，一心想施恩于江、汉一带民众，不愿用威势刑罚来儆戒人们。有一次，一个令史犯了事，正在接受杖刑，掌刑的人只将木杖从他的红色官服上滑过。桓温的儿子桓式年少，从外面回来，说："刚才从阁下走过，见一个令史受杖刑，木杖只是上打云根，下扫地面。"

原文

桓公在荆州，全欲以德被江、汉，耻以威刑肃物。令史受杖，正从朱衣上过。桓式年少，从外来，云："向从阁下过，见令史受杖，上捎云根，下拂地足。"

五代时，杭州刺史钱镠为浙江统帅，当时越州的叛军五千多人前来归顺他，钱镠就把他们收下，作为自己的心腹。当时罗隐屡次劝谏，说对敌军的兵将不可轻信，钱镠不听。杭州新修了一座城垒，楼阁非常壮观，钱镠带着僚属们兴致勃勃地去观看。罗隐指着御敌的建筑，佯装不知道，说："设置这些东西做什么？"钱镠说："你不知道这是用来防备敌人的吗？"罗隐顶牛说："如果真是这样，何不朝向里面构筑？"钱镠大笑："本来是要抵御敌人的，朝向里面有什么用处？"罗隐回答说："以我看来，正应当设在里面。"

原文

浙帅钱镠，时州叛卒五千余人送款，钱纳之以为腹心。时罗隐屡谏，以谓敌国之人不可轻信，钱镠不听。杭州新治城垒，楼橹甚壮，钱镠携寮客盛观之。隐指却敌，佯不晓曰："设此何用？"钱镠曰："君岂不知欲备敌耶？"隐谬曰："审如是，何不向里设之。"钱镠大笑："本欲拒敌，设于内何用？"对曰："以隐所见，正当设于内耳。"

讥语第十三

吴苑说：讥刺的语言，没有比诗人更繁盛的了。诗人的讥刺是隐蔽的，所以孔圣人也不会删去；舌辩之士的讥刺是露骨的，所以君子都不予采取。而苾之（曹臣）把它纂辑起来，由我对它加以编排，为什么呢？因为风可以吹倒草木，而不可能吹入顽石钝金。能入顽石钝金的，则要靠洪炉的熔炼和利刃的凿刻与镶嵌。讥刺的含义，就好比是洪炉和凿刻，也是可以镶刻顽石钝金的他山之石。（《诗经·小雅·鹤鸣》："它山之石，可以攻玉。"）如果世间真的都是灵石精金，那么洪炉、镌刻自己已经受到凿铸，怎么能再加工其他东西呢？这是我们时代所绝对没有的东西。如果一往一来，两人持刀决战，这正是我加以编排的真正意图。于是列"讥语"为第十三类。

吴苑曰：讥刺之语，莫盛于诗人。诗人之刺隐，圣人不删；舌士之刺显，君子不取。君子不取，而苾之纂之，不佞次之，何也？盖风之可以偃草木，不可以入顽石钝金。入顽石钝金者，则在洪垆利凿矣。讥之一义，譬如洪垆利凿；亦顽钝之他山也。诚世间皆灵石精金，则垆凿已自受模铸，安能复及人耶？此我世之所必无耳。若一往一来，两相角刃，此正所次之正意。乃次"讥语"第十三。

唐人卢藏用起初隐居在终南山，后来在中宗李显朝历任要职。后来，有个道士叫司马承祯，睿宗李旦派他到京城去。在道士即将返回时，卢藏用指着终南山对道士说："山中很有些美好之处，为何一定回到远方去呢？"司马承祯慢慢回答道："以我看来，这不过是做官的捷径罢了！"

原文

卢藏用始隐终南山，中宗朝累居要职，有道士司马承祯者，睿宗遣至京，将还，藏用指终南山谓之曰："此中大有佳处，何必在远？"承祯徐答曰："以仆所观，乃仕宦捷径耳！"

唐人裴玄本担任户部郎中，当时左仆射房玄龄病得很厉害，省郎们即将前去问候，裴玄本开玩笑说："仆射的病如果可以好转，需要探望；现在既然已经很重，何必再去探望？"有人把他的话泄露给了房玄龄。随后裴玄本也依照惯例去探望房玄龄，玄龄笑着说："裴郎中过来了，我房玄龄不会死了。"裴玄本听了十分局促不安。

原文

裴玄本为户部郎中，时左仆射房玄龄疾甚，省郎将问疾，玄本戏曰："仆射病可，须问之；既甚已，何须问也！"有泄其言者。既而随例候玄龄，玄龄笑曰："裴郎中来，玄龄不死矣。"裴甚踧踖不安。

李义府曾经赋诗说："镂月成歌扇，裁云作舞衣。自怜回雪影，好取洛川归。"枣强县尉张怀庆，喜欢评论名士文章，便作诗道："生憎镂月成歌扇，出意裁云作舞衣。照镜自怜回雪影，时来好取洛川归。"人们称他是活剥王昌龄，生吞郭正一。

原文

李义府常赋诗曰："镂门成歌扇，裁云作舞衣。自怜回雪影，好取洛川归。"有枣强尉张怀庆，好论名士文章，乃为诗曰："生憎镂月成歌扇，出意裁云作舞衣。照镜白怜回雪影，时来好取洛川归。"人谓之曰活剥王昌龄，生吞郭正一。

武则天废唐立周，登上帝位之初，担心人心不肯服从，便让众人自我举荐担任官职，在正式名额之外，设置拾遗里行、补阙里行、御史里行等无定额散官，以致当时对此有"车载斗量"的讽咏。有一个御史台的令史将要入台，正遇上好几个御史一起站在门内。这个令史从驴上下来，把驴赶进了他们中间。里行们大怒，便要对他加以杖罚。令史说："今天的过错，实际是在这头驴，请允许我训斥它一番，然后受罚。"里行们答应了。令史便列举驴的罪状说："你的技艺你自己知道，精神极其愚钝，你一头驴子算个什么东西，敢在御史里行！"几个里行都很羞愧，杖罚的事也就作罢了。

原文

则天初革命，恐群心未附，乃令人自举供奉官，正员之外，置里行拾遗补缺御史等，至有车载斗量之咏。有御史台令史将入台，值里行数人聚立门内，令史下驴驱入其间，里行大怒，将加杖罚。令史曰："今日过，实在驴，乞数之然后受罚。"里行许之，乃数驴曰："汝技艺可知，精神极钝，何物驴畜，敢于御史里行。"诸里行羞惭而止。

北宋黄庭坚（字鲁直）调侃苏东坡说："从前王右军（王羲之曾任东晋右军将军）书法被称为'换鹅字'。最近韩宗儒得到您的一幅字帖，从殿帅姚麟家换到了几斤羊肉，可以给你的书法取名为'换羊书'了。"苏轼在翰林院任职，有一天是他的生日，而要写的公文却很多，韩宗儒为了得到苏轼的回信，特地写了一封信给他。送信人索要回信催得很紧，苏轼笑着说："传话过去，本官今日不杀生。"

原文

鲁直戏东坡曰:"昔王右军书为换鹅字,近日韩宗儒得公一帖,于殿帅姚麟家换羊肉数斤,可名书为换羊书矣。"苏在翰苑,一日以生辰制撰纷冗,宗儒作柬以图报书。来人督索甚急,苏笑曰:"传语本官今日断屠。"

有一天,苏东坡会见客人,客人们提出行酒令,要以两个卦名合证一个故事。一个人说:"孟尝君门下三千客,大有同人。"一个人说:"光武帝兵渡滹沱河,既济未济。"一个人说:"刘宽婢羹污朝衣,家人小过。"东坡说:"牛僧孺父子犯事,大畜小畜。"其含义是暗指王安石(封荆国公)父子。("大有"、"同人"、"既济"、"未济"、"家人"、"小过"、"大畜"、"小畜",都是卦名。)

原文

东坡一日会客,坐客举令,欲以两卦名证一故事。一人云:"孟尝门下三千客,大有同人。"一人云:"光祖兵渡滹沱河,既济未济。"一人云:"刘宽婢羹污朝衣,家人小过。"东坡云:"牛僧孺父子犯事,大畜小畜。"盖指荆公父子也。

陆太尉诣王丞相咨事,过后辄翻异。王公怪其如此,后以问陆,陆曰:"公长民短,临时不知所言,既后觉其不可耳。"

原文

东晋陆玩(死后追谥太尉)到丞相王导那里去商量事情,过后又不按商定的方法办。王公很奇怪,后来问他为什么这样办事。陆玩说:"您尊我卑,当时不知说什么好,事后才觉得那样做不妥当。"

晋代王珣(封交趾望海县东亭侯)与冠军将军张玄(字祖希)十分友好。王珣做了吴郡长官后,有人问他的弟弟小令说："东亭做郡守，政绩如何？"小令回答说："不知道他的治理情况怎样，只知道他与张祖希的感情越来越深了。"

原文

王东亭与张冠军善，王既作吴郡，人问小令曰："东亭作郡，风政何似？"答曰："不知治化何如，唯与张祖希情好日隆耳。"

晋武帝司马炎对和峤说："我想先痛骂王武子（王济，字武子）一顿，然后再给他加封官爵。"和峤说："王武子性情俊爽，恐怕不会屈服。"武帝便召来王武子，狠狠地斥责了一顿，然后说："你感到羞愧了吗？"王武子说："'尺布斗粟'的民谣，我常常想到它，便为陛下感到羞耻。别人能让疏远的人亲近，我却不能使你们亲人亲近，因为这个缘故，我感到愧对陛下。"（尺布斗粟：汉文帝的弟弟刘长谋反失败，死在远徙蜀郡途中，民谣说："一尺布，尚可缝；一斗粟，尚可舂；兄弟二人，不能相容。"晋武帝亦兄弟不和，武子予以讽刺。）

原文

武帝语和峤曰："我欲先痛骂王武子，然后爵之。"峤曰："武子俊爽，恐不可屈。"帝遂召武子苦责之，因曰："知愧不？"武子曰："尺布斗粟之谣，常为陛下耻之，它人能令疏亲，臣不能使亲疏，以此愧陛下。"

晋人顾显（字孟著）曾经向周颛（字伯仁）劝酒，伯仁不肯喝。顾孟著便转而去向柱子劝酒，对柱子说："你怎么能以栋梁自居呢？"

原文

顾孟著尝以酒劝周伯仁，伯仁不受。顾因移劝柱而语柱曰："讵可便作栋梁自遇？"

东晋大司马桓温去造访丹阳尹刘惔。刘惔高卧不起,桓温便拿弹弓去射刘惔的枕头。弹丸迸碎,散落在床上、被子上。刘惔一脸怒气,猛地起身说道:"使君这等样子,怎么在战斗中取胜?"桓温听罢,恨得脸色都变了。

原文

桓大司马温诣刘尹。卧不起,桓弯弹弹刘枕。丸迸碎床褥间。刘作色而起曰:"使君如馨地,宁可斗战求胜?"桓有恨容。

东晋周嵩(字仲智)喝醉了酒,瞪着眼睛往回走,途中遇到周伯仁,当面对他说:"你的才能比不上老弟我,却浪得虚名。"不一会儿,又举起点着的蜡烛扔向周伯仁。周伯仁笑着说:"你小子用火攻,真是一个下策!"

原文

周仲智饮酒醉,目还,面谓伯仁曰:"君才不如弟,而横得重名。"须臾举蜡烛火掷伯仁,伯仁笑曰:"阿奴火攻,固出下策耳!"

东晋时,王珣、郗超都有出众的才能,被大司马桓温赏识和提拔。王珣做主簿,郗超做记室参军。郗超脸上胡子多,王珣长得个子小,当时荆州人为他们编了歌谣说:"髯参军,矮主簿,能令公喜,能令公怒。"

原文

王珣、郗超并有奇才,为大司马所眷拔。珣为主簿,超为记室参军。超为人多须,珣状短小,于时荆州为之语曰:"髯参军,短主簿,能令公喜,能令公怒。"

嵇康、阮籍、阮咸、山涛、刘伶在竹林尽情饮酒,王戎后到。步兵校尉阮籍说:"俗物又来败坏我们的意兴了。"(原

注：当时的人认为王戎不能超俗。）王戎笑着说道："你们的雅兴也能够被破坏吗？"

原文

嵇、阮、山、刘在竹林酣饮，王戎后往。步兵曰："俗物已复来败人意。"（时谓王戎未能超俗也。）王笑曰："卿辈意亦复可败耶？"

陈万年的儿子陈咸，多次议论朝政，讥讽皇帝的近臣。陈万年病了，就把儿子叫到床前告诫一番。说到半夜，陈咸瞌睡来了，头撞在了屏风上。陈万年大怒，说："做父亲的教育你，你却不听，为什么？"陈咸说："你所说的我都懂了，大意就是教我学会谄媚。"陈万年便不再说了。

原文

陈万年子咸，数言事，讥刺近臣。万年病，召咸床下。语至半夜，咸睡，头误触屏。万年大怒曰："乃父教戒汝，汝反不听，何也？"咸曰："具晓所言，大约教咸谄也。"万年乃不复言。

明代王翱（卒谥忠肃）退朝后，见到一个大臣在目送一个美貌的女子，并且回头看了又看。忠肃调侃道："这女子劲儿很大呀。"大臣说："你怎么知道？"忠肃说："不然的话，您的头怎么会被她给拧得转向一边？"

原文

王忠肃退朝，见一大臣目送美姝，复回顾之。忠肃戏曰："此妇甚有力也。"大臣曰："何以知之？"王曰："不然，公头何以掣转？"

宋人陆经（字子履）给人写了不少墓志碑铭，得了不少的报酬。有人问子履说："近日又写了多少？"陆经答道："近日写得很少,总是在街上喝道的仪仗行列中忙活。"

原文

陆经多写碑铭,颇得濡润。人问子履近日所写几何?答云:"近日写甚少,总在街上喝道行里。"

明代程敏政(字克勤,著有《篁墩集》)主持京城会试的时候,曾因受贿泄露考题而受到弹劾。后来考试结束,同僚们设宴聚会,有个艺人扮作一个卖打鸣鸡的人,喊叫着说:"我有一只鸡,卖价一千两。"有人问:"谁家的鸡?卖这么高的价钱。"艺人回答说:"是程学士的鸡,只卖个五更啼(谐音"五经题")罢了。"

原文

程篁墩主会试日,曾以关节事被劾。后出场,寮寀设宴,优人扮卖一啼鸡者,叫云:"我有一只鸡,卖价一千两。"人问:"谁家鸡?卖此高价。"答曰:"程学士鸡,只卖个五更啼耳。"

韩愈对李程(排行二十六)说:"我与丞相崔大群是同年(科举同榜人),经常来往,他真是聪明过人。"李程说:"哪个方面是他过人的地方?"韩愈说:"他与我来往二十多年,从来没有一块儿谈论过文章,这不是聪慧过人吗?"

原文

韩愈谓李二十六程曰:"某与丞相崔大群同年往还,直是聪明过人。"李曰:"何处是过人者?"韩曰:"共愈往还二十余年,不曾共说着文章,不是敏慧过人也?"

严嵩生日那天,众位翰林学士来给他祝寿,都争先打恭作揖,跟他拉关系。当时菊花满堂,只有陆平泉独自退在后面。同僚们问他说,"为什么要退在后面?"陆平泉回答道:"在这里我怕见到陶渊明。"（此指菊花。晋人陶渊明，不愿为五斗米折腰，辞官归隐，特爱菊。）

原文

严嵩诞日，诸翰林称寿，争作恭求近。时菊花满堂，陆平泉独退处于后。同列问曰："何更退为？"陆答曰："此处怕见陶渊明。"

春秋时卫懿公喜欢养鹤，还给有的鹤封了官爵。后来狄人攻打卫国，卫懿公准备迎战，卫国的士兵们都说："让鹤去迎敌吧，鹤享有禄位，我们哪会作战啊？"

原文

卫懿公好鹤，有乘轩者。狄伐卫，公欲战，国人受甲者皆曰："使鹤，鹤实有禄位，余焉能战？"

王赞是北宋的名士。有个弘农人叫杨蘧，曾到岭南，看见阳朔荔浦山水，心里非常喜爱，赞不绝口。杨蘧曾经出入于王赞的门下，逐渐变得熟悉起来，他禁不住心中的兴奋，对王赞说："侍郎可曾见过阳朔荔浦山水么？"王赞说："我不曾把人打得烂嘴掉牙，怎么能见到那里的山水？"于是大笑一阵。因为岭南一带不是遭贬谪的人是不会前去的。

原文

王赞，中朝名士。有弘农杨蘧者，曾至岭外，见〔阳〕朔荔浦山水，心甚爱之，谈不容口。蘧常出入赞门下，稍接从容，不觉形于言曰："侍郎曾见〔阳〕朔荔浦山水乎？"赞曰："未曾打人唇绽齿落，安得见耶？"因大笑。以岭外非贬不去。

唐人卢从愿任吏部侍郎时，杜暹从婺州参军被调任郑县尉，后来杜暹做到了户部尚书。卢从愿以益长史的身份入朝，杜暹位在卢从愿之上，对他说："你挑选人才的工作究竟做得怎样啊？"从愿回答说："正是由于我的考量评定，才使您得以展现出千里马的才能。"杜暹听了哑口无言。

原文

卢从愿为吏部侍郎，杜暹自婺州参军调集补郑县尉。后暹为户部尚书，从愿自益州长史入朝，暹立在卢上，谓之曰："选人定何如？"卢曰："亦由仆之藻鉴，遂使明公得展足千里也。"杜涩口无应。

唐末朱泚作乱时，源休、姚令言等收集政府档案图籍，藏在仓库里，仿效当年萧何的做法。源休退朝后，对伪黄门侍郎蒋鍊说："要论才能，那我就是萧何，姚就是曹参。"（萧、曹皆为汉高祖时名相，"萧规曹随"传为佳话）了解他的人听说后，认为源休是急于当官。乔琳对过去的同僚们说："源公真可谓是'火迫郐侯'啊！"（火迫，指性子急。郐侯，萧何的封爵。）

原文

朱泚之乱，源休、姚令言等收图书贮仓廪，作萧何事业。休退，语伪黄门侍郎蒋鍊曰："若度其才，即吾为萧，姚为曹耳。"识者闻之，谓休不柰官职。乔琳语旧寮曰："源公真可谓火迫先郐侯耳！"

唐人崔湜担任吏部侍郎，主管人才的铨选。有个候选的人自我陈述说："我能翘关背米。"（翘关，指扛举国门之关，当时为考武举的举重科目）崔湜说："你这么健壮，为什么不到兵部去？"那人回答说："过往的人都说，在崔侍郎门下，有力者（实指有势力的人）就可以得官。"

原文

崔湜为吏部侍郎，掌铨，有选人引过分疏云："某能翘关负米。"湜曰："若壮，何不兵部？"答曰："过者皆云崔侍郎门，有力者即得。"

唐朝的郑愔担任吏部侍郎，掌管人才的选拔，监管贪污受贿，行为不法。在荐选时，有个候选人在靴子上系了一百文钱，郑愔问他是怎么回事，那人答道："非钱不行（"行"字意带双关：一指"行走"，一指"可以"）。"郑愔默不作声。

原文

唐郑愔为吏部侍郎，掌选，赃污狼藉。引铨，有选人系百钱于靴上，愔问其故，答曰："非钱不行。"愔默而不言。

南齐人孔稚圭的宅院里生长的野草可以让人藏没，院子的南面有山池，春天有很多青蛙鸣叫。有一次，仆射王晏带着鼓乐吹吹打打地去拜访他，听到了群蛙乱叫，王晏说："这声音很吵人啊。"孔稚圭回答道："听您的鼓乐吹打，觉得比这还要厉害些。"

原文

孔稚圭宅中草没人，南有山池，春日蛙鸣。仆射王晏尝鸣笳鼓造之，闻群蛙鸣，晏曰："此殊聒人耳。"答曰："听卿鼓吹，稍觉过此。"

明初时，孙一元（字太初，号太白山人）隐居在西湖，故作清雅，不娶妻室，仿效宋代林逋（字君复）以梅为妻、以鹤为子的做法。后来改变了想法，搬到了湖州，接连娶了两个女人。有一个士人路过吴兴，对他说："我是从西湖上过来的，有个人让我捎话责备你，你不能说没有罪过。"孙一元问是什么人，那人故意不说。孙一元不停地追问，那人才说："就是您的梅夫人、鹤令郎。"孙一元听了无地自容。

原文

孙一元隐居西湖，矫情不娶，仿林逋以梅为妻子。后改度，徙至湖州，连娶二妇。有一士道吴兴，谓之曰：仆从西湖上来，一人寄语谯君，君不得无罪。"孙问何人，其人故不语。孙问不已，其人曰："梅令眷、鹤令郎耳。"孙无地。

东晋丞相王导和朝廷官员一起饮酒，举起琉璃碗对周𫖮（字伯仁）说："这只碗腹中空空，却被称作宝器，为什么呢？"（戏言周能力差）周伯仁回答说："这只碗轻盈明亮，实在是清澈，所以是宝物呀。"

原文

王公与朝士共饮酒，举琉璃碗谓伯仁曰："此碗腹殊空，谓之宝器，何也？"答曰："此碗英英，诚为清彻，所以为宝耳。"

晋代谢鲲（字幼舆）对周侯（周𫖮，字伯仁）说："你就好像是社庙前的树木，远远望去，高耸入云；就近一看，树根周围却是成群的狐狸寄居，下面积满了污秽的东西。"周𫖮回答道："枝条上接到青天，不自以为崇高；群狐在下面作乱，不自以为污浊。聚积茅厕的污秽，正是你所归依保持的，有什么值得自我夸耀的呢？"

原文

谢幼舆谓周侯曰："卿类社树，远望之，峨峨拂青天；就而视之，其根则群狐所托，下聚溷而已。"答曰："枝条拂青，不以为高；群狐乱其下，不以为浊。聚溷之秽，卿之所保，何足自称？"

东晋谢安（字安石）隐居在东山，朝廷的征召令屡次下达，而他却坚持不动，后来才出山做了桓宣武（桓温）的司马。即将由新亭出发西上，朝廷官员们都出来送行。高灵（高嵩）当时任中丞，也前去相送。此前，高灵喝了一些酒，他便借着醉意，调侃谢安说："您屡次违背朝廷旨意，高卧在东山，人们常常一块儿议论说：'安石不肯出山，该对苍生百姓怎么办呢？'今天，苍生百姓又该对您怎么办呢？"谢公只是笑，并不回答。

原文

谢公在东山，朝命屡降而不动，后出为桓宣武司马。将发新亭，朝廷咸出瞻送。高灵时为中丞，亦往相祖。先时多少饮酒，因倚如醉，戏曰："卿屡违朝旨，高卧东山，诸人每相与言：'安石不出，将如苍生何？'今日苍生将如卿何？"谢笑而不答。

慈溪的某个县令，刚刚到任，想好好发发威风，就对下级官吏们说："你们听说破家县令、灭门刺史吗？"有位父老回应道："这里的士子有很多人读书，只听说过'平易近人的君子是百姓的父母'。"（引语出自《诗经·大雅·洞酌》）县令便默不作声了。

原文

慈溪某县令，初至任，欲行威福，谓群下曰："汝闻破家县令、灭门刺史乎？"有父老应曰："间者士子多读书，唯闻岂弟君子，民之父母。"令乃默然。

东汉人马援在隗嚣的手下任绥德将军，还曾出使过公孙述的蜀国。隗嚣又命令马援奉书洛阳，世祖刘秀迎接了马援，对他说："你邀游于两位帝王之间，今天见到了你，令人非常惭愧。"马援叩头答谢说："当今社会，不单君主能挑选臣下，臣下也能挑选君主。"

原文

马援为隗嚣绥德将军，又尝游使于公孙述。嚣复命援奉书洛阳，世祖迎谓援曰："卿邀游二帝间，今见卿，使人大惭。"

援顿首谢曰:"当今之世,非独君能择臣,臣亦能择君。"

东晋谢安起初怀有东山隐居的志向,后来朝廷征召的严厉命令屡次传来,迫不得已,才出山就任了桓公(桓温)下属的司马一职。当时有人给桓公进献草药,其中有一味药叫远志,桓公拿了过来问谢公说:"这种药又名小草,为什么一种东西有两个名字?"谢公没有立即回答。当时郝隆也在座,应声回答道:"这很容易解释,在山中就叫远志,出山后就叫小草。"谢公听了面有惭色。

原文

谢公始有东山之志,后严命屡臻,势不获已,始就桓公司马。于时人有饷桓公药草,中有远志,公取以问谢:"此药又名小草,何一物而有二名?"谢未即答。时郝隆在坐,应声答曰:"此甚易解,处则为远志,出则为小草。"谢有愧色。

东晋范汪(字玄平)坐在简文帝那里谈话,渐渐有些词穷,就叫司徒左长史王濛说:"你快来帮帮我。"王说:"这可不是有了拔山之力就能帮得了的。"

原文

范玄平在简文坐,谈欲屈,引王长史曰:"卿助我。"王曰:"此非拔山力所能助。"

宋代苏轼住在黄州时,有位姓陈的士人,携带着纸笔想求苏轼给他写一幅字。正好当时有位客人在弹琴,于是苏轼写道:"有人对一个贵人弹琴,天阴声音不响,贵人感到很奇怪,说:'难道弦慢吗?'弹者回答说:'弦也不慢。'"("慢",松弛,双关傲慢之意。"弦慢"与"闲慢"谐音。)

原文

子瞻居黄州,有陈处士者,携纸笔求书于子瞻。会客方鼓琴,遂书曰:"或对一贵人弹者,天阴声不发,贵人怪之,曰:'岂弦慢耶?'对曰:'弦也不慢。'"

明代思想家王世贞(字元美)去拜访权相严嵩,严嵩的儿子严世蕃把客人让进门内,说:"家父伤风了,不能出来会客。"王世贞说:"老爷身居相位,怎么能说伤风(双关患病感冒与败坏风化之意)?"

原文

王世贞谒相嵩,其子世蕃肃客曰:"家君伤风,不得出也。"王曰:"爷居相位,怎说伤风?"

晋臣卫展(字道舒,曾认江州刺史)在浔阳任江州刺史时,有老友来投奔他,他不作任何招待,只送给客人一斤叫"王不留行"的草药。这人得了赠品,立即上车走了。李弘度听到后说:"我舅舅太刻薄了,他竟然用草木打发客人。"

原文

卫江州在浔阳,有故人投之,都不料理,唯饷"王不留行"一斤。此人得饷便命驾。李弘[度]闻之曰:"家舅刻薄,乃复驱使草木。"

梁朝(应为南齐)的何昌寓(字俨望)在做吏部尚书时,有个姓闵的人来求官,何昌寓问他说:"你是谁的后代?"那人回答说:"是闵子骞(孔子的学生)的后代。"昌寓捂住嘴笑道:"多么遥远的贵家后人。"

原文

梁何昌寓为吏部尚书,有姓闵求官者,昌寓问:"君是谁后?"答曰:"子骞后。"昌寓掩口笑曰:"遥遥华胄。"

刘宋时期的颜延之(字延年)与何偃(字仲弘)有一次

在路上相遇，何偃远远地就呼叫"颜公"。颜延之认为他太轻佻，便回答说："我既不是三公之公，又不是田舍之公（即老农），又不是你家阿公，为什么呼我为公？"何偃惭愧地走开了。

原文

宋颜延之、何偃值路中，遥呼曰"颜公"。延之以其轻脱，答曰："身非三公之公，又非田舍之公，又非君家阿公，何以见呼为公？"偃惭而去。

唐太宗任命李纬做民部尚书，为避李世民之讳，称户部尚书，正好见到有人从京城过来，太宗说："房玄龄（名乔，任唐太宗宰相十五年）听到李纬为尚书后，说什么没有？"那人答道："他只是称赞李纬有一口好胡须，别的没说什么。"

原文

唐太宗以李纬为民部尚书，会有人自京师来者，帝曰："玄龄闻纬为尚书，谓何？"曰："唯称纬好须，无他语。"

北宋王荆公（王安石，封荆国公）做参知政事，有一次读了晏元献（晏殊，卒谥元献）公的一首小词，笑着说道："当宰相而作艳词，可以吗？"他的弟弟平父说："也只是偶然作的。"吕惠卿（字吉甫）当时任馆职，也在座，马上说："当政必须抛弃郑声（代指轻浮之作），何况是自己去写呢！"平父说："抛弃郑声，不如远离小人。"吕惠卿认为是讥讽自己，从此两人不和。

原文

王荆公为参知政事，时因阅晏元献公小词，笑曰："为宰相而作艳词，可乎？"公弟平父曰："亦偶然耳。"吕惠卿为馆职，在坐，遽曰："为政必放郑声，况自为之乎？"平父曰："放郑声，不若远佞人。"吕大以为讥己，遂不协。

唐朝的湖州参军陆蒙的妻子蒋氏，擅长写文章。僧人知业当时很有些诗名，他与陆蒙友好。有一天他去拜访陆蒙，两人谈玄论道，蒋氏让丫鬟敬酒，知业说："我受过戒，不喝酒。"蒋氏隔着门帘问道："僧人曾有诗说：'接岸桥通何处路？倚楼人是阿谁家？'看这等的风韵，怎么会不想喝酒呢？"知业惭愧地回去了。

原文

唐湖州参军陆蒙妻蒋氏，善属文。僧知业有诗名，与蒙善。一日访蒙谈玄，蒋使婢奉酒，知业云："受戒不饮。"蒋隔帘问曰："上人曾有诗云：'接岸桥通何处路？倚楼人是阿谁家？'观此风韵，得不欲乎？"知业惭而退。

宋臣王知训任宣州的经略安抚使，进京朝见皇上，皇上赐宴招待。艺人开玩笑，故意扮成绿衣人，戴着一个很大的假脸，像鬼的样子。有人问："你是干什么的？"回答说："我是宣州的土地神。"又问："为什么到这里来？"他回答："王知训入朝觐见，把地皮一块儿卷了过来（言王贪污受贿，搜刮民财），所以我也到了这里。"

原文

王知训帅宣州，入觐，赐宴。伶伦戏作绿衣人，大面如鬼状，或问："何为者？"答曰："吾宣州土地。"问："何故到此？"曰："王知训入觐，和地皮卷来，因得至此。"

明燕王朱棣赶走了建文帝继承皇统，做了皇帝，陈迪（字景道）受到责问，拒不屈从，和儿子丹山、凤山一同被当众施以磔刑（分裂肢体的酷刑）。皇帝命人割下陈迪身上的一块肉塞到他的嘴里，问他："你的肉气味怎么样？"陈迪答道："忠臣孝子，肉味哪会腥膻，我尝到了它的甜美。人人都能闻到它的芳香，陛下难道没有闻到吗？"

原文

文继统，陈迪责不屈，与子丹山、凤山同磔于市。上命割其肉塞迪口，因问："卿肉气味何如？"对曰："忠臣孝子，肉岂腥膻，臣尝其美。人闻其香，陛下岂不闻乎？"

南齐武帝萧赜临幸豫章王萧嶷（萧赜二弟）的宅第，设宴召集其他众王，唯独不召武陵王萧晔（萧赜五弟。原文为"萧嶷"，乃误）。萧嶷说："今天风景特别美，让我特别想念武陵王。"武帝于是便让人将萧晔召来，让他射箭。萧晔屡发屡中，武帝感到非常不理解。萧嶷说："阿五（萧晔排行第五）平常不是这样，今天可以说是仰借了陛下的天威。"

原文

武帝幸豫章王嶷宅，晏集诸王，独不召嶷[晔]。曰："风景殊美，今日甚忆武陵。"帝因召使射，屡发命中，帝怪之。嶷曰："阿五常日不尔，今日可谓仰藉天威。"

晋吏许掾喜欢游览山水，他身体健壮，长于攀登。当时的人们说："许掾并非是只有雅兴，也有实现雅兴的体魄呀。"

原文

许掾好游山水，而体便登陟。时人云："许非有胜情，实有济胜之具。"

皇甫度辽解官还乡，当时有个用钱买官当了雁门太守的人，递上名帖求见。度辽躺在床上并没有起身。那人进来之后，度辽问他："听说你在郡上吃雁（指搜刮雁门民脂民膏），味道很好吧？"

原文

皇甫度辽解官归乡，时人以货得雁门太守者，书刺投谒。度辽卧不时起。既入见，问曰："闻卿在郡食雁，美乎？"

南齐人丘灵鞠曾去拜访褚渊（字彦回，宋文帝之婿），褚彦回并不起身，说："我这只脚有病，不能站起来。"丘灵鞠说："脚病也是大事，您是一代鼎臣（三公重臣），不能再做倾覆食鼎的事情了。"（讥他曾助齐代宋。）

原文

丘灵鞠尝诣褚彦回，彦回不起，曰："此脚疾不复能起。"灵鞠曰："脚疾亦是大事，公为一代鼎臣，不可复为覆悚。"

明代的吏部尚书武陵人张瀚（字子文），与大理卿陈某去拜见一位朝廷直接派往地方处理事务的官员。当时陈某因为两次按照常例晋升官阶，便在腰中佩戴玉饰，那官员见后惊异地问道："您什么时候受赐了玉饰？"陈某十分慌乱，不能回答。张翰笑着说："这是来自大理的石头（双关语：既是石名，又谐音宋代官署"大理寺"）啊。"

原文

武陵张冢宰瀚，与大理卿陈某谒一直指，时陈以两次奉例进阶，妄自腰玉，直指见而惊问之曰："公何时赐玉？"陈踧踖不能对。张笑曰："此是大理石耳。"

唐开元年间，李白去拜见宰相，向他上一封书，上面写道："海上钓鳌客李白。"宰相问道："先生临沧海，钓巨鳌，用什么东西当钩和线呢？"李白答道："我纵情风浪，立志乾坤，以虹霓为丝，以明月为钩。"宰相又问："用什么东西当钓饵呢？"李白答道："用天下无义之人为钓饵。"宰相听后很害怕。

原文

李白开元中谒宰相，封一板，上题云："海上钓鳌客李白。"相问曰："先生临沧海，钓巨鳌，以何物为钩线？"答曰："以风浪逸其情，乾坤维其志，以虹霓为丝，以明月为钩。"又曰:"以何物为饵?"曰:"以天下无义丈夫为饵。"丞相悚然。

唐大文学家韩愈的弟子刘叉从老师那里拿了几斤金子走了,说:"这是阿谀奉承墓中的死人得来的钱(韩愈好为人写墓志铭,多爱称誉);不如让我拿去延长阳寿。"韩愈没法拦他。

原文

刘叉持韩愈金数斤去,曰:"此谀墓中人得耳,不若与刘君为寿。"愈不能止。

詹坚老受牵连而被送到大理寺监禁。当时李端初是大里寺少卿,坚老悲戚地诉说自己的冤情。端初操着土话骂道:"你下巴这么尖,实在是个坏人。"对他刁难并侮辱。不久,进士榜张贴出来,上面有坚老的姓名,按照规定应当释放。从此,两人断绝音讯。十年后,端初做淮南转运使时,坚老以郎官身份出京去代替他的原职。见面后,端初觉得他很面熟,却没有想起从前的事,便说:"我和郎中好像见过面,莫非曾在朝堂上碰着过么?您现在风采堂堂,不是昔日可比的了。"坚老回答说:"风采堂堂,于我实在说不上,只是不知道和从前相比我的下巴还尖不尖?"端初一下子醒悟了,羞愧难当。

原文

詹坚老坐累下大理。李端初为少卿,坚老哀鸣,端初操俚谈诟曰:"子嘴尖如是,诚奸人也。"因困辱之。已而榜出奏名,在法当释,自此名不相闻。后十年,端初为淮南转运使,坚老以郎官出代。既见,端初颇省其面,犹不能记前事,因曰:"郎中若有素者,岂常邂逅朝堂耶?风采堂堂,非曩日比。"答曰:"风采堂堂,故非某所及,但不知比往时嘴尖不尖?"端初悟而赧然。

南朝宋人刘穆之（字道和）年轻时很穷，每天到妻兄江某家里去混饭吃，受了很多侮辱。后来，江某家要摆喜庆酒宴，嘱咐他到时候不要过来，但穆之还是去了。吃过饭后，又要槟榔吃，江某对他说："槟榔消食，你还用得着它吗？"

原文

刘穆之少贫，日往妻兄江氏乞食，多见辱。江氏后有庆会，属令勿来，穆之犹往。食毕，求槟榔，江谓之曰："槟榔消食，君何须此？"

唐朝的崔清被任命为濠州刺史，接替的是李逊的职务。崔清去到户部侍郎李巽家告别，李巽留他坐下一块儿说话。崔清谈起他所要代替的李逊说："我真不知道李逊竟一点也不懂得如何做官。"他又再三重复这样的意思，李巽说："李逊就是我（"巽"、"逊"同音），只是独独不称你的心意罢了。"

原文

唐崔清除濠州刺史，当替李逊。清往辞户部侍郎李巽，巽留坐与语，清指谓所替李逊曰："清都不知李逊浑不解官。"再三言之，巽曰："李巽即可在，只是独不称公意耳。"

春秋时，齐国宰相的晏婴身材矮小，他出使到了楚国，楚国故意在大门的旁边开了一个小门，让晏婴从这里进来。晏婴不进，说："出使狗国的才从狗门进去，现在我是出使楚国，不应当从狗门进去！"

原文

齐晏婴短小，使楚，楚为小门于大门侧，乃延晏子。婴不入，曰："使狗国狗门入，今臣使楚，不当从狗门入！"

晏子有一次出使楚国，楚王说："齐国让你来作使者，是不是没有人了呀？"晏子答道："齐国让贤德的人出使去见贤德的君王，让无能的人出使去见无能的君王。我是无能的人，所以就只能到大王您这儿来了。"

原文

晏子使楚，楚王曰："齐无人耶？"对曰："齐使贤者使贤王，不肖者使不肖王。婴不肖，故使王耳。"

东汉马融（字季长）的女儿嫁给了袁隗（字次阳）为妻。新婚的夜里，次阳问她说："弟弟比哥哥先去应举，世人会当成笑话；现在你的姐姐还未出嫁，而你却首先出嫁了，这样做妥当吗？"新娘回答道："我的姐姐品行高洁，非同一般，不遇到出色的郎君是不肯嫁人的。不像我这样普普通通，随便找个人就凑合了事。"袁次阳听了默然不语，无法占到上风。

原文

马季长女嫁袁次阳为妻。初婚夜，次阳问曰："弟先兄举，世以为笑；今处姊未适，先行可乎？"答曰："妾姊高行殊邈，未遭良匹，不似鄙薄苟然而已。"次阳默然不能屈。

三国时，东吴国主孙权问蜀国的益州太守张裔说："蜀郡的寡妇卓文君，当年偷偷与司马相如私奔。贵地的风俗，怎么会是这样的呢？"张裔回答道："我认为卓家的寡女，还是比朱买臣（字翁子）的妻子贤慧得多。"（朱买臣，汉代会稽吴人。早年苦读时，妻子嫌他家贫，弃之而去。后买臣发迹，其妻大悔。）

原文

孙权问蜀益州太守张裔曰："蜀卓寡女，亡奔相如，贵土风俗，何以乃尔？"对曰："愚以为卓氏寡女，犹贤于买臣之妻。"

南齐人张融（字思光）与谢宝积一块儿去见南齐太祖萧道成。张融在皇帝面前放了一个屁，谢宝积马上起身谢罪说："臣的兄长冒犯了陛下。"皇上笑了笑，并没有说什么。不一会儿，饭菜上来了，张融把谢宝积挤到一边，不和他一块儿吃。皇上说："为什么不与贤弟一同吃饭？"张融说："我不能和谢气之口（为放屁而道歉的嘴巴）共用一个盘子吃饭。"皇上听了大笑。

原文

张融与谢宝积俱谒太祖，融于御前放气，宝积起谢曰："臣兄伤忤宸展。"上笑而不问。须臾食至，融排宝积不与同食，上曰："何不与贤弟同食？"融曰："臣不能与谢气之口同盘。"上大笑。

南朝刘宋时的江夏王刘义恭，喜欢古董，常常向朝中大臣一个个索求。侍中何勖已经给他送过了，而刘义恭还是不停地向他索要，何勖非常不满。何勖曾经在外面走路，看见了别人丢弃的狗枷和犊鼻裈（一种短裤），便让手下的人把它们捡起来，回家后，用箱装起来送给了刘义恭，并且附了一封信说："得知您仍要寻求古物，现在特地奉上当年李斯的狗枷，司马相如的犊鼻。"

原文

宋江夏王义恭，性爱古物，常遍就朝士求之。侍中何勖已有所送，而王征索不已，何其不平。常山行于道，见狗枷犊鼻，乃命左右取之，还，以箱擎送之，笺曰："承复须古物，今奉李斯狗枷，相如犊鼻。"

梁朝的徐陵（字孝穆）以通直散骑常侍的身份出使东魏，东魏负责接待的主客魏收说："今天天气炎热，一定是由徐常侍您带来的。"徐陵答道："当年王肃（字恭懿）到这里，给魏国制定了礼乐；如今我来访问，又使你懂得了寒暑的变化。"魏收听了无可对答。

原文

梁徐陵通直散骑常侍聘魏，魏主客魏收曰："今日之热，当由徐常侍来。"陵答曰："昔王肃至此，为魏始制礼乐；今我来聘，使卿复知寒暑。"收不能对。

唐朝的吏部侍郎李安期掌管官吏的选拔任用，曾有候选人员被淘汰，那人不愿离去，假称是羞于再见到来时的道路。李安期问他："你是从哪个关口来的？"那人回答说："从蒲津关来的。"李安期说："那就从潼关这条路回去吧。"那人又说："耻于再见到妻子。"李安期说："妻子本来就很熟悉你的情况啊。"

原文

唐吏部侍郎李安期掌铨，尝有选人被放，诈云羞见来路。安期问："从何关来？"曰："蒲津关来。"安期曰："取潼关路去。"曰："耻见妻子。"安期曰："贤室本自相谙。"

五代后梁太祖朱温做了皇帝，姚洎是学士。皇上问起裴廷裕的情况，姚洎说："近年他被降了职，现在听说他在外地客居。"皇上说："常听说这个人才思敏捷。"姚洎回答说："原先在翰林院时，被人称为'下水船'（喻才思敏捷）。"皇上说："那你便是'上水船'喽。"

原文

梁太祖受禅，姚洎为学士。上问及裴廷裕行止，洎曰："顷岁左迁，今闻旅寄。"上曰："颇闻其人才思敏捷。"对曰："向在翰林，号为下水船。"上曰："卿便是上水船。"

春秋时，齐相晏子出使楚国，这天他与楚王坐在一起，忽然下面的人绑着一个人带了过来。楚王问道:"他是干什么的?"手下的人回答说:"他是齐国人,犯了盗窃罪。"楚王看着晏婴说:"齐国人善于偷盗吗?"晏婴回答说:"我听说橘子生在江南,移到江北,就成了枳,二者枝叶虽然相似,但味道不同,这是因为水土不同的缘故呀。"

原文

晏子与楚王坐,忽缚一人来。王问:"何为者?"左右曰:"齐人,坐盗。"王视婴曰:"齐人善盗乎?"对曰:"婴闻橘生于江南,至江北为枳,枝叶相似,其味不同,水土异也。"

东汉人郑玄(字康成)在冀州牧袁绍那里做客,当时汝南人应劭(字仲远)也投靠了袁绍,他站起来自我评介道:"昔日的太山太守应仲远,现在给您做弟子怎么样?"康成笑笑说:"仲尼(孔子)收门徒,考试德行、言语、政事、文学四科,颜回、子贡(名端木赐)等人,从来不自称官阶门第。"

原文

郑康成在袁冀州坐,时汝南应劭亦归于袁,因起自赞曰:"故太山太守应仲远,北面称弟子何如?"郑笑曰:"仲尼之门,考以四科,回、赐之徒,不称官阀。"

北朝的李谐到了南朝,梁武帝带他一起游览,来到了放生池。武帝问道:"你们国家也放生吗?"李谐回答说:"我们不捕获,所以也谈不上放生。"武帝听了面有惭色。

原文

北朝李谐至南,梁武与之游历,至放生处。帝问曰:"彼国亦放生不?"谐对曰:"不取,亦不放。"帝赧然。

任昉(字彦升)在南齐时,曲意巴结宠臣梅虫儿,当上了中书郎。彦升到尚书令王亮家里去致谢时,王亮说:"你应该去谢梅虫儿,怎么忽然谢起我来了?"

原文

任彦升在齐,纡意于幸者梅虫儿,用为中书郎。彦升造谢尚书令王亮,亮曰:"卿宜谢梅,那忽谢我?"

晋代王澄(字平子)有一次路过陈留,陈留当时是一个大郡,有许多知名人士。太守派郡吏去迎接,王问郡吏说:"本郡的知名人士有哪些?"郡吏说:"有蔡子尼、江应元。"当时,陈留人中有不少身居高位者,王平子举出他们的姓名问郡吏说:"某甲、某乙等人不是你们郡里的人吗?为什么只提到这两个人?"郡吏说:"刚才只以为您是在问郡中的名人,没以为您是在问郡里的大官。"王平子笑了笑,不再说话了。

原文

王平子尝行经陈留郡界,陈留时为大郡,有名人士。太守遣吏迎王,王问吏曰:"此郡人士为谁?"吏曰:"有蔡子尼、江应元。"是时郡人多居大位者,王以其姓名问曰:"甲乙等非君郡人耶?何称此二人?"吏曰:"向谓君侯问人,不谓君侯问官。"王笑而止。

齐武帝萧赜当政时,他的几个弟弟都没有得宠。有一次在武帝举办的宫中宴席上,武陵王萧晔因为喝醉了,伏在地上,拿着貂皮去端盛肉的盘子。武帝笑着说:"把貂皮弄脏了。"武陵王回答道:"陛下为什么只爱惜皮毛,却疏远骨肉呢?"

原文

齐武帝时诸弟皆无宠,常于御坐曲晏,武陵因醉伏地,以貂抄肉盘,帝笑曰:"污貂。"武陵答曰:"陛下何爱其羽毛,而疏其骨肉?"

南朝梁人高爽,有一次经过晋陵,便去拜访晋陵县令刘蒨，刘根本不接待他，高爽因此怀恨在心。不久，高爽代替刘蒨做了晋陵县令，到任后刘蒨给他赠送了很厚的礼品。高爽收下了礼品，并且写了一封答谢信，其中说："高晋陵亲自答书。"有人问他为什么要这样写，高爽说："他的东西就是送给晋陵令这个官位的，关我高爽什么事啊？"

原文

高爽常经晋陵，诣刘蒨，了不相接，高甚衔之。俄爽代蒨为县，蒨乃迎赠甚厚，爽受饷，答书云："高晋陵自答。"人问其故，爽曰："彼自饷晋陵令耳，何关爽事？"

东晋诗僧支道林托人到高僧竺法深那里去买印山，深公笑着说："没听说过巢父、许由是买山隐居的。"

原文

支道林因人就深公买印山，深公笑曰："未闻巢由买山而隐。"

北齐人卢询祖很有辩才，喜欢褒贬人物，他曾经对别人说："我昨天东方还没亮的时候从和家的门外路过，见到了二陆、两潘（西晋时的陆机、陆云兄弟和潘岳、潘尼叔侄，都是文学家），他们与槐树、柳树一起恭立在那里。"

原文

卢询祖甚有口辩，好臧否人物，尝语人曰："我昨东方未明过和氏门外，见二陆两潘，森然与槐柳齐列。"

北宋大臣王安石（字介甫）做了宰相，大力提倡在全国兴修水利。刘攽（字贡父）有一次到他那里去，正遇上一个人向他献计说："如果把梁山泊挖开，让水流干，可以得到良田万顷，只是没有找到一个方便的地方储存那么多的湖水。"介甫歪着头陷入沉思。贡父高声说道："这事一点也不难。"

介甫很高兴，以为他有良策，马上追问是什么办法，贡父说："另外再挖一个梁山泊，就可以把这些水完全装下。"介甫听了笑了笑，没再说话。

原文

王介甫为相，大讲天下水利。刘贡父常造之，值一客献策曰："梁山泊决而涸之，可得良田万顷，但未择得利便之地贮许水耳。"介甫倾首沉思。贡父抗声曰："此甚不难。"介甫欣然，以为有策，遽问之，曰："别穿一梁山泊足以贮此水耳。"介甫笑而止。

唐臣狄仁杰做宰相，他的堂姨卢氏住在午桥别墅，狄仁杰对她的各种礼仪十分周到。有一次雪后比较闲暇，他就去问候卢氏，正好遇见表弟拿着弓箭、带着猎物回家。珍馐美味端到堂上后，表弟看着狄仁杰拱了拱手，请他入席，态度很轻蔑。仁杰便说道："我幸好为相，表弟有什么要求，我愿意尽最大努力去帮他实现。"堂姨说："我只有一个儿子，不想让他去事奉女王（指武则天）。"狄仁杰非常惭愧，只得作罢。

原文

狄仁杰为相，有卢氏堂姨居午桥别墅，仁杰伏腊修礼甚谨。尝雪后休暇，候卢氏，适见表弟挟弧矢携雉兔归。羞味进于堂上，顾揖仁杰，意甚轻傲。仁杰因启曰："某幸为相，表弟有所欲，愿悉力从其请。"姨曰："吾止有一子，不欲令事女主。"仁杰惭而止。

北宋人郭昱心胸狭小，诡诈怪僻，中了进士后，耻于参加常规的选官，就献书给宰相赵普，自比为古代隐士巢父、许由。朝臣都很反感他的这种矫情做作，所以，皇上很久没有给他授官。后来他又去路上等候赵普，望见赵普车子卷起的尘土就迎上前去，自我诉说。赵普笑着对他说道："今天十分荣幸，竟能见巢父、许由跪拜于马下。"

原文

郭昱狭中诡僻，登进士，耻赴常选，献书于宰相赵普，自比巢由。朝议恶其矫激，故久不调。后复伺普，望尘自陈。普笑谓曰："今日荣甚，得巢由拜于马下。"

宋代张耒（字文潜）有一次问张方平（字安道）说："司马君实（司马光）直言不讳地说王介甫（王安石）不明事理，是怎么回事？"安道说："你只需要去看看《字说》（王安石著）就明白。"文潜说："《字说》也只是二三分不合人意。"安道说："如果是这样，那么你也有七八分不明事理了。"

原文

张文潜常问张安道："司马君实直言王介甫不晓事，是如何？"安道云："贤只消去看《字说》。"文潜云："《字说》也只是二三分不合人意。"安道云："若然，则足下亦有七八分不晓事矣。"

明代王世贞（字元美）参加了宰相严嵩所设的宴席，拿出了桑落酒来招待众人，严嵩说："张谓（唐朝诗人）诗云：'不醉郎中桑落酒'，看来这种酒是创始于唐朝啊。"王元美说："《水经注》（北魏郦道元著，在唐之前）中记载有这种酒，想必就是采录于这首诗吧。"

原文

王元美预相嵩席，出桑落酒饮之。相曰："张谓诗云：'不醉郎中桑落酒'，此酒肇唐耳。"王曰："《水经注》载此酒，想采此诗。"

明初，解缙、胡俨一同去看进士榜。解缙因为胡俨不是科举出身，指着进士榜对胡俨说："这些都是黄榜上的大丈夫啊。"胡俨笑笑说："这里面也有侥幸中榜的。"

原文

解缙、胡俨同观进士榜，解以胡不由科目，指榜上谓胡曰："此黄榜丈夫也。"胡笑曰："彼亦有侥幸得之者。"

唐文宗开成（836-840）年间，卢肇考中了江西的最后一名举人，他就向试官投帖致谢说："巨鳌壮猛，首冠蓬山。"试官说："日前因为众人拥挤，很惭愧让您的排名受委屈了。怎么却说出了'首冠'的话呢？"卢肇说："顽石处在上面，巨鳌驮着它，岂不就是'首冠'么？"

原文

卢肇开成中就江西解末，肇送启谢曰："巨鳌负贔（疑为"贔屃"之误），首冠蓬山。"试官曰："昨以人数挤排，深惭名第奉浼，焉得首冠之语？"肇曰："顽石处上，巨鳌戴之，岂非首冠耶？"

三国时，魏人刘桢（字公干）因为对魏文帝曹丕夫人甄氏未能毕恭毕敬而获罪。文帝问他说："你为什么不能谨慎地遵守法纪规章呢？"刘桢回答道："臣下的确是平庸浅陋，同时也是由于陛下的法纪规章太严。"

原文

刘公干以失敬待罪。文帝问曰："卿何以不谨于文宪？"桢答曰："臣诚庸短，亦由陛下纲目不疏。"

东晋高僧竺法深坐在简文帝司马昱那里做客，刘尹（丹阳尹刘惔）问道："僧人为什么也出入朱门贵家？"竺法深回答说："在您看来是朱门贵家，而贫僧却像游走蓬户贫家一个样。"

原文

竺法在简文坐，刘尹问："道人何以游朱门？答曰："君自见其朱门，贫道如游蓬户。"

刘惔（字真长）做丹阳尹，许询（字玄度）离京外出，到刘惔那里去住宿，床铺新鲜漂亮，饮食丰富甘美。许询说："如果保全这个地方，真是比东山高卧还要美好。"刘惔说："你如果知道吉凶能由人定，我哪会不保全这个地方？"当时王羲之（字逸少）也在座，说："假如巢父、许由遇到了稷、契，一定不会说这样的话。"

原文

刘真长为丹阳尹，许玄度出都，就刘宿，床帏新丽，饮食丰甘。许曰："若保全此处，殊胜东山。"刘曰："卿若知吉凶由人，吾安得不保此？"逸少在坐曰："令巢许遇稷契，当无此言。"

东晋人孙绰（字兴公）写了《遂初赋》以表达隐居山水的志向，还在畎川建了一座房子，自称住在这里可以明了知足知止的本分。房前种了一棵松树，经常亲手培土修整。高世远当时也与他相邻居住，对孙绰说："小松树不是不娇弱动人，只是永远也不能作为栋梁来用。"孙绰说："枫树、柳树即使粗到可以合抱，又有什么用处？"

原文

孙绰赋遂初，筑室畎川，自言见止足之外［分］。斋前种一株松，恒自壅治之。高世远时亦邻居，语孙曰："松树子非不楚楚可怜，但永无栋梁用耳。"孙曰："枫柳虽合抱，亦何所施？"

张天锡任凉州刺史，便在西北地区自立为王。被苻坚俘获以后，他被任命为侍中。后来，苻坚在淝水兵败，他也被押解到了京都，被司马曜孝武帝所器重，常常进宫讨论问题，一谈就是一天。不少人都对他十分嫉妒，有的就在座位上问张天锡："北方什么东西最可贵？"张天锡说："桑葚又香又甜，鸱枭飞得很快，淳酪涵养情性，人无嫉妒之心。"

原文

张天锡为凉州刺史，称制西隅。既为苻坚所禽，用为侍中。后于寿阳俱败，至都，为孝武所器，每人言论，无不竟日。颇有嫉己者，于坐问张："北方何物可贵？"张曰："桑椹甘香，鸱鸦革响，淳酪养性，人无嫉心。"

愤语第十四

　　吴苑说：大凡事物的爆发，必定是由内部郁结而后发作的。比如风爆发则会剧烈呼叫，泉水爆发则会决口而出，老虎发怒则会不择对象，人若发怒则会不择言语，这些都是爆发之极的表现。愤怒发作这个话题是不好谈论的，只有豪杰人物才能做到。像世上那些贪恋衣食的猥琐之辈，即便是将他们杀戮之后，弃尸沟壑，也不过像是鱼鳖在砧板上任人宰割一样，哪里会见到他们愤怒呢？大抵天地就像一颗弹丸那样渺小，而名目和物产又很有限，所以，上天才让人类生生不息，让有限的事物得到无限的生发，想要人们不去发愤图强，能行吗？于是列"愤语"为第十四类。

　　吴苑曰：凡物之愤，必郁结而后起，如风怒则厉，泉怒则决，虎怒不择爪，人怒不择言，是皆愤之至也。盖愤不易谈，惟豪杰能之。若世间琐琐衣食之儿，即命填沟壑，不过如鱼鳖之就砧而已耳，安见其愤哉！大抵天地如弹丸，而名物有尽，生才不已，以有尽生不已，求不愤得乎？乃次"愤语"第十四。

汉武帝任命主父偃为郎中，一年当中升了四次，官至中大夫。公卿大臣都害怕他开口弹劾，纷纷向他送礼求情，累计多达上千金。有人规劝他说这样做太骄横了，主父偃说："我刚成年就出外求学，四十年来不得意，双亲不把我当儿子，兄弟不肯收留我，宾客也都抛弃我，我的困苦日子过得太久了。大丈夫生前不能五鼎食，死时也要五鼎烹。我的生命已到暮年，所以决计要倒行逆施啊。"

原文

武帝拜主父偃为郎中，岁中四迁至中大夫，公卿皆畏其口，赡遗累千金。或说之为太横，偃曰："结发游学，四十年不得遂，亲不以为子，昆弟不收，宾客弃我，厄日久矣。大丈夫生不五鼎食，死则五鼎烹。吾日暮，故倒行而逆施之耳！"

南朝宋人沈攸之（字仲达）晚年喜欢读书，他曾经慨叹说："如果早知道穷达自有天命，恨不能专心读它十年书。"

原文

沈攸之晚好读书，尝叹曰："早知穷达有命，恨不十年读书。"

唐人刘孝孙博学多才，而仕途却不顺利。他曾经慨叹说："古人有的提出一种主张就做了卿相，站在那里交谈一阵子就赏给白璧，都是书上的不实记载。"

原文

刘孝孙博学通敏，而仕不遂。常叹曰："古或开一说而致卿相，立谈顷而降白璧，书籍妄耳！"

明代屠隆（字长卿）赴京赶考，落第而归，喝酒到情绪浓烈时，慷慨大叫道："我的手可以触摸日月，却被一桩科第给困住。东海激浪滔滔，好像是要代我心声啊。"

原文

屠长卿下第归,酒酣,怃慨呼曰:"吾手可扪日月,而一第厄人,东海洋洋,似欲代吾矣。"

江西南昌有个狂放的读书人叫李如龙,曾经落第而归,路上遇到了一头耕牛,大骂道:"你肚子里没有文章,头上尚且还有两只角,我不如你呀。"他用头去撞牛,差点把牛撞倒。

原文

豫章狂生李如龙,常落第归,遇耕牛,大骂曰:"尔腹无文章,尚有角,吾不若也。"以头触之,牛几倒。

鲍无雄落魄失意,得不到赏识,常常希望能科举及第。有一天,他在西湖喝醉了酒,忽然低头在湖水中照见了自己的影子,大声恸哭道:"大丈夫三十岁了,怎么还是没有官帽可戴的脑袋呢?"

原文

鲍无雄落魄无遇,常以得第自期。一日于西湖醉后,忽俯水照见影,大恸曰:"丈夫三十岁,尚如此头颅耶?"

春秋时,吴王夫差赐大臣伍子胥死。临死之前,伍子胥说:"在我的墓前栽上梓树,让它可以长大做成棺材;把我的眼睛挖出来,挂在吴国都城的东门上,我要亲自看着越国军队前来灭亡吴国。"

原文

吴王赐子胥死。将死,言曰:"树吾墓上以梓,令可为器;抉吾眼置之吴东门,以观越之灭吴也。"

赵嘉在仕途上很不得志,后来得了重病,卧床七年,自己估计就要死了,便嘱咐哥哥的儿子说:"大丈夫生在世上,退隐没有箕山许由那样的操守，出仕没有伊尹、吕尚那样的功勋，苍天不肯助我，我还能说什么呢！你可以在我墓前立一块石碑，刻上这样的铭文：汉有逸人，姓赵名嘉，有志无时，命也奈何！"

原文

赵嘉仕宦不得志，有重疾，卧蓐七年。自虑奄忽，乃敕兄子曰："大丈夫生世，遁无箕山操，仕无伊吕勋，天不我与，复何言哉！可立一石于吾墓前，铭曰：汉有逸人，姓赵名嘉，有志无时，命也奈何！"

晋人苏峻被任命为历阳太守，后来，朝廷下诏书征召他，苏峻对使者说："你说我反叛，反叛还能活命吗？我宁可占山为王，远望着官府牢狱，也不能住进牢狱，再巴望占山为王。"

原文

苏峻迁历阳太守，诏书征峻，峻曰："台下云我反，反岂得活耶？我宁山头望廷尉，不能廷尉望山头。"

北宋和州士人杜默，多次参加科举考试都落选了。有一次路过乌江，他就顺便去拜谒项王庙。当时他曾喝了些酒，有点醉意，刚刚烧了香叩拜完，便径直登上神座和项羽并排坐在一起，搂着神像的脖子，拍着他的脑袋失声恸哭，大声喊道："大王真亏啊，像大王这样的英雄却不能得到天下；像杜默这样的文章，却不能进取得官，好亏待我呀！"说罢泪如泉涌。庙祝（管香火者）把杜默拉了下来，再看神像的眼睛，眼泪也流了出来。

原文

和州士人杜默，累举不成名。因过乌江，入谒项王庙。时正被酒沾醉，才炷香拜讫，径升偶坐，据神颈，拊其首而恸，大声语曰："大王有相亏者。英雄如大王，而不能得天下；文章如杜默，而进取不得官，好亏我！"语毕而泪如迸泉。庙祝拉杜下，视神目，泪亦涌出。

晋代阮裕（字思旷，曾受征为金紫光禄大夫却不就任）听说何充（字次道）做了宰相，慨叹说："我该到哪里去谋生路呢？"

原文

阮光禄闻何次道为相，叹曰："我当何处生活？"

东晋桓玄（字敬道，桓温少子）篡权失败后，他的姐夫殷仲文回朝，做了大司马的咨议，但对朝廷已是三心二意。司马府的厅前有一棵老槐树，枝杈四散。在当月初一那天，殷仲文与众人一起观看，慨叹道："槐树纷披衰败，已经没有什么生趣。"

原文

桓玄败后，殷仲文还为大司马咨议，意似二三。司马府厅前有一老槐，甚扶疏，殷因月朔，与众共视而叹曰："槐树婆娑，无复生意。"

殷仲文一向很有名望，自认为一定能主掌朝政，却忽然让他去当东阳太守，心里非常不平。等他前去上任，到了富阳，慨然感叹道："看这样的山川形势，一定会再出一个孙伯符（东吴孙策，字伯符）。"后来，他果然因为谋反而被诛杀。

原文

殷仲文素有名望，自谓必当阿衡朝政，忽作东阳太守，意甚不平。及之郡，至富阳，慨然叹曰："看此山川形势，当复出一孙伯符。"后果以反诛。

阮籍登上了广武城，感叹道："当时没有英雄，于是使刘邦这小子得以成名！"（秦末，楚汉两军曾隔广武对阵。）

原文

阮籍登广武而叹曰："时无英雄，使竖子成其名！"

北宋翰林侍读学士梅询晚年热衷于官位利禄，而脚上却有病。他常常抚摸着自己的脚骂道："这里面一定有鬼，让我不能升迁到两府（中书省、枢密院）的，就是你！"

原文

梅侍读晚年躁于禄位，而病足，常抚其足而詈曰："是中有鬼，令我不至两府者，汝也！"

东晋重臣桓温躺在床上对人说："这样寂寞无为地待着，将会被汉家的文帝、景帝所耻笑。"不一会儿弯身坐起来，又说："既然不能流芳百世，难道也不能遗臭万年吗？"

原文

桓公卧语曰："作此寂寂，将为文景所笑。"既而屈起坐曰："既不能流芳百世，亦不足复遗臭万载耶？"

晋代王恭（字孝伯）问王忱（小字佛大）说："阮籍与司马相如相会怎么样？"王大说："阮籍胸中多有郁结不平的块垒，所以需要用酒来浇。"

原文

王孝伯问王大："阮籍何如司马相如？"王大曰："阮籍胸中垒块，故须酒浇之。"

东晋孝武帝太元末年，天上有彗星出现，孝武帝心里非常讨厌它。夜里，他在华林园中饮酒，端起酒杯对天上的星星说："彗星，敬你一杯酒，自古以来什么时候有活到万岁的天子呢！"

原文

太元末，长星见，孝武心甚恶之。夜，华林园中饮酒，举杯属星云："长星！劝尔一杯酒，自古何时有万岁天子！"

明人郭恕（字仁安）先前曾经与社会下层的奴仆、小民一同在店铺中吃喝，他说："经常跟我打交道的，都是你们这一类人。"

原文

郭恕先时与役夫小民市肆饮食，曰："吾所与游，皆子类也。"

南齐丘灵鞠（曾任长沙王车骑长史）刚刚被封为骁骑将军，他不喜欢当武官（传统世族鄙薄武人），就对别人说："我应该东下去挖顾荣（吴国人，吴灭入洛，西晋亡，曾率江东士人参与拥立司马睿）的坟。江南土地数千里，风流士子都从那里出来，顾荣却接引了许多北方佬南渡，阻碍了我们的前进道路。"

原文

丘车骑初领骁骑将军，不乐武位，谓人曰："我还东掘顾荣冢。江南地数千里，士子风流皆出其中，顾忽引诸伧渡，防我辈涂辙。"

虞仲翔被放逐到南方后，对别人说："活着没人可以共同说话，死了只有苍蝇作为吊客。假如天下有一个可作知己的人，就足以让我不感到遗憾了。"

原文

虞仲翔放弃南方，谓人曰："生无可与语，死以青蝇为吊客。使天下一人知己者，足以不恨。"

王彦深不被诸子侄尊重，心里常常怀着羞耻和愤慨，便以当将领来激励自己。他常常用手抚摸着刀剑说："龙泉、太阿（两种宝剑名），你们是最了解我的人。"

原文

王彦深不为群从所礼，常怀耻慨，欲以将领自奋。每抚刀曰："龙泉太阿，汝知我者。"

萧南郡南朝宋人萧惠开被新任为少府，心里很不满意，他所住的寺内斋房前，原来种有许多花草，非常漂亮，他让人全部铲除，改种白杨树（古人常在墓地种白杨）。他常常对别人说："人生不能实现自己的怀抱，即使活到一百岁，还是个短命人。"

原文

萧南郡徐［除］少府意甚不得，寺内所住斋前有故种花草甚美，悉令划除，列种白杨树。每谓人曰："人生不得行胸怀，虽寿百岁，犹为夭也。"

南济人王融（字元长）认为自己的人品和门第与众不同，指望着三十岁以前就能当上公辅大臣。夜里在中书省值班时，叹息道："像这样默默无闻，真要惹邓禹耻笑啊。"（原注：邓禹二十四岁时被封为鄼侯。）

原文

王融自恃人地，三十内望为公辅。夜直中书省，叹曰："作此寂寂，使邓禹笑人。"（禹年二十四封都侯。）

南济人毛玄（字伯成）非常自负自己的才气，常常说："我宁可做兰花被折断、做玉石被摧毁，而不愿做野蒿得发展、做臭草得繁荣。"

原文

毛伯成既负其才气,常云:"宁为兰摧玉折,不作萧敷艾荣。"

晋代庾亮(字元规)想让周邵(字子南)出来做官,周邵坚决推辞。庾亮每次去见周邵,庾亮从前门进来,周邵便从后门走掉,庾亮有一次突然来到,周邵来不及走开,便与庾亮面对面坐了一整天。庾亮向他索要食物,周邵拿出些青菜粗饭,庾亮虽然勉强吃下,心里却很高兴。他向周邵讲了天下大势,约好一定举荐他,共同挽救国家危难。周邵出来任职后,官至将军,俸禄二千石,他却感到不合心意,半夜里大发感慨说:"我一个大丈夫,竟然被庾元规给出卖了。"一声长叹,于是背疽发作,不久死去。

原文

庾公欲起周子南,子南固辞。庾每诣周,庾从前门入,周从后门出。庾尝一往奄至,周去不及,终日相对。庾从索食,周出蔬菜,庾虽强饭,意思极欢。与语世故,约相推引,同佐世难。既仕,至二千石而不称意,中宵慨然曰:"大丈夫乃为庾元规所卖。"一叹,遂发背而死。

罗逸一生读了很多书,却不能给自己带来什么益处。他常常慨叹说:"男儿在世,应当各种场景都经历过。我却经历过贫困而没经历过富裕,经历过低贱而没经历过高贵。虞卿(战国人,曾为赵国上卿,后遭困窘,穷愁著书)寂寞穷困的日子,难道是男儿能长久度过的吗?我应该到东街去喝个大醉,以了结我的这种心愿!"

原文

罗逸平生多读书,不能自润。每叹曰:"男儿在世,场场皆当历过。吾历贫而未历富,历贱而未历贵。虞卿寂寂,岂男儿久为耶？当觅东街一酺以完结此心耳！"

王维宁有一次路过棺材铺，叹息说："人生不能求得金印紫绶加身，死后还用这东西干什么？"

原文

王维宁过卖棺肆，叹曰："人生不能得金紫封骨，死何用此为？"

辩语第十五

吴苑说：善于辩论的人，任何锐利的锋芒都能摧毁，任何坚牢的防御都能突破。对方直着来，我就横着往；对方顺着给，我就逆着受。这是口舌相争的战场，所以战国时代称这种人为辩士。辩与争相类似，《礼记》中说的君子没有什么需要争的而选择争，可以吗？回答是：不行。细致地查问，明确地辨析，这样的话圣人在《中庸》里已经有过明白的教诲了。因为不辩论就无法分清是非，这种辩论也就接近于道了。武断点说，善辩的人也可以是君子，善辩又有什么害处呢？于是列"辩语"为第十五类。

吴苑曰：辩者无锋不摧，无坚不入。彼以直来，我以横往；彼以顺加，我以逆受。此涕唾之战场也，故战国称为辩士。辩之有似于争，君子无所争而取之，可乎？曰：不！审问之、明辨之之语，圣人已垂令教，盖不辩无以明格，斯辩亦近道矣。强词曰：其辩也君子，奚害焉？乃次"辩语"第十五。

北宋刘攽（字贡父）有一天问苏轼（字子瞻）说："'老身倦马河堤永，踏尽黄榆绿槐影。'这不是阁下的诗吗？"子瞻说："是的。"贡父说："这里说的是日影呢，还是月影？"子瞻说："'竹影金锁碎'（韩愈诗句），又何曾说是日影月影？"刘贡父无法回答了。

原文

刘贡父一日问子瞻："'老身倦马河堤永，踏尽黄榆绿槐影。'非阁下之诗乎？"子瞻曰："然。"贡父曰："是日影耶？月影耶？"子瞻曰："'竹影金锁碎'，又何常说日月也？"刘不能答。

荀爽（字慈明）与汝南人袁少朗两人相见，少朗问起颖川的杰出人才。慈明首先说了自己的诸位兄长，少朗感叹说："这只是偏爱自己的亲人罢了。"慈明回答说："您这样责怪我，根据是什么呢？"少朗说："我问一方的杰出人才，而您首先举出自己的几位兄长，所以我认为不合适。"慈明说："从前祁奚荐举人才，对内没有漏掉自己的儿子，对外没有漏掉自己的仇人，被认为是最公正的。周公旦，是周文王的儿子，而他编的《诗经》中没歌颂尧、舜的功德，而歌颂文王、武王，这是为什么呢？这就是首倡亲人的原则。《春秋》的原则，就是把周王室当作内，把诸侯国当作外。况且，不能推重自己的亲人而推重他人，不应看作是违背了常情吗？"

原文

荀慈明与汝南袁少朗相见，问颖川士。慈明先及诸兄，少朗叹之曰："但可私亲而已。"慈明答曰："足下相难，依据何经？"少朗曰："问国士，始及诸兄，是以尤之。"慈明曰："昔祁奚内举不失其子，外举不失其仇，以为至公。公旦，周文王之子，《诗》不论尧舜之德，而颂文武者何？先亲之义。春秋之义，内中国而外诸夏，且不能爱其亲而爱他人者，不当以是悖德乎?"

唐人高定七岁的时候,读《尚书》读到《汤誓》篇,问父亲高郢说:"臣子为什么要讨伐君主呢?"父亲回答说:"这是上应天命,下顺人心。"又问道:"谁听从命令就在祖宗神位前赏赐谁,谁不听命令就在社神牌位前杀死谁,难道这是顺应人心吗?"父亲无法回答。

原文

高定年七岁,读《尚书》至《汤誓》,问父曰:"奈何以臣伐君?"答曰:"应天顺人。"又问曰:"用命赏于祖,不用命戮于社,岂是顺人?"父不能对。

东汉人杨修九岁时,非常聪明。孔坦(字君平)来杨家拜访,当时杨修的父亲不在家。杨修拿出水果招待君平,其中有杨梅,君平说:"这的确是您家(杨家)的果子。"杨修应声答道:"没听说过孔雀是孔夫子家的禽鸟。"

原文

杨修九岁,甚聪慧。孔君平诣,其父不在。修为君平修果,有杨梅,君平曰:"此实君家果。"修应声答曰:"未闻孔雀是夫子家禽也。"

东晋的光禄大夫祖纳,幼年丧父,家境贫苦,但他生性十分孝顺,常常自己为母亲烧火做饭。王平北(平北将军王乂,字叔元)听说祖纳经常亲自服侍供养母亲,便送给了他两个婢女,并任命他做了从事中郎。有人便嘲笑他说:"一个奴仆是两个婢女的价钱。"祖纳回答道:"百里奚就一定比五张羊皮还要轻贱吗?"(百里奚,春秋时人,秦穆公以五张公羊皮从楚人那里将他赎回,任为大夫。)

原文

东晋光禄祖纳,少孤苦,性至孝,常自为母炊爨作食。王平北闻其常亲供养,乃以二婢饷之,因以为吏。人有戏之者:"奴价倍于婢。"祖答曰:"百里奚亦何必轻于五段之皮耶?"

南齐的刘绘,曾经做南康郡太守,郡里有个人叫郅类,他住的地方名叫"秽里"。刘绘调侃他说:"你是有什么污秽行为,才住在污垢里吗?"郅类回答说:"不知道孔夫子有什么行为阙失,所以才住在'阙里'?"

原文

齐刘绘为南康郡,郡人郅类所居名秽里。绘戏之曰:"君有何秽而居秽里?"答曰:"未审仲尼有何阙而居阙里。"

西晋初王浑带领晋兵平定了吴国后,有一天登上了建业宫,饮酒作乐,喝到酣畅尽兴的时候,他向吴国人说:"吴国灭亡之后,各位作为吴国的旧臣,难道不感到哀伤么?"当时在场的周子隐回答说:"汉末分裂,三国鼎立,魏国灭亡在前,吴国灭亡在后。亡国的哀伤,哪里只是我们国的人呢?"王浑听了,感到很惭愧。(西晋为魏臣司马氏所建,王浑之父王昶曾任魏国司空。)

原文

王浑平吴之日,登建业宫,酾酒既酣,谓吴人曰:"诸君亡国之余,得无戚乎?"时周子隐答曰:"汉末崩分,三国鼎立,魏灭于前,吴灭于后。亡国之戚,岂惟一人?"王有惭色。

岳柱八岁那年,有一天站在一旁看画师何澄画《陶母剪发图》,他指着画中陶母手中的金钏问道:"有这东西就可以换酒,何必还要剪发呢?"何澄听了大吃一惊,马上将它改了。

原文

岳柱年八岁，时观画师何澄画《陶母剪发图》，指陶母手中金钏诘之曰："有此可易酒，何用剪发？"何大惊，即易之。

曾经有一群白头鸟聚集在吴国的宫殿前面，孙权问群臣说："这是一种什么鸟？"诸葛恪（字元逊）回答道："这鸟名叫白头翁。"当时，张昭（字子布，封吴为辅吴将军）觉得在座的人中自己年纪最老，怀疑元逊是在戏弄自己，便说："诸葛恪是在欺骗陛下，没有听说过有名叫白头翁的鸟，可以让诸葛恪再找出一个白头母来。"元逊说："有种鸟名叫婴母，未必就有婴父，可以请辅吴再找出一个婴父（原文"白头父"当为"婴父"之误）来。"张辅吴无言对答。

原文

曾有白头鸟集吴殿前，孙权问群臣："此何鸟也？"诸葛元逊对云："此名白头翁。"张辅吴自以坐中最老，疑元逊戏之，因曰："恪欺陛下，未尝闻鸟名白头翁者，试使恪复求白头母。"元逊曰："鸟名婴母，未必有父，试使吴复求白头父。"张不能答。

某个县令贪污，监司打算罢免他。陈渠当时是中丞，想为他开脱，就对监司说："这个地方非常穷苦，不像贵乡那样富有，贪污所得还装不满一口袋。"监司说："盗贼抢劫了贫困人家，难道就可以无罪？"

原文

某令贪，监司欲斥之，陈渠为中丞，欲解之，谓曰："此地穷苦，不比贵乡，墨不满橐也。"监司曰："盗劫贫家，岂得无罪？"

东晋右军将军王羲之与谢太傅（谢安，死后赠太傅衔）共同登上了冶城的城墙，谢安悠然遐想，有超脱凡世的心志。王右军对谢太傅说："夏禹勤劳王事，治理洪水，手和脚上都起了老茧；周文王为了国事，总是忙不过来，常常推迟到晚上才吃饭。现在四郊多有敌人的营垒，应该人人都效法夏禹、文王，而空谈没用的事务，以虚浮的文字影响大事，恐怕不是当今应做的事情。"谢太傅说："秦国任用商鞅，二世而亡，难道是因为清谈招来的祸患吗？"

原文

王右军与谢太傅共登冶城，谢悠然远想，有高世之志。王谓谢曰："夏禹勤王，手足胼胝；文王旰食，日不暇给。今四郊多垒，宜人人自效，而虚谈废务，浮文妨要，恐非当今所宜。"谢曰："秦任商鞅，二世而亡，岂清言致患耶？"

北宋苏轼（号东坡）曾经举出"坡"字，问荆公（王安石）是什么意思，荆公说："坡就是土之皮。"东坡说："这么说来，滑就是水之骨吗？"荆公不说话了。

原文

东坡尝举"坡"字问荆公何义，公曰："坡者土之皮。"曰："然则滑者水之骨乎？"荆公默然。

东汉边让（字文礼）去见袁闳（字奉高），有些举止失措。袁奉高便嘲笑说："当年尧征聘许由时，许由的脸上并没有羞惭的神色。边先生今天为什么乱得像是颠倒了上下衣裳呢？"边文礼回答说："太守刚到这里，尧帝那样的盛德还没有显现出来，所以小民才乱得像是颠倒了上下衣裳。"

原文

边文礼见袁奉高失次序，奉高因嘲曰："昔尧聘许由，面无怍色，先生何为颠倒衣裳？"文礼答曰："明府初临，尧德未彰，是以贱民颠倒衣裳耳。"

东汉的陈寔（字仲弓，曾为太丘长），与朋友相约同行，过了约定的时间朋友还没到。陈寔不再等他便独自走了，他走后朋友才到。陈寔的儿子元方当时七岁，正在门外玩耍。客人问元方说："你父亲在不在？"元方回答说："等您没有等到，已经走了。"朋友于是生气了，说道："真不是人！和别人约好同行，却撇下别人自己走了。"元方说："您与我父亲约好的时间是中午，超过时间不来，就是不守信用；对着儿子骂他的父亲，就是没有礼貌。"朋友听了很惭愧，就下车来向他牵手道歉，而元方径直进了自己的家门，不再理他。

原文

东汉陈太丘寔，与友人期行，过期不至。太丘舍去，去后乃至。其子元方年七岁，在门外戏。客问元方："尊君在不？"答曰："待君不至，已去。"友人便怒，曰："非人！与人期行，相委而去。"元方曰："君与家君期日中，过时不来，则是无信；对子骂父，则是无礼。"友人惭，下车引之，元方遂入门不顾。

光武帝刘秀召见第五伦（复姓，字伯鱼），向他咨询政治事务，顺便笑着说道："听说您做衙吏的时候曾经打过你的岳父，难道真有这事么？"第五伦回答说："为臣曾经三次娶妻，她们都没有父亲。"光武帝听了大笑起来。

原文

武帝召第五伦访政事，因戏谓曰："闻卿为吏挝妇翁，宁有之耶？"对曰："臣三娶妻皆无父。"帝大笑。

明代大臣倪岳（字舜咨，谥号文毅）五岁时，曾经侍立在父亲倪谦（谥号文僖）的身边，父亲说："天上更有天。"

倪岳回答说:"地下更有天。"父亲笑着说:"小孩子胡说,地下怎么会有天?"倪岳回答道:"鸡蛋清难道只在一面有吗?"

原文

倪文毅岳,五岁侍父文僖,父曰:"天上更有天。"对曰:"地下更有天。"父笑曰:"小子妄言,地下安得有天?"对曰:"卵白岂止一面?"

明代余肃敏(名子俊,字士英,谥号肃敏)担任户部侍郎时,曾有两个权势之家争夺田产,不能解决。部里让余公来处理这件事。其中一家认为那块地的名字与自己的姓氏相同,所以应该是自家的旧产业。余公说:"没听说过有姓张的打官司争夺张家湾的事。"

原文

余肃敏公为户部郎,尝有两势家争田,未决,部檄公理之。甲以其地名与己姓同,合是故产。公曰:"未闻有姓张者讼张家湾。"

西汉宣帝时,京兆尹丰张敞为自己的妻子画眉,长安城中盛传张京兆眉样好看,有关部门就把这事报告了皇上。皇上询问张敞,张敞回答说:"闺房里的事儿,夫妻间的私情,有一些比画眉还要更过份呢。"皇上爱惜张敞的才能,并没有为这事责备他。

原文

张敞为妇画眉,长安中传张京兆眉妩,有司以奏。上问之,对曰:"闺房之内,夫妇之私,有过于画眉者。"上爱其能,弗责也。

宋人刘恕(字道源)四岁时,聪明颖悟,才智过人。有一天,在座的一位客人说孔子没有兄弟,刘恕回应道:"'以其兄之子妻之'（语出《论语·公冶长》），这里说的不就是他的兄长吗？"

原文

刘恕年四岁，颖悟俊拔，坐客有言孔子无兄弟者，恕应曰："'以其兄之子妻之'，非兄乎？"

淮海人周辉与别人争论腐朽化神奇的问题，有人说："没有这种道理。"周辉说："那药中的秋石（以童子尿配制而成），是从哪里来的？"

原文

淮海周辉与人论臭腐化神奇，或云："无是理。"周曰："药中秋石，何自而出？"

唐僖宗时，王绪自称为大将军，他下令在军队中不得携带老弱的亲属，违犯者处斩。当时，唯有王潮三兄弟仍然带着他们的母亲跟在军中生活，王绪斥责他们说："军队都有法纪，没有无法纪的军队。"王潮三兄弟说："人人都有母亲，没有无母亲的人。"于是王绪便免去了对他们的责罚。

原文

王绪为大将，令军中无得以老弱自随，犯者斩。王潮兄弟独扶其母，绪责之曰："军皆有法，未有无法之军。"三子曰："人皆有母，未有无母之人。"乃释之。

宋人王子韶（字圣美）做县令时，还不是知名人物，有一次他去拜望一个显贵的官员，正赶上那达官在与一个客人谈论《孟子》，没顾上照应王圣美。过了好一阵，达官忽然看着圣美说："你读过《孟子》没有？"圣美回答说："我一生都爱读它，只是完全不懂是什么意思。"主人问他："什么地方不懂？"圣美说："'孟子见梁惠王'，这句话我就不懂。"贵官深深地感到惊讶,说:"这有什么深奥的意思?"圣美说:"既然其中说'不见诸侯',为何又'见梁惠王'?"

原文

王圣美为县令,未知名,谒一达官,值其方与客谈《孟子》,不顾圣美。久之,忽顾圣美曰:"尝读《孟子》不?"对曰:"生平爱之,但都不晓其义。"主人问何不晓?曰:"'孟子见梁惠王',已不晓此语。"达官深讶之,曰:"此有何奥义?"圣美曰:"既云'不见诸侯',因何'见梁惠王'?"

唐人李勉担任司徒平章事,有一天,唐德宗对李勉说:"大家都说卢杞是奸佞,我为什么一点儿也不知道?"李勉回答说:"能让陛下没觉得,这正是奸佞的表现呀。"

原文

李勉为司徒平章事,一日德宗谓勉曰:"众人皆言卢杞奸,朕何不知?"勉对曰:"陛下不知,所以为奸也。"

从前周彬不治理财产,只是潜心钻研儒学。他的妻子责备他说:"你家兄弟能够努力耕作,箱柜里面装满财物,而你这样没能耐,不思悔改,将是个什么结局?"等到南唐开国君主李昇出镇金陵时,周彬带着自己的文章前去拜见,先主所给的赏赐非常丰厚。回家后,他把先主所赐的金银细软陈列在院子里,问妻子道:"我今天和兄弟们比较,谁更强?"妻子说:"男人们的事,不是女人所能了解的。"

原文

周彬不治财产,服膺儒学,其妻让之曰:"汝家兄弟能力稼穑,囊箱丰溢,汝之不调,无思悔,毕向何如?"及先主镇金陵,彬囊文往谒,锡赉颇厚,归以所锡金帛陈于庭前,谓妇曰:"吾今与伯叔何如优胜?"妇曰:"男子之事,非女子所能知。"

唐朝的御史大夫李承嘉曾经斥责那些御史们说："近来御史向皇上奏事，不和本大夫商量，这合乎规矩吗？"萧至忠说："按照制度规定，御史台没有长官。御史是皇上的耳目，大家平等地侍奉皇上，可以自主地检举人物事件。如果遇事先向大夫报告，那么检举大夫时，先向谁报告呢？"

原文

御史大夫李承嘉尝让诸御史曰："近御史言事，不咨大夫，礼乎？"萧至忠曰："故事台中无长官。御史，人君耳目，比肩事主，得自弹事。若先白大夫，则弹大夫先白谁耳？"

三国魏人嵇康（曾任中散大夫）对赵景真说："你的眼睛黑白分明，有白起的风仪，可惜身材瘦小了些。"赵景真说："一尺长的日表，能够测量巨大天体的量度，一寸长的律管，能够测量往复气候的变化。为什么一定要大呢？"

原文

嵇中散语赵景真："卿童子白黑分明，有白起之风，恨量小狭。"赵云："尺表能审玑衡之度，寸管能测往复之气，何必在天［大］？"

北宋王安石刚开始担任参知政事，在朝廷上目中无人。开始推行新法后，他怒视着各位大臣说："反对变法的人都是因为不读书。"赵清简公当时和他同任参知政事，独自出来反驳他说："您的话说得不妥当，比如皋、夔、契、稷的时代，有什么书可读？"荆公沉默了。

原文

王荆公初参政，视庙堂如无人。一日行新法，怒目诸公曰："此辈坐不读书耳！"赵清简公同参知政事，独折之曰："君言失矣，如皋夔契稷之时，有何书可读？"公默然。

西晋时的诸葛厷，少年时就有好名声，为王衍（字夷甫）所器重，当时的朝野上下都把他比作王。后来被继母家族的人所陷害，诬蔑他为狂逆，官府将要把他流放到远方去。王夷甫等朋友，来到囚车前与他告别，诸葛厷问道："朝廷为什么要流放我？"王夷甫回答："说你狂逆。"诸葛厷说："如果是悖逆，就应该杀死；如果是疏狂，怎么就要流放呢？"

原文

诸葛厷在西朝，少有清誉，为王夷甫所重，时论亦以拟王。后为继母族党所谗，诬之为狂逆，将远徙。友人王夷甫之徒，诣槛车与别，厷问："朝廷何以徙我？"王曰："言卿狂逆。"厷曰："逆则应杀，狂何以徙？"

晋代司空郗愔刚被任命为北中郎将，黄门侍郎王徽之（字子猷）前往郗家拜贺，嘴里不住地咏叹着："应变将略，非其所长。"郗愔的二儿子郗仓对嘉宾说："我父亲今天受到任命，子猷说话很不客气，实在令人不能容忍。"嘉宾说："这是陈寿对诸葛亮的评语，人家是将你父亲比作武侯，还有什么可说的呢？"

原文

郗司空拜北府，王黄门诣郗门拜云："应变将略，非其所长。"骤咏不已。郗仓谓嘉宾曰："公今日拜，子猷言语殊不逊，深不可容。"嘉宾曰："此是陈寿作诸葛评，人以汝家比武侯，复何所言？"

东晋鸿胪卿孔群爱喝酒，丞相王导对他说："你为什么总是喝酒？你没看见酒家盖坛子的布在一天天朽烂么？"孔群说："不对。你没看见？用酒腌过的糟肉更能经久不坏吗。"

原文

鸿胪卿孔群好饮酒，王丞相语云："卿何为恒饮酒，不见酒家复瓿布,日月糜烂?"群曰:"不尔,不见糟肉乃更堪久?"

许允担任吏部侍郎,选拔官吏多用他的同乡。魏明帝派虎贲郎去拘捕他。他的妻子出来提醒许允说:"贤明的君主可以用道理说服,难以靠求情感化。"到了宫里后,明帝审问他,许允回答说:"《论语》中说:'荐举你所了解的人。'我的同乡,就是我所了解的人啊。"

原文

许允为吏部郎,多用其乡里,魏武[明]帝遣虎贲收之。其妇出诫允曰:"明主可以理夺,难以情求。"既至,帝核问之,允对曰:"'举尔所知。'臣之乡人,臣所知也。

三国魏许允的妻子是卫尉卿阮共的女儿,长得奇丑。新婚时,许允一见她的面,就要跑出去。妻子料定他一旦跑出去,肯定不会再回来的,便抓住衣襟将他留住。许允对她说:"妇女有四德,你能占几项?"妻子说:"新妇所缺少的只有妇容这一条。然而士有百行,你能占几条?"许允说:"我都具备。"妻子说:"百行当中以德为首。你好色不好德,怎么能说都具备?"许允听了感到有些惭愧,从此两人互敬互重。

原文

许允妇是阮卫尉女,奇丑。初婚时,允既见,即欲出。妇料其出必无入理,便捉裾停之。许因谓曰:"妇有四德,卿其有几?"妇曰:"新妇所乏惟容尔。然士有百行,君有几许?"云:"皆备。"妇曰:"夫百行以德为首。君好色不好德,何谓皆备?"允有惭色,遂相敬重。

东晋许询(字玄度)隐居在永兴南面幽深的山谷中,常常收到四方官员的馈赠。有人对他说:"听说曾在箕山隐居的先人不是这样的啊。"玄度说："我收到的不过是些普通礼物，这本来就是低于天下至尊的帝王之位的。"（相传帝尧曾把帝位先后让与巢父、许由。二人皆不受，许由逃至箕山隐居。玄度此句是说巢、许不收礼，是因为"礼物"太重，而自己则不同。）

原文

许玄度隐在永兴南幽谷中，每致四方诸侯之遗。或谓许曰："尝闻箕山人似不尔耳。"许曰："筐篚苞苴，故当轻于天下之宝耳。"

晋代荆州刺史殷仲堪问僧惠远说："《易》经的主体观念是什么？"远公回答说："《易》的主体观念是感应。"殷荆州又说："铜山在西方崩塌，灵钟在东方回应，这便是《易》吗？"远公只是笑而不作回答。

原文

殷荆州问远公："《易》以何为体？"答曰："《易》以感为体。"殷曰："铜山西崩，灵钟东应，便是《易》耶？"远公笑而不答。

晋代阮瞻因为三句精彩话语，被太尉王衍直接任命为掾吏。太子洗马卫玠（字叔宝）嘲笑说："一句话就可以授官了，何必要三句呢？"宣子说："如果是众望所归，也可以不说话就授官，又何必借助那一句呢？"

原文

阮宣子以三语为王太尉掾，卫玠嘲之曰："一言可辟，何假于三？"宣子曰："苟天下人望，亦可无言而辟，复何假一？"

颖语第十六

吴苑说：语言具有锋芒，就像强弓具有机关一样，这是天下极锋利的器具。巧妙的话语机锋对于语言来说，没有哪一类中是没有的，只是在"谐"、"谑"、"讥"、"辩"几类当中最为多见。然而这四类语言已经各有专类收录，也就是说四类之中具有巧妙机锋的话在"颖语"类中就不再收录了。因为已经有了前面的四类，只有无法归入"谐"、"谑"、"讥"、"辩"四类中的话语，才形成"颖语"这一类别。于是就列"颖语"为第十六类。

吴苑曰：舌之有颖，如弩之有机，天下之利物也。颖之于语，无类不有，唯"谐"、"谑"、"讥"、"辩"之类居多。然四语已有部领，即四语中有具颖者而颖部无与焉。以其有四部也，唯其不能入"谐"、"谑"、"讥"、"辩"之语，斯成"颖语"矣。乃次"颖语"第十六。

三国时，诸葛靓在吴国做官，在一次朝堂大会时，国君孙皓问他说："你的字叫仲思，你都思些什么呢？"诸葛靓回答说："我在家里时，思的是孝敬父母；侍奉君王时，思的是竭尽忠心；对待朋友时，思的是坚持诚信，我所思的就只是这些。"

原文

诸葛靓在吴，于朝堂大会，孙皓问："卿字仲思，何为所思？"对曰："在家思孝，事君思忠，朋友思信，如斯而已。"

南朝刘宋时的梁州人范百年，有事去谒见宋明帝。明帝说话中谈到了广州的贪泉，随口问他说："你家所在的州里也有这样的贪泉吗？"百年回答说："梁州只有文川、武乡、廉泉、让水。"明帝又问道："你家的宅院在哪里？"百年回答说："我家住在廉、让之间。"

原文

宋梁州范百年，因事谒明帝。帝言次及广州贪泉，因问之曰："卿州复有此水不？"百年答曰："梁州唯有文川、武乡、廉泉、让水。"又问："卿宅在何处？"曰："臣居在廉、让之间。"

南朝齐武帝曾经对群臣说："我去世后会得到什么谥号呢？"没人答话。王俭就使眼色让庾杲之回答，杲之说："陛下寿比南山，与日月一起光辉普照，千年之后，哪里是为臣能够轻易揣测的呢？"

原文

齐武帝尝谓群臣曰："我后当何谥？"莫有对者。王俭因目庾杲之对，杲之曰："陛下寿比南山，与日月齐明，千载之后，岂是臣之轻所度量？"

王俭任吏部尚书,有一个姓谭的人前来求官,王俭说:"齐桓公灭亡了谭国,哪里还会有你?"那人回答说:"谭子逃亡到了莒国,所以会有我。"("齐桓灭谭"与"谭子奔莒",均见《左传·庄公十年》。)

原文

王俭为吏部尚书,有客姓谭求官,曰:"齐桓灭谭,那得有汝?"答曰:"谭子奔莒,所以有仆。"

南朝梁武帝曾经拿枣投兰陵人萧琛,萧琛也拿了一个栗子来投武帝,正中武帝的面部。武帝气得脸色都变了,说:"你怎么能这样做?难道这样做有什么道理吗?"萧琛应声说道:"陛下投给臣下一颗赤心,臣下不敢不为陛下而战栗啊。"

原文

梁武帝尝以枣掷兰陵萧琛,琛仍取栗掷帝,正中面。帝动色,言:"汝那得如此,岂有说耶?"琛应声曰:"陛下投臣以赤心,臣敢战栗于陛下。"

南齐萧琛在武帝的宫中饮宴,向北魏使者员外常侍李道固敬酒。李道固不接受,说道:"公庭上没有私礼,不允许我接受您的劝酒。"众人都紧张得变了脸色,恐怕萧琛无法应付。只听萧琛慢慢说道:"《诗经》中说:'雨我公田,遂及我私(愿上天降雨灌溉公田吧,这样我私田秧苗也能得到雨露)。'"李道固这才很不情愿地把酒喝下。

原文

萧琛常于御坐饮酒,属酒北使员外常侍李道固。不受,曰:"公庭无私礼,不容受卿劝。"众皆失色,恐无以酬。琛徐曰:"《诗》所谓'雨我公田,遂及我私'。"道固乃屈意受酒。

张后胤（字嗣宗）在并州时，唐太宗曾经跟他学过《春秋》。后来，太宗做了皇帝，诏他入宫，赏赐酒宴，谈起了以往的事情。太宗从容地问后胤说："今天学生怎么样？"后胤回答说："从前孔子领有弟子三千人，其间显达的人中，也没有一个有子爵、男爵的爵位。臣只辅助了一个人，就成了万乘之君。要论臣的这一功劳，真要超过先圣孔子啊。"太宗听了非常高兴。

原文

张后胤在并州，太宗尝就受《春秋》。后因诏入赐宴，言及平昔，从容谓曰："今日弟子何如？"后胤对曰："昔孔子领徒三千，徒者无子、男之位；臣翼赞一人，即为万乘主。计臣此功，愈于先圣。"太宗大悦。

晋代崔豹（字正熊）到郡城去，当地的郡将姓陈，问他说："你距离崔杼（春秋时齐国大夫，曾弑庄公而立景公）有几代了？"崔正熊答道："下民距离崔杼的代数，和大人距离陈桓（春秋时齐人，曾弑简公而立平公）的代数一样多。"

原文

崔正熊诣都郡，都郡将姓陈，问正熊："君去崔杼几世？"答曰："民去崔杼，如明府之去陈桓。"

唐朝的张林曾经说到毁坏佛寺的情况，当时分派御史检查天下所废弃的佛寺，并且没收登记金银佛像。有个姓苏的监察御史，巡察两边街上的所有佛寺，见到一尺以下的银佛，大多都是藏在袖子里带回家去，人们都称他作"苏捏佛"。有人问温庭筠可以用什么词语来跟它作成对子，温庭筠应声答道："没有比'密陀僧'（药名，即氧化铅）更恰当的了。"

原文

唐张林言毁佛寺，分遣御史检天下所废寺及收录金银佛像。有苏监察者，巡检两街诸寺，见银佛一尺以下者，多袖之而归，人谓之"苏捏佛"。或问温庭筠将何对，温应声对曰："无以过'密陀僧'。"

三国魏人钟毓（字稚叔）、钟会（字土季）兄弟，少年时候便有美名。钟毓十三岁的时候，魏文帝曹丕听说了他们弟兄的情况，就告诉他的父亲钟繇（字元常，官太傅）说："让你的两个儿子来一下。"便召见了他们。钟毓的脸上有汗，文帝问他："你脸上为什么会有汗？"钟毓回答道："战战惶惶，汗出如浆。"又问钟会说："你为什么不出汗？"钟会回答道："战战栗栗，汗不得出。"

原文

钟毓、钟会少有令誉。年十三，魏文帝闻之，语其父繇曰："令卿二子来。"于是敕见。毓面有汗，帝问曰："卿面何以汗？"么毓对曰："战战惶惶，汗出如浆。"复问会，卿何以不出汗？对曰："战战栗栗，汗不得出。"

晋武帝刚登基时，让人算命，得到的签是"一"。帝位能传几代，就决定于这个数字，所以武帝很不高兴，群臣也都大惊失色，没有人说一句话。这时，侍中裴楷进言说："臣听说'天得一可以清净，地得一可以安宁，侯王得一可以成为天下的至尊'。"武帝听了非常高兴，群臣也都赞叹佩服。（引文出自《老子》下篇。）

原文

晋武帝始登阼，探策得一。王者世数系此多少，帝既不悦，群臣失色，莫能有言者。侍中裴楷进曰："臣闻：天得一以清，地得一以宁，侯王得一以为天下贞。"帝悦，群臣叹服。

三国魏人钟繇，白天睡觉的时候，他的两个儿子钟毓和钟会一块儿偷喝他的药酒。钟繇当时觉察到了，却假装熟睡来观察他们。钟毓先行了礼，而后喝酒，钟会则只喝酒不行礼。随后钟繇就问他们为什么要这样。钟毓说："酒是礼仪的一种手段，不敢不行礼。"又问钟会为什么不行礼，钟会说："偷着做事是不合规矩的，所以不行礼。"

原文

钟繇昼寝，二子毓、会共偷服散酒。繇时觉，且假寐以观之。毓拜而后饮，会饮而不拜。既问之，毓曰："酒以成礼，不敢不拜。"又问会何以不拜，会曰："偷本非礼，所以不拜。"

晋人孙潜（字齐由）、孙放（字齐庄）两兄弟小时候曾经一起去拜见庾公（晋代庾亮），庾公问齐由的字叫什么。齐由说："我的字叫齐由。"庾公说："你想向谁看齐呢？"回答说："希望像许由那样。"庾公又问齐庄的字叫什么，齐庄说："我的字叫齐庄。"庾公说："你想向谁看齐呢？"回答说："看齐庄周。"庾公说："为什么不仰慕仲尼（孔子，字仲尼）却仰慕庄周？"齐庄回答说："圣人是生而知之的，所以很难企及。"庾公听了非常高兴。

原文

孔齐由、齐庄二人小时诣庾公，公问齐由何字，曰："齐由。"公曰："欲何齐耶？"曰："齐许由。"又问齐庄何字，曰："齐庄。"公曰："欲何齐耶"曰："齐庄周。"公曰："何不慕仲尼而慕庄周？"答曰："圣人生知，故难慕。"庾公大喜。

三国时蜀汉主刘备任命伊籍为左将军从事中郎，出使吴国。孙权听说他很有辩才，想当面挫一挫他的锋芒。伊籍进来向他叩拜，孙权说："有劳您侍奉一个无道之君（指对刘备）。"伊籍应声回答道："一拜一起，算不上什么辛劳（指对孙权）。"吴国君主听了十分羞惭。（孙指刘，伊指自己正在拜孙。）

原文

蜀先生以伊籍为左将军从事中郎，使吴，孙权闻其才辩，欲逆折其辞。籍适人拜，权曰："劳事无道之君。"籍应声对曰："一拜一起，未足为劳。"吴主大惭。

晋人陆机去拜见晋代王济（字武子），王武子有成百斛的羊酪，他指着给陆机看，说："你们东吴有什么能比得上这个？"陆机说："我们有千里湖的莼羹，只是还没有加上盐豉罢了。"

原文

陆机诣王武子，武子有百斛羊酪，指以示之曰："卿东吴何以敌此？"陆曰："有千里莼羹，未下盐豉耳！"

三国时，孔融与祢衡友情深厚，两人都放荡不羁。祢衡对孔融说："你好比是仲尼不死。"孔融回答说："你如同颜回再生。"（仲尼：孔子。颜回：孔子的弟子。）

原文

孔融与祢衡友厚，跌荡狂放。衡谓融曰："仲尼不死。"融答曰："颜回复生。"

唐朝的辛郁，是管城人，旧名叫太公。二十岁时在唐太宗出行的地方两人相遇，太宗问他："你是谁？"回答说："我是辛太公（与"新"同音）。"太宗说："你比旧太公怎样？"辛郁说："旧太公八十岁才遇到了周文王，我现在刚十八岁，就遇到了陛下。我比他强得太多了。"

原文

唐辛郁，管城人也，旧名太公。弱冠遭太宗于行所，问："何人？"曰："辛太公。"太宗曰："何如旧太公？"郁曰："旧太公八十始遇文王，臣今适十八，已遇陛下，过之远矣。"

三国蜀人李密（字令伯）曾经出使吴国，遇上吴国君主与群臣正在广泛地谈论道义问题，有人说宁愿做弟弟。李令伯说："我宁愿做哥哥。"吴主孙权问他："为什么宁愿做哥哥？"李令伯答道："做哥哥供养父母的时间要更长一些。"

原文

李令伯常聘吴，吴主与群臣泛论道义，因言宁为人弟。令伯曰："愿为人兄。"吴主问："何愿为兄？"令伯答曰："为兄供养之日长。"

南朝宋孝武帝刘骏曾经赐给中书令谢庄一把宝剑，谢庄又把它作为送别的礼物转给了鲁爽。后来鲁爽反叛朝廷，宋世祖曾在一次宴会上问起那把宝剑的下落。谢庄说："从前与鲁爽告别，我已经替陛下对他做了杜邮之赐（《史记·白起传》，秦王政贬黜大将白起，将其逐出咸阳。至杜邮，又派使者赐剑，让他自裁）。"

原文

宋世祖尝赐谢中书庄宝剑，谢以与鲁爽送别。后鲁作逆，世祖尝因宴集，问剑所在。谢曰："昔日鲁爽别，窃为陛下杜邮之赐。"

唐人张说（字道济，封燕国公）的女儿嫁给了卢家，女儿曾托父亲为公公求个官职。张说没有说话，只是指着床腿下的一只支床龟给她看。女儿回家后告诉丈夫说："公公得了一个詹事的职务。"（龟甲古时用来占卜，即"占事"，音同"詹事"。)

原文

张说女嫁卢氏，女尝为其舅求官。说不语，但指搐床龟示之。归告其夫曰："舅得詹事矣！"

明人耿九畴（字禹范）调任盐运使，有清廉的名声。他曾面对水坐着，有个小孩子在他旁边玩耍。九畴感慨地说："这水多清啊！"小孩子应声说道："还是比不上使君您更清啊！"

原文

耿九畴迁盐运使，有廉声。尝临水坐，有童子戏其旁，九畴曰："此水何清也！"童子应曰："尚不及使君之清也！"

明代翰林学士解缙（字大绅）学士小时候，岳父到他家来拜访，解缙的父亲把他抱起来放在椅子上。岳父说："父亲站着，儿子坐着，合乎礼节吗？"解缙应声说道："这就好比嫂子落水，小叔子去拉她，只不过是一时的情况。"

原文

解学士缙童时，妇翁过其家，解父抱缙置椅上。妇翁曰："父立子坐，礼乎？"解应声曰："嫂溺叔援，权也。"

晋人王济（字武子）、孙楚（字子荆）各自谈论自己家乡的风土人物之美。王武子说："我的家乡，地坦而平，水淡而清，人廉洁而坚贞。"孙子荆说："我的家乡，山崔嵬而高峻，水浪涌而扬波，人伟岸而英俊。"

原文

王武子、孙子荆各言其土地人物之美。王云："其地坦而平，其水淡而清，其人廉且贞。"孙云："其山崔巍以嵯峨，其水㧖㴸渫而扬波，其人磊砢而英多。"

晋代周颛（字伯仁），雍容大方，英俊魁梧。有一次，他去拜望丞相王导，刚下车时，身体遮住了好几个人，王公含笑地看着他。坐下以后，他谈笑风生，潇洒自如。王公说："你想效法嵇康、阮籍吗？"周伯仁回答说："哪里敢舍开近处的明公，去效法远处的嵇、阮呢？"

原文

周仆射伯仁，雍容好仪形。诣王公，初下车，隐数人，王公含笑看之。既坐，傲然啸咏。王公曰："卿欲希嵇、阮耶？"答曰："何敢近舍明公，远希嵇、阮？"

晋人孙盛（字安国）在庾亮（字元规）的部下担任记室参军，有一次他随庾公出去打猎，带了自己的两个儿子一起出行。庾公不知道，忽然在猎场上见到了孙盛次子齐庄，当时年龄七八岁。庾公对他说："你也跟来了么？"两个儿子应声说道："这就是所谓'无小无大，从公于迈'。"（引语出自《诗经·鲁颂·泮水》，意思是说，臣无尊卑，皆从君而来。）

原文

孙盛为庾亮记室参军，从猎，将其二儿俱行。庾公不知，忽于猎场见齐庄，时年七八岁。庾谓曰："君亦复来耶？"二子应声曰："所谓'无小无大，从公于迈'。"

丁常任（字卿季）是毗陵人，宋孝宗淳熙（1174－1189）年间任户部侍郎。有一年冬至那天，他上殿奏事，回答皇上的提问。孝宗说："今天早晨的云彩罕见的奇丽，你看到了吗？"丁常任回答说："岂止是臣看见了，四海的万姓民众，都看到了。"

原文

丁常任，毗陵人，淳熙间为郎。冬至日上殿奏对，孝宗曰："晓来云物甚奇，卿曾见不？"对曰："岂唯臣见之，四海万姓，皆见之矣。"

明代的相国袁履善六七岁的时候，与小孩们一块儿玩耍，自称小相公。潞溪人彭公见到后，跟他开玩笑说："愿为小相。"袁履善应声说道："窃比老彭。"（《论语·先进》："愿为小相焉。"小相，指宗庙祭祀中的司仪，即傧相。《论语·述而》："窃比我于老彭。"老彭指彭祖，这里谐指彭公。）

原文

袁相国履善，六七岁时与群儿戏，自称小相公。潞溪彭公见之，戏曰："愿为小相。"袁应声曰："窃比老彭。"

北宋杨亿（字大年）正在与客人下棋，石延年（字曼卿）从外面进来，坐在一个角落里。大年于是产生联想，便对着石曼卿朗诵起贾谊的赋来，说："止于坐隅，貌甚闲暇。"石曼卿当即回答道："口不能言，请对以臆。"（两人所引皆出自贾谊《鵩鸟赋》。）

原文

杨大年亿，方与客棋，石曼卿自外至，坐于一隅。大年因诵贾谊赋向石曰："止于坐隅，貌甚闲暇。"石遽答曰："口不能言，请对以臆。"

宋太祖赵匡胤第一次到汴京相国寺，来到佛像前烧香时，问应不应该向佛跪拜。僧录（僧官名）赞宁回答说："不要跪拜。"太祖问他是什么缘故，赞宁回答道："皇上是现在的佛，不须跪拜过去佛。"

原文

宋太祖初幸相国寺，至佛像前烧香，问当拜与不拜。僧录赞宁奏曰："不拜。"问其何故，对曰："见在佛，不拜过去佛。"

杨大年十一岁时，太宗皇帝听到了他的名声，就在便殿召见他，让回答问题，然后给他授官为秘书省正字，并且对他说："离开家乡很久，你难道会不想念父母亲吗？"大年回答道："臣见到了陛下，就如同见到了父母一样。"皇上听罢，叹赞了好久。

原文

杨大年年十一，太宗皇帝闻其名，召对便殿，授秘书省正字，且谓曰："卿久离乡里，得无念父母乎？"对曰："臣见陛下，一如臣父母。"上叹赏久之。

晋代谢尚（字仁祖）八岁时，豫章太守谢鲲（谢尚之父）要送客人回去。那时谢尚的谈吐已经十分出色，父亲始让他参与到成人的活动中。大家都一起称赞他说："这个少年真是在座各位中的颜回啊。"仁祖说："诸位师长中并没有孔子，怎能辨别谁是颜回呢？"（颜回，字子渊，孔子最赏识的学生。孔子曾盛赞颜回的德行。后世奉颜回为"复圣"。）

原文

谢仁祖年八岁，谢豫章将送客，尔时语已神悟，自参上流速辩，诸人咸共叹之曰："年少一坐之颜回。"仁祖曰："坐无仲尼，焉别颜回？"

晋朝时，袁宏（字彦伯）以吏部郎的身份出京去做东阳郡守，太傅谢安欣赏他的机敏速辩，在冶亭为他设宴饯行，当时的贤达之士都聚集在一起。谢安想以猝不及防的方式测试一下袁宏的应变能力。谢安拉着他的手将要告别时，从身旁的手下人手中拿过来一把扇子，赠给了袁宏。袁宏马上说道："我一定要继承发扬您的仁爱之风，好好抚慰那里的黎民百姓。"

原文

袁彦伯宏以吏部郎出为东阳郡，太傅谢安赏宏机速，乃祖之于野亭，时贤皆集。安欲卒迫试之，执手将别，顾左右取一扇赠之。宏即曰："辄当奉扬仁风，慰彼黎庶。"

南齐时，周盘龙担任散骑常侍。有一次，武帝萧赜调侃他说："你现在戴上了貂蝉（供侍中、中常侍所戴的一种官帽），与从前戴着兜鍪（即头盔）的感觉相比如何？"盘龙说："这貂蝉就是从兜鍪中出来的呀。"（即言以战功赢得官爵。）

原文

周盘龙为散骑，武帝戏曰："卿着貂（蝉），何如兜鍪？"盘龙曰："此貂貂（蝉）从兜鍪中出耳。"

刘宋时期，鲁郡太宋崔邪利及其叔父荥阳太守崔模（字思范）都投降了魏国，邪利的儿子怀顺闻讯立即送妻子回了娘家，自己吃蔬菜，穿布衣，像是为父亲守丧一样。崔模的儿子虽然也有了些变故，但并没妨碍结婚与做官。崔氏族人崔元孙出使魏国，魏国人问两家的子侄为什么表现会如此不同，崔元孙说："这就好比从前王尊被任命为益州刺史后，行至崎岖绝险的九折坂时命令驱车前进，此前王阳授任刺史后，行至九折坂时却令回转车头，这种不同是他们在尽人臣之忠与尽人子之孝两者中选择的有所区别吧。"

原文

崔邪利、崔模入魏，邪利子遣妻，蔬布，如居丧礼。模子虽居处变节，不废婚宦。崔元孙使魏，魏人问二家子侄何以不同，元孙曰："王尊驱骑，王阳回车，欲令臣子两遂，忠孝并弘。"

南朝刘宋时，刘瑀的官位本来在何偃之上。孝武帝刘骏举行郊祀，当时何偃任吏部尚书，刘瑀想做侍中，却没有得到。他与何偃一起随同孝武帝进行郊祀。何偃乘车走在前面，刘瑀骑马走在后面，两人相距数十步。刘瑀踢马赶上何偃，对他说："您的车子怎么走得这么快啊？"何偃说："牲口强壮，驾驭技术精良，所以走得快呀。"何偃又说："你的马跑得为什么这么慢？"刘瑀说："骏马受到羁绊，所以落在后头。"何偃说："为什么不加上几鞭，使它远致千里？"刘瑀说："踢它一下，就会直上青云，何至于去跟那些劣马争路呢！"

原文

宋刘瑀位本在何偃前，孝武衤勺，偃为吏部尚书，瑀图侍中不得，与偃同从郊祀。偃乘车在前，瑀策驷居后，相去数十步，瑀蹋马及之，谓偃曰："君辔何疾？"曰："牛骏驭精，所以疾耳。"曰："君马何迟？"曰："骐骥雁于羁绊，所以居后。"偃曰："何不着鞭，使致千里？"曰："一蹴自造青云，何至与驽马争路！"

三国时，吴国的使者张温到蜀国去访问，他问秦宓（字子勑，任蜀汉别驾中郎）说："天有头吗？"秦宓说："有。"张温说："在哪里？"秦宓说："《诗经》中说：'乃眷西顾。'按照这个意思推断，天的头是在西方。"张温说："天有耳朵吗？"秦宓说："天处在高处，而能听到低处的声音。《诗经》中说：'鹤鸣九皋，声闻于天。'"张温说："天有脚吗？"秦宓说："《诗经》中说：'天步艰难。'没有脚怎么走路？"张温说："天有姓吗？"秦宓说："姓刘。"张温问为什么这样说，秦宓说："天子姓刘，以此可以推知天是姓刘的。"（诸"《诗》云"，分别出自《诗经》的《大雅·文皇》、《小雅·鸿鹤》和《小雅·鱼白》。）

原文

吴使张温聘蜀，问秦宓曰："天有头乎？"宓曰："有。"温曰："在何方？"宓曰：《诗》云：'乃眷西顾。'以此推之，在西方。"温曰："天有耳乎？"曰："天处高而听卑，《诗》

云：'鹤鸣九皋，声闻于天。'"温曰："天有足乎？"宓曰："《诗》云：'天步艰难。'无足何以步之？"温曰："天有姓乎？"宓曰："姓刘。"问何以然，曰："天子姓刘，以此知之。"

东晋戴逵（字安道）隐居于东山，自我磨砺意志节操，而他的哥哥戴逯（字安丘）则想建立抗敌御侮的军功。太傅谢安说："你们兄弟的志向为什么如此不同？"戴安道说："我是'不堪其忧'，我弟弟是'不改其乐'。"（两语引自《论语·雍也》。前句是说，不能忍受贫穷之苦；后句是说，不因贫穷而改变安贫乐道的志向。）

原文

戴安道既厉操东山，而其兄安丘欲建式遏之功。谢太傅曰："卿兄弟志业何其太殊？"戴曰："下官'不堪其忧'，家弟'不改其乐'。"

卢志当着满座的客人问陆士衡说："陆逊（士衡的爷爷）、陆抗（士衡的父亲），是你的什么人？"陆士衡答道："就如同你和卢毓（卢志的爷爷）、卢珽（卢志的父亲）的关系一样。"（对人直呼其父祖之名，古时是不敬之举。）

原文

卢志于坐众问陆士衡："陆逊、陆抗，是君何物？"答曰："如卿于卢毓、卢珽。"

陈元方十一岁时，曾去拜望袁公（汉末袁绍）。袁公问他说："你父亲在太丘做官，远近称赞，他都做了些什么呢？"元方说："先父在太丘，对强悍的人便用德行去感化他，对懦弱的人便用仁心去抚慰他，听凭他们去过自己喜欢的生活，时间久了就越发受到尊敬。"袁公说："我从前曾经做过邺县令，正是这样做的,不知是你父亲仿效我,还是我仿效你父亲?"元方说:"周公和孔子,生在不同的时代,都为人们所称颂,他们的举止行为,远隔万里却高度一致。周公没有师法孔子,孔子也没有师法周公。"

原文

陈元方年十一时,候袁公。袁公问曰:"贤家君在太丘,远近称之,何所履行?"元方曰:"先父在太丘,强者绥之以德,弱者抚之以仁,恣其所安,久而益敬。"袁公曰:"孤往者尝为邺令,正行此事。不知卿家法孤,孤法卿父?"元方曰:"周公孔子,异世而称,周旋动静,万里如一。周公不师孔子,孔子亦不师周公。"

东晋大臣桓玄(字敬道)篡夺了皇位以后,将要改设直馆,他问身边的人,虎贲中郎省应该在哪个地方。有人回答道:"没有这个省。"这在当时属于严重的抗旨之举。桓玄问道:"你怎么知道没有?"那人回答说:"潘岳《秋兴赋》叙中说:'我兼任虎贲中郎将,在散骑常侍的那个省里办公。'"桓玄十分慨叹,称赞他回答得好。

原文

桓玄既篡位,将改置直馆,问左右虎贲中郎省应在何处?有人答曰:"无省。"当时殊忤旨。问:"何以知无?"答曰:"潘岳《秋兴赋》叙曰:'余兼虎贲中郎将,寓直散骑之省。'"玄咨嗟称善。

三国时,吴国大臣陆逊(字伯言)听到了车浚的美名,请求与他相见。陆逊对车浚说:"这样荒僻的蛮夷之地竟然有这样的奇人!"车浚说:"吴太伯以周礼教化百姓,改变了吴土著人披散头发、身刺花纹的习俗。如今,吴国上有圣明的君主,下有您这样有贤能的辅佐之臣,这同样是罕见的啊?"

原文

陆逊闻车浚令名,请与相见。渭曰:"武陵蛮夷乃有此奇人也!"浚曰:"吴太伯端委之化,以改被发文身之俗。今上挺圣主下生贤佐,亦何常之有?"

浇语第十七

吴苑说：文章之士有才华，大概就像是天地有云露、草木有花卉一样吧！才华，这是上天所秘密珍藏的东西，不肯轻易送给人们的。士当中的有才者，是得了上天的宝物，得了上天的宝物，怎能不表现得张狂些呢？张狂而不加收敛，不就轻薄了吗？所以轻薄是过分张狂的表现。一般来说，文人不一定要有德行，为什么呢？上天所特别给予我的，是才华，我如果像常人那样浑浑噩噩，就是蔑视上天。蔑视上天的罪过，不是要比轻薄更为严重吗？是呀，这也是十分可怕的事。拔舌那样的酷刑，都是对轻薄的报应。那佛教中的毗沙门天王，不肯稍加宽容而饶恕人的轻薄。尽管如此，这毕竟也是上天对我的放纵，可以不去多管。于是便列"浇语"为第十七类。

吴苑曰：文章之士有才，其犹天地之有云露，草木之有花卉乎！才乃上天之所秘惜，不轻易以与人。士有才者，是得天之物，得天之物，安得不狂乎？狂之不已，不轻薄乎？故轻薄乃狂之甚也。盖文人不必有德，何也？天之所以与我者，才耳，而我混混沌沌，是弃天也。弃天之罪，不尤浮于轻薄乎？嗟乎！是亦可畏也。拔舌之狱，皆轻薄之报。毗沙天子，不肯暂一假借饶人。虽然，此亦自天之纵我耳，可无问也。乃次"浇语"第十七。

刘宋时代的会稽太守孟顗（字彦重）竭诚地事奉佛祖，大诗人谢灵运很看他不起，就对孟顗说："得道成佛必须具备智慧的业缘，老人家您升天（指死亡）应该在灵运之前，而成佛必定在灵运之后。"

原文

宋会稽太守孟顗事佛精恳，谢灵运轻之，谓顗曰："得道应须慧业，文[丈]人生天当在灵运前，成佛必在灵运后。"

唐人许敬宗（字延族）性情轻率狂傲，与人见面后大多会忘记。有人说他是不够聪慧灵敏，许敬宗说："你的名字本来就难记，如果遇到了何逊、刘孝绰、沈约、谢灵运他们，我闭上眼睛摸索着，也能辨别出来。"

原文

许敬宗性轻傲，见人多忘之。或谓其不聪，曰："卿自难记，若遇何、刘、沈、谢，暗中摸索着亦可识。"

南梁人到洽，本来是个担粪种园的农夫的后代，后来得了一个官位。他对刘孝绰（本名冉）说："我东面的邻居家有一块好地，我想买过来，主人却不愿意卖，有什么办法可以得到呢？"刘孝绰说："你何不用车多拉些粪，堆在他家的窗户底下来折磨他？"到洽听了，十分憎恨刘孝绰，终于将他害死了。

原文

梁到洽，本灌园人后，得位，谓刘孝绰曰："某宅东家有好地，拟买，被本主不肯，何计得之？"孝绰曰："卿何不多辇其粪，置其牖下以苦之？"洽恨孝绰，竟害之。

唐朝的盈川县令杨炯，每次见到朝廷官员，总是把他们称作"麒麟楦"。有人问他为什么要这样说，杨炯说："如今的聚会饮宴上，都喜欢耍弄假麒麟，刻画出麒麟的头角，修整装饰皮毛，盖到驴身上，冒充麒麟。这种驴不是鞋楦子那样的东西又是什么？"

原文

盈川令杨炯，每见朝官，目之曰"麒麟楦"。人问其故，杨曰："今铺乐假弄麒麟，刻画头角，修饰皮毛，覆之驴上。驴非楦而何？"

唐诗人杜审言（字必简，杜甫祖父）刚中了进士，恃才狂傲，深为同辈的人们所嫉妒。苏味道当时任天官侍郎，杜审言是参加选拔的士子。判词考试之后，杜审言对别人说："苏味道必定会死。"别人问他是什么缘故，他说："看了我的判词卷子后，他就会羞死的。"

原文

杜审言初举进士，恃才謇傲，甚为时辈所妒。苏味道为天官侍郎，审言参选。试判后谓人曰："苏味道必死。"人问其故，曰："见吾判即当羞死矣。"

唐人陈通方二十五岁时，中了进士，与王播是同年考中的。当时王播是五十六岁，陈通方轻视他成名太晚，趁着聚会的机会嘲讽他。陈拍着他的后背说："王老王老，奉赠一第。"是说他垂老暮年科举及第，如同是对亡故者的赠官。王播说："我准备应对三场考试。"通方又说："一次已经足够了，还能再试吗？"王播把这些话都记在了心里。

原文

陈通方年二十五，举进士，与王播同年。播年五十六，通方薄其成事后时，因期集戏拊其背曰："王老王老，奉赠一第。"言其日暮途远及第同赠官也。王曰："拟应三篇。"通方又曰："一之已甚，其可再乎？"王心贮之。

唐将薛能镇守许昌,有一天,幕僚们都聚在一起,薛能让他的儿子佩弓带箭、一身戎装去见诸位幕僚。幕僚们都感到十分惊异和奇怪,薛能说:"这样做能使他消灾免祸。"

原文

薛能镇许昌,幕吏咸集,因令其子橐鞬参诸幕客。幕客惊怪,能曰:"俾渠消灾。"

唐相姚崇的后人姚岩杰,一向瞧不起卢肇(字子发)。有一天他与卢肇一起在江边亭子里饮酒,卢肇提议以眼前的情景事物为内容作为酒令,末尾必须有乐器的名字。卢肇说:"远望渔舟,宽窄不过尺八(即箫管因管长一尺八寸而得名)。"岩杰马上喝了一坛子酒,然后趴在栏杆上呕吐起来。过了一会,他又回到座位上,回了一个酒令说:"凭栏一吐,转瞬已觉空喉(即箜篌)。"

原文

姚岩杰素轻卢肇。或一日与肇会于江亭,卢请目前取事为酒令,尾有乐器之名。肇令曰:"远望渔舟,不阔尺八。"岩杰遂饮酒一,凭栏呕哕,须臾即席还令曰:"凭栏一吐,已觉空喉。"

南朝梁吏部尚书张缵(字伯绪,梁武帝婿)与何敬容(字国礼,齐武帝婿)意趣不合,何敬容任左仆射,位高势重,常有宾客会聚。其中有人又去与张缵交往,张缵总是拒不接见,他说:"我不能交往何敬容宾朋的。"

原文

张吏部缵与何敬容意趣不协,敬容居权轴,宾客辐辏,有复过吏部者,辄拒不前,曰:"吾不能对何敬容客。"

柳季云喜欢弹琴饮酒,每次外出回来,家里人问他外面有什么新闻，他便回答说："没听到什么，就是听到了我也不知道都在是说些什么。"

原文

柳季云好弹琴饮酒，每出返，家人问有何消息，答曰："无所闻，纵闻亦不解。"

元人倪瓒（字云林）擅长画山水，是一代名画家，唯独不画人物。有一次，元世祖忽必烈问他说："常常见到你的山水画，里面都没有人物，这是为什么呢？"倪云林说："世上本来就没有什么人物值得画。"

原文

倪云林善山水，为一代名匠，独不写人物。太祖高皇帝问曰："每见卿山水，俱无人，何也？"倪曰："世自无人物可画耳。"

唐代诗人杜审言临终前，对宋之问（字延清）、武平一（名甄）说："我在的时候，压抑了你们很长时间，现在就要死了，这是一个很大的安慰，只是遗憾没有见到可以接替我的人。"

原文

杜审言将死，语宋之问、武平一曰："吾在，久压公等，今且死，固大慰，但恨不见替人。"

东汉人祢衡（字正平）从荆州向北游历到许昌，写了一个名帖揣在身上，上面的字都磨掉了还是没有遇到合意的人。有人问他说："为何不去投奔陈群（字长文）、司马朗（字伯达）呢？"祢衡说："你想让我去追随杀猪卖酒之徒吗？"又有人问他当今对谁比较认可，祢衡说："大小子孔融（字文举），小小子杨修（字德祖）。"

原文

祢正平自荆州北游许都，书一刺怀之，漫灭而无所遇。或问之曰："何不从陈长文、司马伯达乎！"祢曰："卿欲使我从屠沽儿辈耶？"又问当今复谁可者。祢曰："大儿孔文举，小儿杨德祖。"

东汉荆州牧刘表曾经亲笔写了一封信，想寄给孙策（字伯符），先让祢衡（字正平）过目。祢正平嗤之以鼻，说："写这样的信，是要让孙策帐下的小兵们读呢？还是要给他的长史张昭（字子布）看呢？

原文

刘荆州尝自作书，欲与孙伯符以示祢正平。正平嗤之，言："如是为，欲使孙策帐下儿读之耶，将使张子布见乎？"

东汉时，有人问祢衡（字正平）："荀令君（荀彧，字文若）、赵荡寇（赵雅长，为荡寇将军）都是可以盖过一世的豪杰吗？"祢衡答道："文若，可以借他那副面孔用来吊丧；稚长，可以在请客时让他负责监厨。"

原文

人问祢正平："荀令君、赵荡寇皆足盖当世乎？"祢答曰："文若可借面吊丧，稚长可使监厨请客。"

晋代褚裒（字季野）与孙绰（字兴公）一同去游曲阿后湖。船到了湖心时，风势十分迅猛，小船几乎要被掀翻了。褚公已经醉了，便说："这个船上的人没一个该受上天惩罚的，只有孙公身上有许多世俗污秽，正好可以拿他来满足上天的欲望。"于是便要抓住他推到水里去。孙兴公紧急中没有办法，只有大声哭叫说："季野，你得可怜可怜我吧！"

原文

褚公与孙兴公同游曲阿后湖，中流，风势猛迅，舫欲倾覆。褚公已醉，乃曰："此舫人皆无可以招天谴者，唯孙公多尘滓，正当以厌天欲耳。"便欲捉掷水中。孙遽无计，唯大啼曰："季野卿念我！"

南齐人王奂（字明道）刚刚被任命为仆射，刘祥（字显徵）与王奂的儿子王融同坐在一辆车上。刘祥对驾辕的驴子说："你要努力呀，你们一伙的已经当上令仆（尚书令与尚书仆射，同居宰相位）啦！"

原文

王奂初拜仆射，刘祥与奂子融同载。刘谓辕下驴曰："汝努力，汝辈已为令仆矣！"

南朝陈的散骑常侍徐陵到北齐去出访。当时魏收（字伯起）是北朝文学界的突出代表，魏收把自己的文集拿给徐陵看，想让他传播到江南。徐陵立即渡江南归，途中他把魏收的文集沉到江中，说："我要为魏先生遮掩短处。"

原文

徐常侍陵聘齐。时魏收文学，北朝之秀，收录其文集以示徐，令传之江左。徐速济江沉之，曰："吾为魏公藏拙。"

北宋文学家庾信（字子山）到了北方，唯独喜欢温子昇（字鹏举）的《寒山寺碑》。后来回到南方，人们问他北方文坛的情况怎样。庾信说："只有寒陵山的一片石头值得谈论，薛道衡（字玄卿）、卢思道（字子行）稍微懂一点如何下笔，其余的全是些驴鸣狗叫，只会聒人的耳朵而已。"

原文

庾信至北，唯爱温子昇《寒山寺碑》。后还南，人问北方何如？信曰："惟寒陵山一片石堪共语，薛道衡、卢思道稍解把笔，自余驴鸣犬吠，聒耳而已。"

北齐人刘昼（字孔昭）作了一篇《六合赋》，自己认为是无与伦比，就把它拿给魏收看。魏收说："赋名'六合'，已经是很大的愚蠢；文章又比六合更愚蠢，你的肢体又比文章更甚。"刘昼听了非常不高兴，就把文章送给邢邵（字子才）看。子才说："您的这篇赋恰像一匹趴在地上长满一身疥疮的骆驼，毫无美感。"

原文

刘昼作《六合赋》，自谓绝伦，以呈魏收。收曰："赋名'六合'，已是大愚，文又愚于六合，君四体又甚于文。"昼大忿，以示邢子才。子才曰："君此赋正似疥骆驼伏而尤妩媚。"

唐人崔信明曾经自夸他的文章比李百药（字重规）强。郑世翼在过江时遇到了他，对他说："听说您有'枫落吴江冷'的诗句，很想见到其他的诗作。"崔信明高兴地拿出了许多篇，郑世翼没有看完便说道："所见不如所闻。"于是开船离去了。

原文

崔信明尝自矜其文，谓过李百药。郑世翼遇之江中，谓信明曰："尝闻有'枫落吴江冷'，愿见其余。"信明欣然多出众篇，世翼未终篇曰："所见不及所闻。"遂引舟去。

唐人严武（字季鹰）因为世交关系，对杜甫十分友好。杜甫性格褊狭急躁，骄傲荒诞，他曾经在醉酒之后登上严武的坐具，瞪着眼说道："严挺之（严武之父）竟有个这样的儿子！"

严武以世旧待杜甫甚善。甫性偏躁傲诞，尝醉登武床，瞪视曰："严挺之乃有此儿！"

南齐大河人谢朓（字玄晖）很看不起江祐（字弘业）。江祐曾经去拜访玄晖，玄晖便说自己有一首诗，就叫手下的人去拿，稍后又让停下来。江祐问是怎么回事，玄晖说："静下来一想，又觉得不用着急。"

原文

谢玄晖颇轻江祐。祐尝诣玄晖，玄晖因言有一诗，呼左右取，既而复停。祐问其故，谢曰："定，复不急。"

钱端学听说了汤胤绩的大名，前去拜访他，并请他评论自己的诗作。汤胤绩开始时称赞他写得很好，后来因为他屡次请求评论，汤胤绩感到厌倦了，便向他道歉说："我开始的时候是在欺骗您，好像不能说不是一种罪过。"

原文

钱端学闻汤胤绩名，往候之，乃质所为诗。汤始称佳，既倦屡请，乃谢曰："吾始欺君耳，似不得无罪。"

杨君谦常常拿自己的文章给别人看，别人说"好"，他就收起文卷问道："好在哪儿呢？"被问的人指不出来。杨君谦把文章往袖子里一塞，说："这是糟踏你自己的嘴巴。"然后转身走了。

原文

杨君谦每以文示人，人曰"佳"，即掩卷问曰："何处佳？"其人不能指。杨袖文曰："是蹴圆口。"遂去。

明人蔡汝楠（字子木）在饮酒之后，便高唱起自己歌咏夔州的诗。刚刚发出声音，吴国伦（字明卿）就打着鼾声睡起觉来了，鼾声与歌声你高我低地互相配合，唱罢之后，鼾声也停止了。有人规劝吴国伦，吴说："我以南柯（指睡梦）板，伴奏他的夔州腔，有什么不可以呢？"

原文

蔡子木酒后，自歌其夔州诸咏。甫发声，吴国伦辄鼾寝，鼾声与歌相低昂。歌竟，鼾亦止。人谏之，吴曰："我以南柯板，击夔州腔，有何不可？"

明代陈继儒（号眉公）说："品茶，一个人可以品出神韵，两个人可以品出情趣，三个人可以品出味道。七八个人一起喝，只能叫做施舍茶水。"

原文

陈眉公曰："品茶，一人得神，二人得趣，三人得味。七八人是名施茶。"

宋人崔赵公曾问僧人径山说："弟子出家可不可以？"径山说："出家修行是大丈夫的事，哪是王侯将相这些人能做到的呢！"

原文

崔赵公尝谓径山曰："弟子出家得不？"径山曰："出家是大丈夫事，岂将相所能为！"

郑光宗有一个巨大的皮箱，凡是别人投献的诗文，其中有可笑的内容，他就把它投到皮箱里。他说："这是一个苦海呀！"

原文

郑光宗有一巨皮箱，凡投赞有可嗤笑者，即投其中。曰："此苦海耳！"

南宋东平人王锡（字寡光）晚年时非常贫穷，常常节约口粮省出钱来购买碑刻拓片。有一天他向客人夸耀说："我最近得到了一幅碑刻，十分奇特。"客人请他拿出来看，上面竟然没有一个字可以辨认出来。客人于是笑着说："这叫做没字碑，难怪您喜欢上它。"（讥讽其穷。）

原文

东平王锡老贫甚，每节口腹之奉以市碑刻。一日夸客曰："近得一碑甚奇。"客请出示，竟无一字可辨。客因笑曰："此名没字碑，宜公好尚之笃。"

明人谢兆申（名昌，号耳伯）在五明寺组织了一个放生社，以做文章为该社的活动项目。谢耳伯还提议说："如果文章没有写成，就罚他出钱放生。"沈曼长听到后说："谢耳伯已经有功德了，何必再让他放生？"有人问他这话是什么意思，沈曼长说："人们听了这话，其效果胜过放生。"

原文

谢耳伯结放生社于五明寺，以作文为社课。谢昌曰："如文不成，罚资放生。"沈曼长闻曰："谢已有功德，何必放生？"人问其故，沈曰："人闻此语，胜于放生。"

宋人丁度（字公雅）、晁宗悫（字世良）在一起做官，后来晁宗悫升迁，就写了一封信向丁度告别。丁度开玩笑地回答说："回信就不再给你写了，我要拿一车粪土作为回报。"晁宗悫回答道："得到粪土比得到回信更好。"

原文

丁度、晁宗悫同在职官，晁因迁职，以启谢丁。丁乃戏答曰："启事更不奉答，当以粪壤一车为报。"晁答曰："得壤胜于得启。"

宋朝的林逋（字君复）清雅脱俗，态度高傲，博学多才，只是不会下棋。他曾对别人说："世上的事我都能做，只是不会挑粪和下棋。"

原文

宋林逋高逸倨傲，多所学，唯不能棋。尝谓人曰："逋世间事皆能之，唯不能担粪与着棋。"

东晋重臣桓温（字子元）和谢奕（字无奕）交情很好，桓温任命他为安西司马，两人还是像平民那样友好。谢奕曾经逼着桓温一块儿喝酒，桓温跑进去躲避，谢奕就带着酒到了他的大厅，拉了桓温的一个兵师共饮，说："失去了一个老兵，又得到了一个老兵。"桓温听说后，也不跟他计较。

原文

桓温与谢奕善，辟奕为安西司马，唯布衣好，尝逼温饮，温走入避之，奕携酒就厅事，引温一兵师共饮，曰："失一老兵，得一老兵。"温闻而不计。

上古时，尧要把天下让给许由，许由却逃避了。许由的朋友巢父听说尧要把帝位让给许由，认为是玷污了自己，便到池塘边去清洗自己的耳朵。池塘的主人见到后，便牵着牛到上游去喝水，说："不要弄脏了我这头牛的嘴。"

原文

尧让天下于许由，许由逃而去。其友巢父闻由为尧所让，以为污己，乃临池洗耳。池主乃牵牛上流饮，曰："毋污吾牛口。"

东晋谢鲲（字幼舆）为豫章太守。王敦（字处仲）以诛杀刘隗为名，准备起兵造反，因为谢鲲当时很有声望，就逼迫他与自己一起行动。在攻陷了京城之后，即将返回武昌时，谢鲲说："如果不去朝见皇上，我怕天下人会私下议论的。"王敦说："你能担保不发生变故吗？"谢鲲回答说："我最近曾经入朝觐见，看到皇上侧席而坐，在等待着你去，宫中官署秩序井然，必定没有意外的情况可以忧虑。您如果能入朝，我请求做您的侍从。"王敦说："纵然再杀死几百个你们这样的人，对时局又有什么害处呢？"便不去朝见，带兵走了。

原文

谢鲲为豫章太守。王敦将肆逆，以鲲有时望，逼与俱行。既克京邑，将旋武昌。鲲曰："不就朝觐，鲲惧天下私议也。"敦曰："君能保无变乎？"对曰："鲲近入觐，主上侧席迟公，宫省穆然，必无不虞之虑。公若入朝，鲲请侍从。"敦曰："正复杀君等数百，何损于时？"遂不朝而去。

明代大学士丘浚仰慕桑悦（字民泽）的名望，便召他来观看一下自己所写的文章，并且骗他说："这是某某人写的。"桑悦心里知道是怎么回事，就对他说："您是说我不能明辨真假、去伪存真吗？"

原文

大学士丘浚，慕桑悦名，召令观所为文。绐曰："某人撰。"悦心知之，曰："明公谓悦不祛秽乎？"

后汉时，戴良（字叔鸾）才学出众，十分高傲，但每次见到黄宪（字叔度，其父为牛医），都不敢不中规中矩。回家之后，仍旧是一副怅然若失的样子。他母亲就问他说："你又是从牛医的儿子那儿回来吗？"

原文

戴良才高，自倨傲，每见王（黄）叔度，未尝不正容。及归，罔然若有失也。其母问曰："汝复从牛医儿来耶？"

吴鹿长性格坦率，从不矫揉做作。每当遇到附庸风雅、故作洒脱之辈，都要挖苦一番。有人对他说："您不能总是这样粗率地对待别人啊。"吴鹿长回答说："我以粗率的态度对待故作风雅的人，又以风雅的态度对待真正粗率的人，怎么会总是你说的这样呢？"

原文

吴鹿长性坦率，不事矫饰。每遇风雅洗剔之辈，辄皆扫落。人谓曰："君不得尽卤莽尔尔。"答曰："予以卤莽遇风雅，复以风雅遇卤莽，胡为尽尔尔？"

明代的潮阳人苏福，八岁时就写了《初月》这首诗："气朔盈虚又一初，嫦娥底事半分无？却于无处分明有，恰似先天太极图。"有人把这首诗吟给大诗人王世贞（自号凤洲，又号弇州山人）听，王凤洲说："跟陈白沙（陈献章，字公甫，居白沙里，人称白沙先生）老年开悟后的诗句极为相似。"

原文

潮阳苏福，八岁赋《初月》诗："气朔盈虚又一初，嫦娥底事半分无？却于无处分明有，恰似先天太极图。"人咏之以示王凤洲，王曰："极似陈白沙老来悟句。"

钱塘妓女郭步摇，和她的情人一起泛舟西湖。船舱的座位上有个青年人，风姿俊美，郭步摇频频地转过头去看他，一点也不跟她的情人答话。情人十分生气地说："你看上他了吗？"郭假装没听见。那少年举起酒杯向着岸上的花祭奠了一杯，说："春风吹进树林，哪是为了松柏啊！"

原文

钱塘妓郭步摇，与所昵者泛西湖。坐中有少年，美丰姿，郭每顾之，略不与所昵者接。其人怒曰："汝爱伊耶？"郭佯不闻。少年者举杯向岸花酹曰："春风入林，岂为松柏。"

唐初，王勃（字子安）、杨炯、卢照邻（字升之）、骆宾王，以诗文齐名，天下人称"王杨卢骆"，号为"四杰"。杨炯常说："我愧在卢前，耻居王后。"

原文

王勃、杨炯、卢照邻、骆宾王，皆以文章齐名，天下称"王杨卢骆"，号"四杰"。炯常曰："吾愧厕卢前，耻居王后。"

晋人殷浩才学名冠天下，庾翼（字稚恭）却并不看重他，常常对别人说："像这种人应该束之高阁，等天下太平了，然后再考虑他们的任职问题。"

原文

殷浩才名冠世，庾翼弗之重也，每语人曰："此辈宜束之高阁，候天下太平，然后议其任耳。"

东晋桓温（字元子，曾封南郡公）每当见到别人不愉快，就生气地说："你得到了哀家的梨，该不会再去蒸了吃吧？"（据《旧语》载，秣陵人哀仲，家有好梨，大而味美，愚蠢的人却蒸了吃，美味尽失。）

原文

桓南郡每见人不快，辄嗔云："君得哀家梨，当复不蒸食不？"

东晋僧人支遁（字道林）到东部会稽去，见到了王徽之（字子猷，王羲之之子）兄弟。回来后，有人问他王家的几个兄弟人品如何。他回答说："见到的是一群白脖子乌鸦，只听到它们哑哑叫唤的声音。"（王羲之世为山东琅邪人，后移居浙江绍兴，有子多人。此言"但闻唤哑哑声"，是说王氏兄弟所操的不是纯正的会稽方言。）

原文

支道林入东,见王子猷兄弟。还,人问见诸王何如。答曰:"见一群白颈乌,但闻唤哑哑声。"

苻坚之子苻宏背叛了前秦,归降东晋,来到京城,太傅谢安(字安石)常常接待他。苻宏自认为有才,总是喜欢高人一等,座上宾客无人能折服他。正好王徽之(字子猷)过来,谢太傅让他们一块儿聊聊。王子猷直着眼睛盯着苻宏看了好久,向太傅回话说:"也并没有什么与人不同之处。"

原文

苻[符]宏叛来归国,谢太傅每加接引。宏自以有才,多好上人,坐上无折之者。适王子猷来,太傅使共语。子猷直熟视良久,回语太傅云:"亦复竟不异人。"

东晋王坦之(字文度,官中郎)与支遁(字道林),两人绝对合不来。王中郎说林公善于诡辩,林公评论中郎说:"戴个油乎乎的过时的便帽,穿件粗布单衣,抱着一套《左传》,跟在后汉经学家郑康成的车子后面奔跑吃土。请问这是个什么样的脏皮囊?"

原文

王中郎与林公绝不相得,王谓林公诡辩,林公道王云:"着腻颜帢帽,布单衣,挟《左传》,逐郑康成车后。问是何物尘垢囊。"

东晋右军将军王羲之(字逸少)少年时很腼腆,说话迟钝。有一次,他在征西大将军桓温(字元子)那里,王导、庾亮(字元规)二公后到,右军便起身想离开。大将军留住他说:"来的是你们家的司空(司空王导是羲之堂伯父)和元规,又有什么为难的?"

原文

王右军少时甚涩讷。在桓大将军许,王、庾二公后来,右军便起欲去。大将军留之,曰:"尔家司空、元规,复何所难?"

东晋竺道潜(字法深)说:"人们都说庾亮(字元规)是名士,其实他胸中只有约摸三斗的荆棘和柴草。"(言其心胸狭窄,待人忌刻。)

原文

深公云:"人谓庾元规名士,胸中柴棘三斗许。"

晋代魏觊(字长齐)很有气量,而却不长于才学。刚做官赴任时,吏部侍郎虞存(字道长)嘲笑他说:"我跟你约法三章:清谈者处死,舞弄文笔要判刑,商讨学问要定罪。"长齐只是笑了笑,并不生气。

原文

魏长齐雅有量,而才学非所经。初宦当出,虞存嘲之曰:"与卿约法三章:谈者死,文笔者刑,商略抵罪。"魏笑而不怒。

东晋王献之(字子猷)到谢万(字万石,谢安之弟)那里去,僧支遁(字道林)已经先在那里了,神情非常高傲。王子猷说:"如果林公的胡须、头发全都完好,神情是否要比现在更好?"谢万说:"唇齿相依,不可缺少任何一方,可胡须和头发与精神状态有什么相关?"林公心里很不高兴,说:"我七尺的身躯,今天就交给你们二位贤士去品评了。"

原文

王子猷诣谢万,林公先在坐,瞻瞩甚高。王曰:"若林公须发并全,神情当复胜此不?"谢曰:"唇齿相须,不可以偏亡，须发何关于神明？"林公意甚恶，曰："七尺之躯，今日委君二贤。"

东晋王濛（字仲祖）、刘惔（字真长）常常打趣司徒蔡谟。两人曾经到蔡公那里去，谈了好久，便问蔡公说："您自认为和王夷甫（王衍，字夷甫，任司空太尉）相比怎么样？"蔡公回答说："我不如夷甫。"王、刘相视而笑说："您什么地方不如夷甫呢？"蔡公回答道："夷甫那里没有您俩这类的客人。"

原文

王、刘每不重蔡公，二人尝诣蔡，语良久，乃问蔡曰："公自言何如夷甫？"答曰："身不如夷甫。"王、刘相目而笑曰："公何处不如？"答曰："夷甫无君辈客。"

东晋刘惔（字真长）初次见到丞相王导，当时正是盛暑的季节。丞相正用肚皮去贴弹棋的凉棋盘，说："怎么这样淘啊？"刘真长出来后，有人问他："您看见王丞相了，他说了些什么？"刘真长说："没见到别的什么异样，只听见他在用吴语讲话。"（吴地人把"凉"说成"淘"。）

原文

刘真长始见王丞相，时盛暑之月，丞相以腹熨弹棋局，曰："何乃淘！"刘既出，人问："见王公云何？"刘曰："未见他异，唯闻作吴语耳！"

晋代陆机（字士衡）初到洛阳，他请教张华（字茂先）应该去拜访哪些人。刘道真是张公所说的其中一个。陆士衡到刘道真那里拜访时，刘还在守丧期内。他嗜好饮酒，与客人见过礼后，开口没有别的话，只是问道："东吴有一种长柄葫芦，你种过它没有啊？"陆机兄弟十分失望，后悔不该过来见他。

原文

陆士衡初入洛,咨张公所宜诣,刘道真是其一。陆既往,刘尚在哀制中。性嗜酒,礼毕,初无他言,唯问:"东吴有长柄壶卢,卿得种来不?"陆兄弟殊失望,乃悔往。

东晋王凝之(字叔平)的妻子(女诗人谢道韫,谢安侄女),嫁到王家后,很看不起王凝之。回到谢家后,心里很不高兴。谢太傅安慰、劝解说:"王郎是逸少(王羲之)的儿子,人才也不差,你怎么这样不满意呢?"谢夫人回答说:"我们谢家的叔伯一辈中,有阿大、中郎(指谢尚、谢据)这等贤士;堂兄弟中则有封、胡、遏、末(指谢韶、谢朗、谢玄、谢渊,皆称其小字)这类人才。想不到天地之间,竟有王公子这样的人!"

原文

王凝之谢夫人,既往王氏,大薄凝之。既还谢家,意大不悦。太傅慰释之曰:"王郎,逸少之子,人身亦不恶,汝何以恨乃尔?"答曰:"一门叔父,则有阿大中郎;群从兄弟,则有封、胡、遏、末。不意天壤之中,乃有王郎!"

晋代孙楚(字子荆)倚仗自己有才学,很少推重别人,只敬重王武子王济(字武子)。王武子死后,当时的名士没有不去吊丧的。孙子荆后到,他在王武子的尸体前放声痛哭,宾客们也无不跟着流泪。他哭罢以后,又向着王武子的灵床说:"你平常喜欢我学驴叫,现在我再为你学一次。"学得就像真的一样,宾客们都笑起来。孙子荆抬起头来说道:"老天怎么让你们这些人都活着,却让这个人死去了。"

原文

孙子荆以有才,少所推服,唯雅敬王武子。武子丧,时名士无不至者，子荆后来，临尸恸哭，宾客莫不垂涕。哭毕，向灵床曰："卿常好我作驴鸣，今我为卿作一。"体似真声，宾客皆笑。孙举头曰："使君辈存，令此人死。"

晋人庾龢（字道季）说："廉颇、蔺相如虽然是千年以前的故人，但那种懔然之气，却让人觉得永远富有生气；曹蜍（名茂之，字永世，小字蜍）、李志（字温祖）虽然现在还活着，但却无精打采，就像九泉之下的死人。如果今人都像他们一样，就可以回到远古结绳而治的时代了，只是恐怕那样人就会被狐狸、猪獾、貉子等野兽吃光了。"

原文

庾道季云："颇、蔺相如虽千载上死人，懔懔恒如有生气；曹蜍、李志虽见在，厌厌如九泉下人。人皆如此，便可结绳而治，但恐狐狸揣猪啖尽。"

东晋刘惔（字真长，曾任丹阳尹）对谢尚（字仁祖）说："自从我有了颜回，门人就更加与我亲近了！"又对许珣（字玄度）说："自从我有了子路，恶言恶语就不再传入我的耳中。"两人听到后，都接受了这种说法而并无遗憾。（刘尹的两段话都是引述《尚书·大传》中的孔子之语，其中以颜回、子路来比喻谢尚、许珣。）

原文

刘尹谓谢二祖曰："自吾有四友（疑为'回也'），门人加亲。"谓许玄度曰："自吾有由，恶言不入于耳。"二人受而不恨。

东晋司徒郗愔（字方回）家里有个北方籍的奴仆，懂得做文章，事事都有见识，王右军（王羲之）曾在刘惔（字真长）面前称赞他。刘惔问道："他和方回相比怎样？"右军说：

"他不过是小人当中比较聪明的人罢了,怎么就能和方回相比呢?"刘惔说:"如果比不上方回,那也只是个普通的奴仆罢了。"

原文

司空方回家有伧奴,知及文章,事事有意,王右军向刘尹称之。刘问何如方回,王曰:"此正小人有意向耳,何得便比方回?"刘曰:"若不如方回,故是常奴耳。"

晋大臣王衍(字夷甫)曾经嘱咐本家族的人办一件事,过了好久也没办。后来他们在一次宴会上相遇,王夷甫便问他说:"前些时我嘱托你办的那件事,怎么还没办呢?"那个本家族的人十分生气,便举起一个盛食品的扁盒朝他脸上扔过去。夷甫什么话也没说,盥洗完毕,拉着王丞相的手臂一块儿走了。他在车中照了照镜子,对王丞相说:"你看,我的目光像是从牛背上发出来的。"(此似言眼面肿大,如牛身背状。如此调侃,表对前事不以为意。)

原文

王夷甫常属族人事,经时未行,遇于一处饮燕,因语之曰:"近属尊事,那得不行?"族人大怒,便举樏掷其面,夷甫都无言。盥洗毕,牵王丞相臂与共载去,在车中照镜,语丞相曰:"汝看我眼光乃出牛背上。"

晋代孙绰(字兴公)写了一篇《庾公亮诔》,文中有许多寄托哀思情深意切的言辞。写成之后,他把文章送给庾亮第三个儿子庾羲(名羲,字叔和,小字道恩)看。道恩看后,又把文章还给了他,说:"先君和您的关系原未达到您写的这种程度。"

原文

孙兴公作《庾公亮诔》,文多寄托之辞。既成,示庾道恩。庾见，送还之，曰："先君与君自不至于此。"

东晋尚书左仆射江彪（字思玄）年轻时，丞相王导（字茂弘）喊他过来一块儿下围棋。王丞相的棋艺当时和江彪相比要有"两道"左右的差距，可是王丞相却不要他让子，而要对等来下，以便观察江彪的表现。江彪并不马上下子。王丞相说："你为什么不下子呢？"江说："恐怕不能这样下。"

原文

江仆射年少，王丞相呼与共棋。王手常不如两道许，而欲敌道戏，试以观之。江不即下，王曰："君何以不下？"江曰："恐不得尔。"

东晋尚书令诸葛恢的大女儿嫁给了太尉庾亮的儿子庾会，二女儿嫁给了徐州刺史羊忱的儿子羊楷。庾亮的儿子被叛臣苏峻害死之后，大女儿又改嫁了江彪。诸葛恢的儿子娶了邓攸的女儿。当尚书谢裒请求让诸葛恢的小女儿与自己的儿子成婚，诸葛恢便说："羊、邓两家与我家是世代姻亲，江家是我看上了他家，庾家是他看上了我家，我家不能再与谢裒的儿子成婚。"

原文

诸葛恢大女适太尉庾亮儿，次女适徐州刺史羊忱儿。亮子被苏峻害，改适江彪。恢儿娶邓攸女。于时谢尚书求其小女婚，恢乃云："羊、邓是世婚，江家我顾伊，庾家伊顾我，不能复与谢裒儿婚。"

东晋丞相王导（字茂弦）初到江东时，想结交当地的吴人，便请求与江东世族太尉陆玩家结为婚姻。陆太尉说："小土包上长不出高大的松柏，香草、臭草放不到一起。我陆玩虽然没有才能，但也不能开门第不对等而联姻的先例。"

原文

王丞相初在江左，欲结援吴人，请婚陆太尉。对曰："培塿无松柏，薰莸不同器。玩虽不才，不为乱伦之始。"

西晋大臣杜预（字元凯）被任命为镇南将军，朝中百官都来祝贺，大家都坐在连在一起的坐榻上。当时羊琇（字稚舒）最后到来，说："杜元凯竟然又在连榻上接待客人！"坐都不坐就走了。

原文

杜预拜镇南将军，朝士悉至，皆在连榻坐。时羊稚舒后至，曰："杜元凯乃复连榻坐客！"不坐便去。

西晋初年，夏侯玄（字泰初）与广陵的陈本（字休元）很要好，陈本和夏侯玄同在陈本母亲的面前宴饮，陈本的弟弟陈骞（字休渊）外出回到了家里，径直走到堂屋门口。夏侯泰初便起身离席，说："可以和志趣一致的相处，不能和志趣不同的混杂。"

原文

夏侯泰初与广陵陈本善，本与玄在本母前宴饮，本弟骞行还，径入至堂户。泰初因起曰："可得同，不可得而杂。"

东晋刘惔（字真长）与殷浩（字渊源）谈论玄理，刘真长似乎有点理屈，殷渊源说："可惜你没做将军，因为你很善于用云梯仰攻（喻指明显居于下风仍作理亏之辩）啊。"

原文

刘真长与殷渊源谈，刘理如小屈，殷曰："恶卿不作将，善云梯仰攻。"

东晋高僧支遁（字道林）著《即色论》，写成之后，拿给王中郎（王坦之）看，王中郎什么也没说。支道林问他："你要默记在心中吗？"王中郎说："既然没有文殊菩萨的慧眼，谁能赏识我无言的回答呢？"（《维摩诘经》载："文殊师利问维摩诘云：'何者是菩萨入不二法门？'时维摩诘默然无言。文殊师利叹曰：'是真入不二法门也。'"）

原文

支道林造《即色论》，论成，示王中郎，中郎都无言。支曰："默而识之乎？"王曰："既无文殊，谁能见赏！"

王濛（字仲祖）、刘惔（字真长）与支遁（字道林）一起去看望骠骑将军何充。当时，何骠骑正在看文书，没有理睬他们。王濛对何骠骑说："我特地和林公一起来看你，希望你暂时丢开日常事务，来探讨一下玄理。你怎么能仍在低头看这些东西呢？"何骠骑说："我不看这些东西，你们怎么能够平安地生活呢！"

原文

王、刘与林公共看何骠骑，骠骑看文书，不顾之。王谓何曰："我今故与林公来相看，望卿摆摆常务，应对玄言。那得方低头看此耶？"何曰："我不看此，卿等何以得存！"

凄语第十八

吴苑说：凄的意思就是西，在四季时序上属于秋天。秋天这个季节，草木凋零，悲声瑟瑟。稍具感情的人，耳闻目睹之间，没有不落泪的。它的深层内涵也就可想而知了。又，西方也是万物的终结之处。所以列"凄语"为第十八类。

吴苑曰：凄者，西也，于时为秋。秋之为时也，刁刁焉，械械焉。稍具情者，触闻之间，无不堕泪。其义可知矣。又，西方为万物告终之处。故次"凄语"第十八。

秦相李斯被判决在咸阳市处斩。在押出牢狱后,他和年龄居中的那个儿子一起被押赴刑场。他两眼看着儿子说:"我想与你再去牵着黄狗,一同出上蔡(李斯故乡)东门追逐狡兔,难道还能做到吗?"

原文

李斯论斩咸阳市。当出狱,与其中子俱执。顾谓其中子曰:"吾欲与若复牵黄犬,俱出上蔡东门逐狡兔,岂可得乎?"

春秋时,齐景公杵臼登上牛山游览,面对着北方齐国首都的城墙流下了眼泪,说:"我为什么要流着眼泪离开这美丽的地方而去死掉呢?"

原文

景公游于牛山,北临其国城而流涕曰:"若何滂滂去此而死乎!"

东汉末年,陈宫和吕布都被曹操俘虏了。曹公对陈宫说:"现在你让你的老母怎么办呢?"陈宫说:"如何安置我的老母,取决于曹公,不取决于我。凡以孝治天下的人,是不会伤害别人父母的。"曹公又说:"让你的妻子儿女怎么办呢?"陈宫说:"我听说能够成就王霸之业的人主,是不会灭绝别人后代的。"他坚决要求接受刑戮,而且头也不回地走了出去。

原文

陈宫与吕布俱为曹公所执。公谓宫曰:"奈卿老母何?"宫曰:"老母在公,不在宫也。夫以孝理天下者,不害人之亲。"公又曰:"奈卿妻子何?"宫曰:"宫闻霸王之上,不绝人之祀。"固请就刑,遂出不顾。

东晋女书法家卫夫人(姓卫名铄,字茂琦)见到自己学生王羲之小时候写的字,便觉得有老成之气,流着眼泪说道:

"这孩子将来一定会盖过我的名声!"

原文

卫夫人见王羲之小时书,便有老成之气,流涕曰:"此子必敝吾名!"

汉高祖刘邦消灭了黥布(汉将英布。因受过黥刑,人称"黥布"),班师回朝,路过家乡沛县,留下住宿,在沛宫中设了酒宴,把从前的朋友、父老子弟全都召来陪他喝酒。酒喝到酣畅时,他便唱起了大风之歌,又亲自起舞,意气慷慨,情怀悲伤,数行眼泪潸然流下。他对父老兄弟们说:"游子哀怜故乡,我虽然在关中建都,在百年之后,我的魂魄还是会思念故乡、重回沛地的。"

原文

汉高征黥布还,过沛,留,置酒沛宫,悉召故人父老子弟佐酒。酒酣,乃歌大风之歌,帝自起舞,慷慨伤怀,泣数行下。谓父兄曰:"游子悲故乡,吾虽都关中,万岁之后,吾魂魄犹思家沛。"

唐大臣狄仁杰登上太行山南望,见到白云在孤独地飞动,便叹息道:"我的双亲就住在那白云之下!"

原文

狄仁杰登太行,见白云孤飞,乃叹曰:"吾亲舍其下!"

汉末北海太守孔融(字文举)被抓的时候,他的儿子才九岁,女儿七岁,因为幼小,暂时得以保全,寄养在别的地方。有人向曹操建议,曹操果然把他们也抓了起来。临刑前,女儿对哥哥说:"如果死后还有知觉,能够见到父母,岂不是最大的愿望!"于是便伸着脖子,平静地等待刑戮。

原文

孔北海被收，时男方九岁，女七岁，以幼弱得全，寄在他舍。或有言于曹操，收之。女谓兄曰："若死而有知，得见父母，岂非至愿！"遂延颈就刑。

东晋重臣桓温（谥宣武侯）灭掉了蜀地的成汉，娶了成汉皇帝李势的妹妹做自己的小妾。他非常宠爱这个女子，经常将她藏在书斋后面。起初，他的妻子南康长公主开始并不知道，等听说之后，便带着几十个奴婢，拔出明晃晃的刀子去袭击她。正遇上李氏在梳头，长长的头发拖在地上，皮肤洁白如玉，光彩照人，见了她们一点也不惊慌。李氏慢慢地结好头发，恭敬地对公主说："因为国破家亡，无意间来到这里，今天如能被杀，正合我的心愿。"

原文

桓宣武平蜀，以李势妹为妾，甚有宠，常着斋后。主始不知，既闻，与数十婢拔白刃袭之。正值李梳头，发委籍地，肤色五曜，不为动容。徐徐结发，敛手向主言曰："国破家亡，无心至此，今日若能见杀，乃是本怀。"

晋代孙楚（字子荆）为妻子服丧期满，作诗拿给王济（字武子）看。王武子说："不知道是文生于情，还是情生于文，看后觉得十分悲凉，让人更感到夫妻间的情深义重。"

原文

孙子荆除妇服，作诗以示王武子。王曰："未知文生于情，情生于文，览之恓然，增伉俪之重。"

汉末天下大乱时，曹操杀死了杨修（字德祖）后，有一天在朝堂上与太尉杨修之父杨彪相遇。曹公问太尉道："您怎么瘦得这么厉害？"太尉回答说："很惭愧，我没有金日磾杀子那样的先见之明（史载，金日䃅长子为汉武帝弄儿，后来日䃅见儿子与宫人嬉戏，恶其淫乱，遂将儿子杀死），却还有老牛舐犊那样的爱子之心。"曹公听后，不由得改变了神色。

原文

曹公既杀杨德祖，后与太尉遇于朝堂。曹问太尉："公何瘦之甚？"太尉答曰："愧无日䃅先见之明，犹怀老牛牴［舐］犊之爱。"曹公为之改容。

东晋达王承（字安期）辞去官职，东渡长江，沿途盗寇出没，极难通行，人们都心怀畏惧。王安期每次遇到险境时，都能处之泰然，即使是自己家中的亲人，也看不到他的惊惧欣喜之色。到达下邳后，他登山北望，感叹道："人们说起愁，我才想到愁。"太傅谢安说："在那个时候，令人感到形神俱往。"

原文

王安期去官，东渡江，道路梗塞，人怀危惧。王每遇艰险，处之夷然，虽家人不见其忧喜之色。既至下邳，登山北望，叹曰："人言愁，我始欲愁。"谢太傅曰："当尔时觉形神俱往！"

汉代彭城人龚胜，因拒绝王莽征聘，绝食而死。在他死后，有一位楚地的父老来吊唁，哭得非常悲哀。稍后，深深叹息说："香草因为有芳香才要自己燃烧，油脂因为能照明才会自受煎熬。可悲啊龚生，竟然死于非命！"

原文

龚胜死，楚父老来吊，哭甚哀。既而叹曰："薰以香自烧，膏以明自煎。嗟哉龚生，竟夭天年！"

晋臣羊祜（字润甫，卒谥太傅）喜爱山水，每当遇到风景宜人的日子，必定要登上岘山，摆酒吟诗，终日不倦。他曾深沉叹息，对着从事中郎邹湛说："自从有了宇宙，便有了这些山水，历来的贤达高士，登上此山远望，像我和你这样的人很多，都将泯灭无闻，令人悲伤。如果人死了还有知觉，我的魂魄还会来登此山。"

原文

羊太傅好山水，每风景必造岘山，置酒言咏，终日不倦。尝慨然叹息，顾谓从事中郎邹湛曰："自有宇宙，便有此山，由来贤达胜士，登此远望，如我与卿者多矣，皆灭无闻，使人悲伤。如百岁后有知，吾魂魄犹应登此。"

在祭奠晋孝武帝司马曜的那天晚上，王恭（字孝伯）进去哭吊，告诉他的几个弟弟说："虽然屋椽是新的，却让人感到了《黍离》诗中的那种宫殿被毁的悲哀之情。"（《诗经·王内·黍离》的序中说，周王室东迁后，周朝大夫来到故都。目睹宗庙宫殿毁坏不堪遍地禾黍，衰怜王室颠覆，彷徨不忍离去。后以"黍离"为感慨国家衰亡之词。）

原文

孝武山陵夕，王孝伯入临，告其诸弟曰："虽榱桷唯新，便自有黍离之感。"

雷宣徽涉猎道书很多。有一次读史书，他随手把书放下，流着眼泪说："功名，是引诱那些贪婪之人的钓饵。那些横执戈矛开拓边疆的人，那些手持宝剑讨伐叛逆的人，他们置死生劳苦于不顾。等他们死后，一副棺材收敛了尸体，万事皆休。真是可悲呀！"

原文

雷宣徽颇涉道书。因读史，废书流涕曰："功名者，贪夫之钩饵。横戈开边，仗剑讨叛，死生食息之不顾。及其死也，一棺戢身，万事都已。悲夫！"

南齐张绪（字思曼）死后，他的堂弟张融（字思光）捧着酒来到他的灵前，斟上酒，失声痛哭道："阿哥的风流顷刻逝去了！"

原文

张思曼亡后，从弟融赍酒于灵前，酌酒恸哭曰："阿兄风流顿尽！"

明人韩雍（字永熙）升任江西巡抚，上任途经泰和县，因为感念陈循（字芳州）当年的荐举之恩，亲自到他的墓前祭拜，流泪不止，他说："士为知己者死，我将如何为您效命呢？"

原文

韩雍升江西巡抚，经泰和，念陈芳州为举主，躬祭墓下，流涕不已，曰："士为知己者死，吾将安死焉！"

江陵人陈元植，与章华甫、张相期是好朋友。陈元植死后，章华甫将他所批阅过的《东坡集》刻印出版，以完成他的遗愿。每当他来到刻印地点，出来时总是对人说："我一听到敲字声，由此激起的相思之情，半天都不能平复。"

原文

江陵陈元植，与章华甫、张相期友善。陈死，华甫检元植所批阅《东坡集》刻之，以传其意。每至刻所，出谓人曰："予一闻敲字声，使人半日思肠不返。"

图书在版编目（CIP）数据

舌华录通鉴/(明)曹臣著；柳罡编译. —北京：华夏出版社，2013.8
（华夏文史名著正点文库）
ISBN 978-7-5080-7754-3

Ⅰ.①舌… Ⅱ.①曹… ②柳… Ⅲ.①格言－汇编－中国－古代 ②《舌华录》－译文 Ⅳ.①H136.3

中国版本图书馆CIP数据核字(2013)第173864号

舌华录通鉴

著　　者	（明）曹臣
编　　译	柳罡
责任编辑	杜潇伟
责任印制	刘洋
出版发行	华夏出版社
经　　销	新华书店
印　　刷	三河市万龙印装有限公司
装　　订	三河市万龙印装有限公司
版　　次	2013年8月北京第1版 2013年9月北京第1次印刷
开　　本	880×1230　1/32
印　　张	11.75
字　　数	284千字
定　　价	22.00元

华夏出版社　地址：北京市东直门外香河园北里4号　邮编：100028
网址：http://www.hxph.com.cn　电话：(010)64663331(转)
若发现本版图书有印装质量问题，请与我社营销中心联系调换。